体育
理论知识教程

主　编／华宝元　冯　伟　李　铎　王海波
副主编／王　坤　谢友成　曹　宏　刘　超
编　委／李林朱　殷洁森　李　凡　董爱霞
　　　　刘　玲　徐亚奎

南京大学出版社

图书在版编目(CIP)数据

体育理论知识教程 / 华宝元等主编. -- 南京 : 南京大学出版社, 2018.5(2020.8 重印)

ISBN 978-7-305-20206-3

Ⅰ. ①体… Ⅱ. ①华… Ⅲ. ①体育理论—高等职业教育—教材 Ⅳ. ①G80

中国版本图书馆 CIP 数据核字(2018)第 096616 号

出版发行 南京大学出版社
社　　址 南京市汉口路 22 号　　邮　　编 210093
出 版 人 金鑫荣

书　　名 体育理论知识教程
主　　编 华宝元 冯 伟 李 铎 王海波
责任编辑 刘 慧 刘 灿　　编辑热线 (025)83305645
审读编辑 赵 婷

照　　排 江苏圣师印刷有限公司
印　　刷 南京玉河印刷厂
开　　本 718×960 1/16 印张 15.5 字数 279 千
版　　次 2018 年 5 月第 1 版 2020 年 8 月第 3 次印刷
ISBN 978-7-305-20206-3
定　　价 39.80 元

网址:http://www.njupco.com
官方微博:http://weibo.com/njupco
官方微信号:njupress
销售咨询热线:(025)84461646

前　言

全国普通高校执行多年的《高等学校普通体育课教学大纲试行草案》，把传授体育基本理论知识、卫生知识作为高等学校体育基本任务，提出要“使学生正确认识体育的重要意义，掌握体育基本理论知识和卫生知识”。然而部分高校不够重视理论教学内容，实际上体育教学的任务不能只限于让学生掌握简单的技能技术，而更重要的是向学生传授理论知识，教会学生如何学习体育基本知识、技能、技术并充分发展个性和能力。特此，我们编写了本教材，本教材的教学目标是：

1. 引导学生按照《国家学生体质健康标准》的要求，积极参加学校组织的各项体育活动。提高学生以耐力、力量、速度等为主的基本体能素质。

2. 为响应《“健康中国 2030”规划纲要》，引导学生树立“健康第一”的指导思想，学习体育健康相关知识，养成健康向上的生活方式，培养科学规范的体育运动方法，学会用养生保健的方法促进身体健康，懂得紧急处理运动创伤的简单方法，加强安全教育。

3. 培养学生良好的情绪自控能力和坚强的意志，提高学生抗挫折能力，培养乐观向上的精神，减少因性格差异导致的心理冲突，养成健全的人格。

4. 引导学生积极参与集体性体育活动，学会与同学和谐相处、团结合作。培养“竞争、团结、友谊、合作”的精神，提高协调与沟通能力。

5. 拓展职业素质，使学生能够根据未来职业工作的特点，学习与职业生涯相关的体育运动项目，认识体育对提高就业和创业能力的价值，提高综合竞争力。

通过体育理论知识的学习可以使学生掌握一定的体育理论知识与竞赛知识，还可对学生进行爱国主义教育，并使学生懂得锻炼身体的基本原理和进行科学锻炼的方法，以适应终身锻炼和生活娱乐的需要。由此可见，基础知识既是指导学生体育实践所必需，也是大学生应有的体育文化素养。

本书由无锡职业技术学院华宝元、冯伟、李铎和王海波主编。由于编写时间及编者水平有限，书中难免有错误和不妥之处，恳请广大读者批评指正。本教材在编写过程中参考了大量的文献资料，在此向文献资料的作者致以诚挚的谢意。

编　者

目　录

体育基本知识

健康教育知识

体育文化与欣赏

体育基本知识

第一章 体育概述

第一节 体育的概念

一、体育的定义

19 世纪 60 代以后,由西方传入的"体育"(physical education)其意译是指"同维护和发展身体的各种活动有关联的一种教育过程"。随着社会的进步和体育实践的不断发展,根据我国体育发展的特点和规律,"体育"一词又有狭义和广义两种用法。用于狭义时,一般指体育教育;用于广义时,则与通常所说的"体育运动"相同,其含义是指"以人体运动为基本手段增进健康、提高生活质量的教育过程与文化活动",体育不是仅局限在学校,而是家庭体育、学校体育和社区体育的统一体;从体育手段的角度来看,也就是在达到体育目的的前提下,各种身体运动(包含竞技运动)、休闲娱乐活动、舞蹈等都是体育的范畴。

现代体育一方面承担着人体全面发展、增强体质的重任,并与德育、智育、美育密切结合,共同实现培养全面发展人才的任务,另一方面则通过以健身、健心、健美、康复、卫生为目标的身体锻炼或以提高运动技术水平,创造优异运动成绩为目标的竞技运动来挖掘人体内的潜力,并充分发挥体育在物质文明和精神文明建设中的特殊作用。

体育既受一定的社会政治、经济的影响和制约,也为一定的社会政治、经济服务,所以体育的概念并不是一成不变的。随着社会的不断发展,人们对体育的认识还会进一步深化。

二、体育的分类

对体育概念进行分类,可以采用很多标准。如果根据实施体育的场所来划分,可以将体育分为家庭体育、学校体育、社区体育；如果根据体育参与者的职业来划分，可以将体育分为农民体育、工人体育、军人体育、知识分子体育等；如果按照参加者的年龄来划分，可以将体育分为婴幼儿体育、青少年体育、中老年体育；如果按照体育发展的年代来划分，可以将体育分为古代体育、近代体育、现代体育、当代体育。体育还可以按其他的标准进行分类，但都要求遵循“概念划分的规则”。

一般认为，体育按区域和时空视角可划分为家庭体育、学校体育和社区体育。这种划分构成了终身体育的渠道，方便我们分析人生各阶段体育的特点和对策，有助于充分地利用家庭、学校和社区的体育资源，有助于更好地发挥每一种体育形态的优势，从而形成“体育合力”，还有利于促使人们形成终身体育的意识和习惯，改进生活方式，提高健康水平和生活质量，促进社会发展。

（一）家庭体育——应引起重视的体育角落

家庭体育的发展规模和水平是体育社会化的重要标志之一，家庭体育悄然兴起已成为现代生活潮流。

家庭体育的内涵是指以家庭成员为活动对象，家庭居室及其周围环境为主要活动场所，根据居室环境条件与成员的需要与爱好，利用属于自己的时间选择健身内容和方法，达到增进身心健康的目的，以促进家庭和睦和社会稳定发展。

家庭体育是人生接受体育的起点，是学校体育和社区体育的基础。家庭体育的意义不仅在于增强体质、增进健康或防病祛病、降低医疗费用，还在于增强家庭凝聚力，促进家庭团结、和睦幸福。近年来，在许多国家，家庭作为社会的基本细胞，正在面临着解体的威胁，这在西方国家尤为突出。在我国，传统的家庭观念已被赋予新的含义，但离婚率上升。体育活动是保持和谐的家庭生活、防止家庭解体，使每个家庭成员健康成长的有效手段。家庭体育活动可以使家庭成员之间增加接触，沟通思想，养成相互照顾、相互关心以及正确对待别人和自己等优良品德，在与他人的共同体育活动中，扩大交往，调节情绪，愉悦身心。因此，家庭体育有着很强的社会效益。

（二）学校体育——奠定学生终身体育的基础

学校体育是学校教育的重要组成部分，也是全民体育的基础。它既是教育和体育的交叉点和结合部，又是国家体育事业发展的战略重点。为了达到教育、教养及发展身体的总目的，不同层次的学校体育按不同教育阶段和年龄特征，通过体育课程、课余体育训练及课外体育活动这3种基本组织形式，围绕“健康第一”这个中心，全面实现学校体育的各项任务。由于它处在学校这个特定领域，实施内容被纳入学校总体计划，实施效果又有相应的措施予以保证，从而与其他教育环节共同构成了一个完整的教育过程，使学生在德、智、体、美几方面得到全面发展。

随着体育的不断社会化、娱乐化、终身化及竞技体育的发展，从提高学校体育的要求考虑，现代学校体育既要注重增强体质的近期效益，又要着眼于将来学生对“享受”和“发展”的需要，即重视包括生物、心理及社会等综合效果。为此，我国学校体育要以终身体育思想为指导，促使我国体育朝经常化、生活化、终生化方向发展，体育人口大大增加，人民体质、健康水平不断提高。学校体育为了适应现代社会发展对人才培养的需求，必须以终身体育思想为主导思想，立足于将学校体育的近期效应和长远效应相结合，注重培养学生的体育兴趣、意识、习惯和能力，这是推动学校体育与终身体育接轨，培养身心健康、有良好体育习惯和能力的高素质人才的发展方向，也是对学校体育改革、发展与推进全民健身具有十分积极、深远意义的重大举措。

（三）社区体育——终身体育的关键环节

社区体育是指由街道办事处、居委会牵头，以若干个相邻的企事业单位为轴心，与周围各界、各单位组成地区性体育组织，为增强体质、活跃文化生活、提高生活质量，就近开展地区性体育活动的组织体制与活动形式。

社区通常是指进行一定的社会活动，具有某种互动关系和共同文化维系力的人类生活群体及其活动区域。社会主义市场经济体制的逐步建立，冲击了“单位体育”，人们的体育取向就开始由单位转向社区，社区体育组织逐步建立。社区体育的基本目的是提高社区成员的健康水平和生活质量，建立文明、健康、科学的生活方式，增强居民的社区认同感、归属感，促进社区发展。社区体育是社区文化服务的内容之一，社区体育并非以营利为主要目的，而是以满足社区居民的体育需要为目标，始终把社会效益放在首位。虽然社区体育中有时需要收取一定的费用，但社区体育更多的是无偿或低偿服务，具有公益性的特点。

社区体育具有活动范围的区域性、活动设施的公共性、活动组织的民间性、活动方法的服务性、活动指导的平等性等特点。由于社区体育是一种以地缘关系为特征的体育组织形式，因此它打破了行业单位的界限，以社区体育组织为依托开展活动。在活动空间上，立足于就近、就地；在活动时间上致力于充分利用早晨、傍

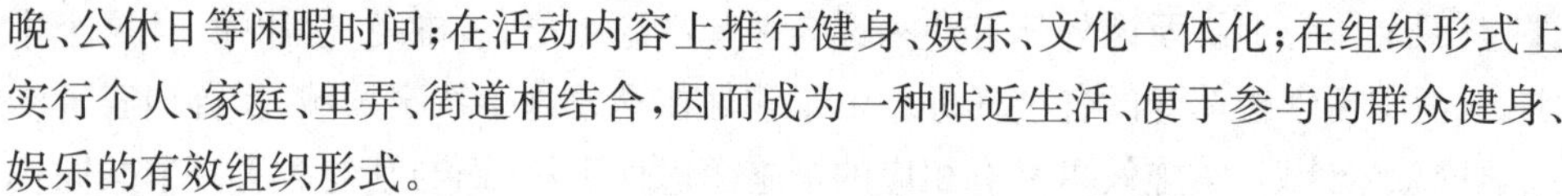

晚、公休日等闲暇时间；在活动内容上推行健身、娱乐、文化一体化；在组织形式上实行个人、家庭、里弄、街道相结合，因而成为一种贴近生活、便于参与的群众健身、娱乐的有效组织形式。

第二节　体育与人类社会

一、体育与生存需要

人类必须与自然界进行艰苦的斗争，才能创造赖以生存的物质基础。这种求生本能，最初表现在原始人的谋生和防卫需要中，即借助人体的运动获取生活资料，并保证自身不受伤害。据考古学研究，人类祖先是由树栖变为地栖，然后才逐渐习惯直立和用两足行走的。原始人迫于谋生需要，要为寻找食物而攀山涉水，为杀伤猎物而掷石投棍，为追捕野兽而奔跑越沟，为抗御自然侵袭而跋涉迁徙。出于防卫需要，为防备狩猎时被野兽伤害和确保过河时的生命安全，他们还必须掌握格斗和游泳等防卫手段，并具备灵巧躲闪、攀高爬树、相持耐久等自卫能力。很明显，诸如攀、爬、跑、跳、投和涉水等身体运动，都是原始人求生存所必需的基本活动技能，表明体育与生存需要从来就有着极为密切的天然联系。

原始社会后期，为了发展生产力、保证血亲生存、掠夺财产和奴隶而发生的部落间冲突，需要精化生产工具、改进狩猎技术，使这种谋生手段世代相传，同时还必须提高谋生和防卫能力本身所需的智力和体力，于是以语言为媒介的技能传授和身体操练，即原始教育，逐渐从单纯的劳动手段中抽象出来，并演化成非直接用于生产劳动和生活的身体运动形式。这些经原始教育提炼和改进后的身体运动，也就是原始体育，其根本目的虽仍在于维持生存，但由于增添了强身手段，使之有可能通过提高各种身体效能和活动技巧的训练，为学习和掌握生存的本领提供了方法，进一步说明了体育和生存需要之间的必然联系。

随着科学技术的发展和进步，生存需要对人体体力的依赖程度已相应减少。但为了提高劳动生产率，满足日益增长的物质和文化生活需要，人们仍需不断通过包括体育在内的各种手段，继续谋求提高和发展人的智能和体能，以促进有机体各器官系统的机能水平，防治由社会分工和单调劳动限制而造成的现代文明病。因此，现代社会又从更高的层次要求体育必须尽可能满足人们生存的需要。

二、体育与社会需要

随着物质与生存条件的改变，当语言、意识、情感、理性等各种社会文化行为一旦产生，人类生存需要的功利性因素就会相对减弱。这表明，体育作为一种特殊的社会现象，在与社会的同步发展中，同样不只是满足简单的生理或生存需要，而应致力于提高人的生物潜能，丰富人的精神文化生活，促进人的身心全面发展，以创造人的美好生活方式为目的。为此，千百年来，人们根据这种社会需要，在对体育的实践与探索中，无不期望它能适应和改变自己的生活方式。但是，人在改造社会的同时，还需要社会为之提供理想的生活环境和条件，故社会的兴衰又直接影响着体育的发展进程的快慢。

众所周知，推进体育向前发展的主要动力，最早来自原始社会后期出现的文化、艺术和教育。尽管这些新的社会因素在当时仅反映原始人水平很低的需求结构，但就扩大生活领域而言，为了适应社会发展的需要，却促使一些既不属于生存需要、又高于一般生活技能的活动，以更接近体育的方式发展起来，致使这种有意识模仿劳动和生活动作的身体练习改变了原始人单纯求生的生活模式。譬如，原始人为了表达对神灵的崇敬，通过宗教祭祀而开展的舞蹈、角力和竞技运动；为了表达狩猎成功后的喜悦心情，通过游戏方式而开展的娱乐活动等，都集中体现了原始人对社会所持的生活态度。

进入奴隶社会，特别是春秋战国时期，由诸侯称霸而引起的兼并战争又刺激了军事体育活动的相应发展，并使仅有的一些娱乐性体育几乎全被奴隶主阶级所垄断，而奴隶和平民百姓只能在社会经济稍趋繁荣的情况下，才得以在余暇开展一些民间体育活动。

我国封建社会的历史是漫长的，尽管这一阶段的社会变化日趋复杂，但巩固的中央集权制使社会经济、政治和科学文化终于有了显著进步，为人民创造了相对安定的生活环境。此时不同阶级、阶层和个人，根据不同社会地位和物质基础，开始选择不同的体育内容和形式，以适应和改变自身的生活方式。譬如，统治阶级为了追求奢侈腐朽的生活方式，在宫廷、内院大力开展蹴鞠、相扑、水戏、马术及乐舞百戏等内容繁多的娱乐性体育，专供帝王后妃观赏、消遣；而一般平民百姓，却随都市经济发展，在节日闲时开展游艺性活动，或聚集街头观赏民间艺人的杂耍表演，以补充其贫乏的文化生活内容；至于封建士大夫阶层，因受封建道德观的严重束缚，及佛教、道教、玄学思想的影响，恪守静漠恬淡的生活方式，一般都轻视习武，而热衷棋类、投壶和养生等“举止高雅”的体育项目，以此表现他们“修身养性”的人生哲学。

1840 年的鸦片战争使中国走上了半殖民地、半封建社会。当“闭关自守”的封闭状态被打破，来自世界体育整体性发展的冲击波很快引起中西体育之间的相互交融，结果导致中国体育在近代的第一次历史性转折。此时，面对政局腐败、列强入侵、国衰民弱、民族危机空前严重的现实，有识之士开始为“救亡图存”奔走呼号。在“学西艺、设学校、变科举”的主张下，他们力求进行社会变革，并把体育和“强种保国”联系起来，促进了近代体育的初期兴发。

中华人民共和国成立后，为了迅速改变旧中国的落后面貌，亟待培养德、智、体全面发展的建设人才，于是体育的性质和地位发生了根本变化。体育在为增强国民体质、发展经济、保卫祖国和提高国际威望等方面作出了重要贡献。时至 20 世纪 90 年代，我国处于社会主义初级阶段，限于国民经济的发展水平，虽离现代体育发展目标尚有差距，但优越的社会制度及安定的社会环境却为体育的发展创造了空前有利的条件。当然，欲图体育发生根本性变化，主要还在于高科技革命引起的社会变革。因为随着现代科学技术的迅猛发展，在生产力大幅度提高的情况下，为了应付体力劳动强度降低引起的现代“文明病”，为了适应交通拥挤、空气污染及生态平衡逐渐被破坏的生存环境，为了纠正偏食、吸烟、酗酒及滥用麻醉品等不良的生活习惯和行为，人们需要从根本上改变自己的生活方式，对日常生活、身体发展及精神文明的需求观念重新认识。因此随着物质产品丰富和生活余暇时间增多，体育必将成为社会文明、科学进步和人们健康生活方式不可缺少的组成部分，并有可能发展为人们业余生活的第一需要。

第三节　体育与现代生活方式

一、现代社会生活方式的特点

生活方式是指社会生活中的人为满足生存和发展需要而进行活动的总体模式，一般认为生活方式有广义和狭义之分。广义的生活方式是指社会活动中人们的全部活动，包括物质生活、社会生活、政治生活和精神生活的形式和特征的总和，包括物质资料的生产、分配、交换、消费的全过程。狭义的生活方式是指人们消费生活的水平和结构。

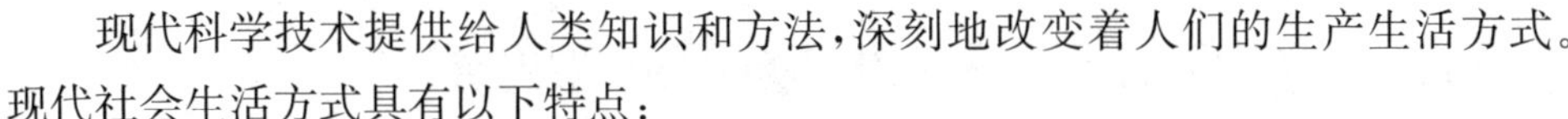

现代科学技术提供给人类知识和方法，深刻地改变着人们的生产生活方式。现代社会生活方式具有以下特点：

（一）现代社会生活方式的世界化

随着现代信息技术和运输技术的飞速发展，地球正变得越来越“小”。在新的世纪，人们吃着同样的食品，穿着同样的时装，在世界各地欣赏着同一场体育比赛，获取着“无国界”的相同信息，玩着一种相同场景、相同规则的游戏，不同肤色的人在世界各地游来游去，尽享生活带给人们的愉悦。同时在世界各国出售的相同产品和交换的信息，又培养着人们相同的兴趣、爱好、行为方式特征，现代社会生活方式正朝着世界化的方向发展。

（二）努力寻求物质生活与精神生活的平衡

21 世纪的生活方式将发生质的更新，人类必将作出极大努力，以寻求一种在本质上更能使物质生活与精神生活共处得更为和谐、更加平衡的生活方式。这种“平衡”的生活方式来源于人类自身对过去那种过分追求物质生活的反思。对这种新“平衡”的追求，不完全是简单观念化的结果，它主要体现了人类社会生产力发展的客观要求。

（三）追寻健康是现代社会生活观的重要目标

21 世纪人类健康将受到工业污染、流行性疾病、生活方式中的“不科学因素”等的威胁。科学家的统计表明，人类的生理素质正在退化，人在成长过程中时刻会因健康问题而受到困扰，一些恶性疾病在现代人身上成为多发病。这些也引起了人类自身的高度重视和反思，重新审定生活价值观中首要追寻的目标。越来越多的人在生活目标的多向选择中，都把健康摆在了重要位置。

（四）环保型生活理念逐步确立

环保问题是人类社会所面临的最为严峻的问题。由于科技进步速度加快，人类肆意地对大自然进行开发和破坏，导致了严重的生态危机。近年来，许多人在生活消费上更加讲究科学性和注重消费质量，节俭的、生态型的生活方式在社会上得到提倡。

（五）终身教育成为现代社会生活方式的重要内容

21世纪人类跨入了信息社会，在信息社会中，人类知识总量每7～10年翻一番。一个人要想不落伍，就必须不断更新自己的知识结构，教育已经不再只是学校之内的事了，再教育将面向大众。终身学习和受教育将成为现代生活中有机组成部分，变成现代人的一种生活方式。

（六）现代人的工作和闲暇重叠交融

在现代社会，人们的闲暇时间将会被逐渐压缩，要增长知识，就要充分利用时间。因而，从这个意义上说，闲暇的“生活”时间客观上也就成了创造社会财富的“生产”时间。人将主要从事智力的、创造性的活动，劳动将因满足人的高级创造性需要而变得富有意义，使人产生满足感，人们从劳动活动中获得高级享受并使其成为主要乐趣。因此在新世纪中，不但人们的“闲暇越来越像工作”，而且“工作越来越像闲暇”。

二、现代社会生活方式病的形成

科学技术的迅猛发展使现代社会的生产方式发生了巨大的变化，人类社会劳动正在从体力劳动型向智能型转化，人们的体力劳动活动将越来越少。科学技术使社会的物质文明大大进步，也改变了人们的社会生活方式和日常生活模式。

随着科学技术进程的发展，现代化在不断地改善着人的生活条件和工作条件的同时给人的健康也带来了负面影响，生产方式和生活方式的变化导致了现代社会生活方式病的形成，主要原因如下：

（一）运动不足

运动是使身体健康的自然需要。以前，由于劳动要求身体运动，劳动的部分过程同时也就成为锻炼身体的过程，虽然它不能代替体育活动，却有体育活动的功效。现代科学技术正在不断地促使科学、技术和生产一体化，使生产劳动朝着机械化、自动化、电气化、智能化的方向发展，人的体力劳动越来越多地被技术装置所代替，繁重的体力劳动大大减少。同时，现代生活节奏、工作节奏过于紧张，使人无暇顾及身体锻炼，造成运动不足，导致肌肉无力、肥胖和伴随而来的心脏病、血管病、低血糖等现代生活方式病的形成。

（二）营养过剩

现代社会为人们提供了丰富的生活资料，使人们尽情地享受各种物质待遇。人们的食物数量和膳食结构发生了重大的变化，脂肪和动物蛋白摄入过多。由于食物结构的变化，人们从食物中摄入的热量越来越多，超过消耗的热量，而过剩的热量即转化为脂肪。这种摄入的热量增加而活动减少的生活条件必然产生人体"营养过剩"的现代社会生活方式病。

（三）精神压力过大

现代社会中，人们的生产活动和工作进程逐步发展到尽力追求高效率，以免被社会淘汰和否定，这给人们带来了巨大的心理压力，造成记忆力减退、注意力范围缩小、悲观失望、自我评价能力下降等疾病的发生。联合国国际劳工组织的一份调查报告认为：心理压抑已经成为21世纪最严重的健康问题之一。

（四）应激过多

在现代社会生活中，由于生活变化速度过快使人感到焦虑不安；不停顿的"感觉轰炸"、信息负荷过重、不断面临新的抉择等使人压力重重。现代社会生活给人带来的困扰就会在生理上或心理上出现障碍，最后导致疾病的发生和健康水平的下降。

现代生活方式病的产生与其说是科学技术的副作用，不如说是人们不恰当使用现代科技成果和人类社会自身的机制导致的不良后果。很显然，要消除现代社会生活方式对人类的伤害，必须对人类社会进行重新审视，深刻认识在现代文明高度发展的条件下人们的生活方式、精神情感方面的缺陷，修正不适宜的心理和行为方式，积极主动去适应现代社会的发展。

三、现代社会生活方式病的预防与体育

体育是人们对健康生活方式的追求。人们在学习、工作之余经常参与一些体育活动，如跑步、打球、游泳、旅游等活动，以增强体质、健康身体、娱乐身心、开阔视野，促进交往。参加体育已逐步成为一种时尚，成为社会文明、科学迅速发展和人们健康生活不可缺少的内容，体育在预防现代社会生活方式病中的积极作用日益显示出来，并具有显著的社会价值。

（一）体育锻炼是现代人增强体质，促进健康最有效的方式

由机械化、电气化高度发展造成人类生物结构和机能的退化，如体乏、睡眠不佳、腰酸腿痛、内分泌紊乱等；高营养低消耗代谢造成体内物质积蓄，如肥胖病、高血压等，威胁人类生命，影响生活质量。体育能提高神经系统的反应能力，消除脑细胞的疲劳，提高工作和学习效率，预防和治疗神经衰弱；能增强心脏的机能，使血液中红细胞、白细胞和血红蛋白的含量增加，防止心脏疾病的发生；能增大肺活量，提高呼吸系统的转换能力；能促进血液循环，新陈代谢，使体内多余、有毒的物质迅速排出体外；使骨组织的血液供应充分，骨的坚固性强、抗断，耐力性好，提高关节的灵活性和稳定性；使身体发育均匀，肌肉有力，皮肤有弹性、无皱纹。总之，经常进行体育锻炼可以满足人身体健康的需要，促进身体发育、体格健壮、体态健美，增强人体机能，提高体力（包括运动与劳动需要的体力、耐力、灵活性、柔韧性）以及抗病能力和生命力。

（二）体育是预防现代人生理疾病的最积极方法

18 世纪法国著名医生蒂索说过："运动就其作用来说，几乎可以代替任何药物，但是世界上的一切药物，并不能代替运动的作用。"用体育锻炼来治疗疾病的方法叫体育疗法，也叫医疗体育。常用的方法有保健操、医疗操、散步、跑步、游泳、打球、气功、太极拳、按摩等。体育疗法能调整由中枢神经的功能失调引起的高血压、神经衰弱、精神病、胃溃疡等。长期锻炼能使大脑皮层功能增强，病情好转。病人长期卧床，精神不振、睡眠不好，容易引起感冒、肺炎、褥疮、关节强直、肌肉萎缩、神经麻痹等并发症。体育锻炼能振奋精神、增强食欲、改善睡眠，并使肌肉关节得到活动，血液畅通，新陈代谢旺盛，身体抵抗力增强。体育与医疗卫生相比具有更加积极的意义，是追求健康最积极的方式。

（三）体育运动是现代人心理疾病的监控者

体育运动是人们在调整、顺应新的生活节奏时的重要辅助手段，一些实验和社会调查证明，运动员和经常从事体育活动的人对生活节奏的变化有较强的适应能力，经常参加运动会使人表现出较强的自制、快乐、坚韧、敏锐、自信、合群和从容不迫的心理调节能力。体育运动还可以提高人体对快速节奏生活的应变能力和耐受能力，也可以克服人们对快节奏生活的抵触、恐惧、怨烦和焦虑等心理障碍，可以稳

定心理情绪、抑制身心紧张，控制“A”型反应，以增强人们在快节奏生活中的自信心。在体育活动中，人们所掌握的多种活动机能和快捷活动方式，有利于人们准确、协调、敏捷地完成各种工作、生活动作。

体育运动还可以通过扩展生活空间的方式调节人们的心理。每一个人都有一种在宽敞生活空间活动肢体的生理要求，更有一种向往宽大生活空间的心理追求。强制性地缩小生活空间就会使人产生一种受惩罚的痛苦感，而生活空间的合理扩大有利于人们的身体健康和心理安宁。

（四）体育是现代人充实生活，增进交流的最有效方式

现代人的生活节奏很快，平时工作和生活中的精神压力相对过去几十年都大，精神调节具有更加重要的意义。目前，城市居民中普遍出现行为功利性过强，很少有时间放松自己，邻里关系或亲戚关系也相对淡漠，许多人终日奔忙，没有时间与他人交流，这对于精神健康非常不利。随着科学技术的进步、经济的发展，人们的闲暇时间得以增多。

在闲暇时间里，参与户外活动能消除孤独感、恢复自信，使因工作或生活劳动而紧张的情绪得到放松，使单调乏味的生活充实起来，进入一种超凡、宁静与爱的境界。在一些体育集体活动中，与他人的接触、交谈有助于促进人际交流，增进理解与友谊，消除心理上的疲劳，扩大自己的交往空间。

（五）体育是现代人娱乐身心最有趣的方式

在现代社会，参与体育活动除了能够锻炼身体，丰富文化，还能增加生活的乐趣。在工作、学习之余，人们不拘形式地参加娱乐性、趣味性的体育活动，如游戏、体育舞蹈、健美操、游山嬉水、游艺等。在欢乐和谐气氛中进行各种身体锻炼，与人交流、谈话、接触能使参与者情绪高涨，心情愉快，既锻炼了身体、增强了体质，也调节了心理、陶冶了性情，又激发了生活情趣、获得了精神上的享受，从而达到了愉悦身心的目的。

在现代生活中，体育与人类生活方式紧密联系，体育将以增进人类健康为己任，以最积极、有趣的方式保持人类作为一个生物物种的生存活力。站在全人类发展的高度，提供日益绚丽多彩的身体运动方式来丰富现代社会生活，增进人类的健康是未来体育的基本任务。

第二章 高等院校的体育教育

第一节 高校体育教育的地位与目标

一、体育在高校中的地位

（一）高校体育是高等教育系统工程中的重要组成部分

体育教育是通过身体活动，实现增强体质，培养学生德、智、体全面发展的教育过程，对培养全面发展的社会主义建设人才具有重要的意义。为了实现教育的总目标，高校体育也必须通过体育教学、业余训练以及课外体育活动这三种基本组织形式，围绕着增强体质的中心任务，完成与体育教育有关的各项任务。随着社会的发展，科学技术的突飞猛进，我国现代化建设事业也进入了一个高速发展时期。对人的素质的要求越来越高，特别是对人们的健康与体质提出了更高更新的要求。为了适应当今社会的市场经济和政治、科技体制改革的需求，高等教育必须培养一大批有理想、有道德、有文化、守纪律、身体健康的高级专门人才，并能适应高速度、高强度、高紧张度的工作。

体育教育成为使人们终身受益的基础教育之一，在大学生获得体育科学知识，掌握必要的运动技术技能，懂得科学锻炼身体的方法，学会自我医务监督的能力的同时，还要拓展体育锻炼和获取体育知识的渠道，以满足个人的体育兴趣和爱好，提高对体育的欣赏水平。

（二）高校体育是国民体育的基础

高校体育随着时代的发展，还必须提高运动技术水平，使其达到或接近国内、国际先进水平。近二十年来，与美国等世界强国一样，我国有条件的知名高校经国家批准都组建了高水平运动队，为国家培养和输送运动尖子和后备人才。目前，世界各大赛事中，到处可见大学生运动员的身影。部分高等院校课余运动训练已经成为国家体育运动训练的一个重要组成部分。

大学生在学校受到体育教育后，具备了较高的理论水平、实践经验和组织能力，走向工作岗位成为社会中素质较高的人群时，又时刻影响、带动和指导着大众体育活动的开展。目前，我国各政府机关、事业单位、厂矿企业和集团公司的群众性体育活动都少不了“曾经是大学生”人们的参与和引领。

（三）高校体育是社会主义精神文明建设的重要手段

高校运动竞技的高水平也很好地促进和培养了学校大学生对运动的兴趣，很多高校因体育活动开展好，运动水平高，被誉为“某某项目传统学校”。学校运动项目的开展，既丰富了大学生的课余文化生活，又提高了凝聚力，也促进了校园精神文明建设，高校体育已经成为社会主义精神文明建设的一个重要手段。

二、高校体育的作用

（一）通过一定的身体运动负荷，增强学生的体质

根据当代大学生年龄范围、生理特点，我国高等学校体育的主要作用是：“增强学生的体质，增进身心健康，传授体育知识，养成自觉锻炼身体的习惯。”而增强学生的体质是关键，人的体质是指人的机体质量，是先天遗传和后天获得的综合性特征。学生的体质发展状况，也可以从其对外界刺激的适应能力中观察获得。外界刺激包括疾病、气候变化、学习负担以及一些偶然性突发性变故等。这其中有一定的心理因素，但主要是看其机体的承受能力和适应能力。高校体育就是通过各种途径，采用各种方法、手段刺激和发展其外部形态、内部器官功能和各种素质能力。外部形态是指骨骼、肌肉的改善引起的形体变化；内部器官功能是指血液循环系统、呼吸系统、消化系统和分泌系统的适应能力；素质能力是指肌肉力量、耐久力、敏捷性、平衡性、灵巧性和协调性等。

（二）通过体育课程，传授基本知识和技能，培养能力和习惯

根据大学生神经细胞物质代谢旺盛，灵活性相对较高，抽象思维能力和理解强等特点，加之大学生的求知欲望，使传授体育知识的渠道变得更加畅通，受教育程

度的提高使他们接受和理解体育知识的水平也远高于中小学生，因而能比较系统地掌握体育的基本知识、技能和科学锻炼身体的方法，养成良好的锻炼习惯，为终身体育奠定了基础。

（三）通过各种活动形式，培养良好的思想品德和道德素养

教学实践证明，体育自身的固有特点是对学生进行思想品德教育最生动、最活泼的形式之一，高校体育是一个有目的、有计划、有组织的教育过程。由于许多活动都是以集体或竞赛的形式进行，在激烈的竞赛活动中，人的个性特征，如急躁情绪、埋怨同伴、诬蔑对手、不尊重裁判、个人英雄主义等不良行为就会暴露出来；同时，如团结协作、相互鼓励、甘当配角、发挥集体力量等优良品质也能充分体现出来。及时表扬好的行为，批评坏的现象使大学生在体育实践中受到教育是其他活动不能替代的。在中长跑项目、障碍赛、游泳等体育项目中，对人体机能极限的挑战，有利于学生培养吃苦耐劳、拼搏进取和百折不挠的优良品质；在各种竞赛组织编排中，如何提高公平竞争意识和公正无私的人格，调节良好的心理素质和健康的情商也是体育教育的作用体现；另外大学体育教育中，还应重视增强组织纪律性和团结协作精神的教育。

三、高等院校体育教育的任务

根据我国的教育方针和高等教育要面向现代化、面向世界、面向未来的要求，根据社会主义建设对现代人才培养的要求和高等职业教育的目的任务，高等院校体育教育的目的是：增强高职学生的体质，促进高职学生身心健康，培养高职学生的体育意识、能力和习惯以及良好的思想道德品质，使其成为德、智、体全面发展的社会主义建设者和接班人。要实现高等院校体育教育的目的，必须完成以下基本任务：

（一）增进学生身心健康，增强学生体质

通过体育的各种实践活动增进学生身体健康，增强体质，提高身体素质水平是大学体育的首要任务。体育作为促进学生身心健康发展最积极的、最有效的手段，通过进行体育教学、运动训练、课外体育活动和体育竞赛等一系列体育活动使学生养成良好的锻炼习惯，不断提高健康水平和对环境的适应能力，增强对疾病的抵抗能力；通过体育理论的学习，使学生重视营养卫生，遵守合理的作息制度，积极参与体育实践，从而以强健的体魄和充沛的精力保证学业的完成，为走向社会打下坚实的基础。

（二）培养良好的体育意识，使学生掌握体育知识、基本技术和技能，养成自觉锻炼身体的习惯

通过体育教学，向学生传授体育知识、技术和技能，使其掌握科学的锻炼方法、手段，提高对体育锻炼的认识和意识。体育基本知识是指科学锻炼身体的原理、原则和方法，体育保健、自我监督和评价等。体育基本技术和技能是指参加运动的实践能力。通过体育教学培养运动能力，并通过课外锻炼和竞赛的反复实践，达到熟练掌握的程度。体育的意识和习惯的培养，一是对体育运动定义和价值的正确认识，二是对运动的兴趣与掌握的程度，三是形成稳固的锻炼习惯。

（三）培养良好的思想品德，注重学生个体道德素质提高

体育是对学生品德教育最活泼、最直接、最生动的形式。高等院校体育教育是一个有目的、有计划、有组织的教育过程，其特征体现在学生实践内容丰富，体育活动多采用竞赛形式，既有强烈的竞赛气氛，又有严格的规则约束，而规则既是行为的准则，又是品德的规范。

（四）提高学生的运动技术水平，促进学校体育工作的开展

随着我国经济的发展，高等院校之间的体育交流活动日益增多，促进了校际间、学生间的友好往来。充分利用高等院校的有利条件和高职学生在体能、智能以及实践能力上的优势，坚持系统和科学训练，不断提高运动技术水平。这样既可为高等职业院校培养体育骨干，又能进一步推动高等职业院校体育活动的开展，丰富高等职业院校的校园文化生活。

四、高等院校体育教育的目标

（一）基本目标

基本目标是根据大多数学生的基本要求而确定的，分为 5 个领域目标。

1. 运动参与目标

积极参与各种体育活动并基本形成自觉锻炼的习惯，基本形成终身体育意识，能够编制可行的个人锻炼计划，具有一定的体育文化欣赏能力。

2. 运动技能目标

熟练掌握两项以上健身运动的基本方法和技能；能科学地进行体育锻炼，提高

自己的运动能力；掌握常见运动创伤的处置方法。

3. 身体健康目标

能测试和评价体质健康状况，掌握有效提高身体素质、全面发展体能的知识和方法；能合理选择人体需要的健康营养食品；养成良好的行为习惯，形成健康生活方式；具有健康体魄。

4. 心理健康目标

根据自己的能力设置体育学习目标；自觉运用体育活动改善心理状态、克服各种心理障碍，养成积极乐观的生活态度；运用适宜方法调节自己的情绪；在运动中体验运动乐趣和成功的感觉。

5. 社会适应目标

表现出良好的体育道德和合作精神；正确处理竞争与合作的关系。

（二）发展目标

发展目标是针对部分学有所长、有余力的学生确定的，也可作为大多数学生努力的目标。

1. 运动参与目标

形成良好的体育锻炼习惯；能独立制订适用于自身需要的健身运动处方；具有较高的体育文化素质和观赏水平。

2. 运动技能目标

积极提高运动技术水平，发展自己的运动才能，在某个项目上达到或相当于国家等级运动员水平；能参加有挑战性的野外活动和运动竞赛。

3. 身体健康目标

能选择良好的运动环境，全面发展体能，提高自身科学锻炼的能力，练就强健的体魄。

4. 心理健康目标

在具有挑战性的运动环境中表现出勇敢顽强的意志品质。

5. 社会适应目标

形成良好的行为习惯，主动关心、积极参加社区体育事务。

第二节　高校体育教育的组织形式

根据《学校体育工作条例》规定，学校体育工作是指体育课教学、课外体育活动、课余体育训练和课余体育竞赛。根据教育部新颁布的《全国普通高等院校体育课程教学指导纲要》规定，把有目的、有计划、有组织的课外体育锻炼、校外（社会、野外）活动、运动训练等纳入体育课程。形成课内外、校内外有机联系的课程结构。

体育课堂教学、课外体育活动、课余体育训练和课余体育竞赛是实现我国大学体育目的和任务的基本组织形式。

一、高等院校体育课程

（一）体育课程的性质

1. 体育课程是大学生以身体锻炼为主要手段，通过合理的体育教育和科学的体育锻炼过程，达到以增强体质，增进健康和提高体育素质为主要目标的公共必修课程，是学校课程体系的重要组成部分，是高等院校体育工作的中心环节。

2. 体育课是寓促进身心和谐发展，思想品德教育、文化科学教育、生活与体育技能教育于身体活动并有机结合的教育过程，是实施素质教育和培养全面发展人才的重要途径。

（二）体育课程设置

普通高等院校的一、二年级必须开设体育课程（四个学期共计 144 学时）。修满规定学分、达到基本要求是学生毕业、获得学位的必要条件之一。普通高等院校对三年级以上学生（包括研究生）开设体育选修课。

（三）体育课程结构

根据《全国普通高等院校体育课程教学指导纲要》规定，应面向全体学生开设多种类型的体育课程，以满足不同层次、不同水平、不同兴趣学生的需求。

1. 理论课与实践课相结合

理论课是指在教室内讲授的体育基础理论知识的课程，内容包括：①体育的基本概念和学校体育的基本知识。②运动生理、心理、保健和卫生常识。③各种运动

项目的基本知识、技术、战术理论以及规则与裁判法。

实践课是指在运动场、馆按照体育教学大纲规定的内容和教学进度，进行以身体练习为主的课程。通过学习种种运动项目的技术、技巧，通过身体活动和思维活动的紧密结合，在反复的练习过程中，让身体承受一定的运动负荷，促使学生掌握运动技能，达到全面提高身体素质、增强体质的目的。

2. 学生主体和教师主导相结合

打破原有体育课程建制，倡导开放式、探究式教学，拓展体育课的时间和空间。在教师的正确指导下，逐步过渡到学生自主选择课程内容、自主选择任课教师以及自主选择上课时间。营造生动、活泼、主动的学习氛围。

3. 注重特殊群体学生的健康

对部分身体异常和病、残、弱等特殊群体的学生，开设以康复、保健为主的体育课程。

二、高等院校体育教育的组织形式

高等院校体育教育的目的与目标从本质上讲是通过学校的一切教育活动来共同完成的。其主要途径是学校体育的各种组织形式：体育课堂教学、课外体育活动、课余体育竞赛、课余体育训练、校外与野外体育活动。应使体育课堂教学与课外、校外体育活动有机结合，学校与社会紧密联系，互相促进、共同发展。

（一）体育课堂教学

体育课堂教学是高等院校课程体系的重要组成部分，是实现高等院校体育教育目的与目标的重要组织形式，是保证全体学生学习与掌握体育与健康的知识技能、达到增进健康、增强体质和提高体育素养目标的中心环节；体育课堂教学是寓促进身心和谐发展、个性培养、科学知识教育、生活与体育技能教育于一体的教育过程。目前我国高等职业院校的体育课程主要有以下几种主要类型：

1. 普通体育课（基础体育课）

普通体育课是为大学一、二年级学生开设的，具有基础性的必修课。这种类型的体育课有利于大学生比较全面地学习与掌握体育的知识与技能。

2. 选项体育课（专项提高课）

选项体育课是根据学生个人的兴趣爱好和水平，选择某一运动项目或某一程度进行学习的必修课。这种类型的体育课有利于根据学生的原有水平，在某一选项中选择不同程度进行修学，提高学生从事某一项目的运动能力，形成一定的体育专长，充分体验体育运动带来的乐趣和成功的喜悦，培养对体育的兴趣和爱好。

3. 保健(康复)体育课

保健体育课是专门为身患残疾或慢性疾病的学生开设的必修体育课。这种类型的体育课有利于根据学生的残疾或疾病情况选择适宜的运动内容，主要目的是矫正某些身体缺陷，促进身体健康的恢复，调节生理机能。

4. 体育选修课

体育选修课是为大学生开设的由学生自由选择修学的体育课程。这种类型的体育课是在学生完成体育必修课的基础上，为了更好地适应社会和个人的需要，根据个人的兴趣、爱好自主选择某些运动项目、同一运动项目的不同水平或体育与保健理论知识内容，进行专门的学习，形成一定的专长，提高专项运动水平，加深和拓宽体育与保健理论知识。

在体育教师的指导下，大学生具有自主选择体育课程内容、教师和时间的自由度，并应充分发挥自己的独立性、创造性，使体育课程真正成为既有很高的教育价值，又深受学生欢迎的课程。

(二) 课外体育活动

课外体育活动是高校体育课的延续和补充。《学校体育工作条例》规定："普通高等院校除安排有体育课外，每天应当组织学生开展各种课外体育活动。"根据学校的实际情况和传统特点，因人、因时、因地制宜地开展多种形式的课外体育活动，对巩固和提高体育课的教学效果，增强大学生体质，提高文化学习效率，丰富校园生活，增强集体凝聚力，促进精神文明建设等方面都会起到良好的促进作用。课外体育活动主要有以下一些形式：

1. 早操

早操是大学生作息制度中的重要组成部分，也是构建科学、文明、健康生活方式的基本因素。坚持早操，是大学生保持合理的生活作息制度，养成良好生活习惯的有效措施。

早操可以提高学生大脑皮层的兴奋性，以良好的身心状态进入一天的学习生活，有利于提高学习效率。开展早操，对形成良好的校风、班风、学风，促进校园精神文明建设也有重要意义。根据场地条件和具体情况，早操可以采取集中做操或分散锻炼的形式。分散锻炼可以根据个人的兴趣爱好，每天坚持 20～30 分钟的活动，一般可以选择散步、健身跑、太极拳等锻炼内容，运动量不宜过大。

2. 课外体育锻炼

课外体育锻炼是指体育课程以外的，为了达到锻炼身心、娱乐休闲、丰富课余文化生活的目的，在课前、课间、课后进行的，学生个人、自发小群体、学生体协、学校组织、俱乐部等参与的内容丰富、形式多样、组织灵活的面向全体学生的体育活动。

（三）课余体育竞赛

课余体育竞赛是在课余时间进行的，有两个或两个以上的个人或团体，依据一定的规则和比赛规程进行的互相竞赛的体育活动。课余体育竞赛是推动大学群众性体育活动开展、丰富课余文化生活、提高课余运动训练水平的重要杠杆。大学的课余体育竞赛包括：校内体育竞赛，即校内各系科、各年级、各班级等之间进行的各种小型多样的、丰富多彩的，并有广泛群众性的竞赛活动，以及全校性的综合性或单项竞赛活动。通过校内体育竞赛，培养学生勇于拼搏、不断进取、团结协作的精神，陶冶学生的情操，锻炼学生的意志品质，提高学生的社会交往能力。校际运动竞赛，即学校组织少数运动员代表学校参加的学校与学校、或学校以上组织的各级各类体育运动竞赛。校际运动竞赛，有利于促进不同学校之间的交流、沟通、理解与友谊，有利于形成大学生的集体荣誉感和归属感，有利于激发积极向上、敢于和善于竞争的精神，有利于提高学校的知名度。

（四）课余体育训练

课余体育训练是在课余时间对部分体育基础较好，有一定体育运动天赋的学生运动员进行系统的训练。大学的课余体育训练具有两重性：一是作为竞技体育的组成部分，培养竞技体育人才为提高我国的竞技体育运动水平作贡献；二是作为学校群众性体育的组成部分，培养群众性体育的骨干，推动群众性体育活动的开展。随着我国教育与体育事业的迅速发展，竞技体育体制改革的深入，"体教结合"体制的进一步确立，以及大学课余体育训练水平的提高，大学作为我国培养高水平的竞技体育人才主要途径的作用必将日益显著，地位必将日益提高。

（五）其他体育活动

1. 野外活动

野外活动是指个人或集体靠智慧和能力，在环境复杂的大自然中从事郊游、远足、野营、登山、涉水、攀岩等活动。此活动本身就具有教育的功能，要求学生掌握多方面知识、技能和技巧。此活动本身还带有浓厚的探险色彩，可以培养学生的创造性思维和科学探险精神，倡导人与人的协作精神以及弘扬团队精神。更重要的意义在于，通过野外生存教育，使学生学会遇到挫折或意外时的求助和救生方法，达到挑战自然、挑战自我的目的。

2. 体育节

体育节以其具有的时代特点和独特的表现形式，成为校园文化的重要组成部分。体育节一般是结合有意义的节日或重大国际、国内的体育活动，利用体育周或体育日形式，开展专题性的体育主题活动，进行体育教育和锻炼，如体育专题报告、体育讲座、体育知识竞赛、体育表演和体育比赛等。体育节活动能激发学生的体育兴趣，调动参与体育锻炼的积极性，对增强学生的体育意识、提高体育素养、扩大知识面、培养能力等方面都有重要意义。

第三节　高校体育教育的科学理念

一、健康第一的理念

增强青少年体质、促进青少年健康成长，是关系国家和民族未来的大事，需要各级党委和政府的高度重视、全社会的关心支持。中共中央、国务院《关于深化教育改革全面推进素质教育的决定》强调："广大青少年身心健康、体魄强健、意志坚强、充满活力，是一个民族旺盛生命力的体现，是社会文明进步的标志，是国家综合国力的基础。青少年的体质健康水平，不仅是个人健康成长和实现幸福生活的根基，而且是整个民族健康素质的基础，并直接影响到我国人才培养的质量。健康体魄是青少年为祖国和人民服务的基本前提，是中华民族旺盛生命力的体现。学校教育要树立健康第一的指导思想，切实加强体育工作。"有了健康的身体，才可能有健康的心理，才可能学到更加丰富的知识和技能，才可能为国家、为社会的发展作出贡献，才可能成为建设小康社会的有用人才。

坚持健康第一的理念是高校体育教育整体改革的重要方向，随着社会的发展，市场经济的建设，对人才的培养提出了新的要求，大学生的健康问题已不局限于体质的增强，而是逐渐扩展到身体、心理、社会适应能力和道德品质的多个维度，这也是“健康第一”的新内涵。高校体育工作是高等教育工作的重要组成部分，处于学生成才的基础性地位；对于培养学生终身体育意识，养成良好的运动习惯，适应未来多变的社会环境，构建和谐美好的人生，具有举足轻重的作用；必须牢固树立健康第一的新理念。高校教育工作者，必须树立正确的健康观和人才观，更要引导全社会特别是大学生树立正确的教育观、人才观和健康观，让“健康第一”的指导思想在大学生中形成共识，促进大学体育工作高效和谐地健康发展。

二、终身体育的理念

今天的大学生在实施全民健身计划中是一支文化素质较高的生力军，从未来工作的需要、社会需要和现代生活的需要出发，在大学学习期间要树立正确的终身体育观。

（一）终身体育思想的形成与发展

终身体育是在第二次世界大战后终身教育思潮发展的影响下提出来的。终身体育被视为新世纪的体育思想，也是随着现代科学和教育的发展而产生的。终身体育是当代体育的一种发展趋势以及关于这一趋势的理论。20 世纪 50 年代该趋势萌发于英、美两国，60 年代出现于西欧、东欧和苏联等国，70～80 年代流行世界。伴随该趋势的发生、发展，也出现对其加以反映和概括的理论。从 20 世纪 60 年代起相继问世的运动教育论、人体运动论等，便成为终身体育不同的理论流派。80 年代中国也出现这一趋势，并引进了有关理论。由于现代科技成果在生产、生活中的广泛运用，劳动强度减轻、工作时间缩短、闲暇时间增多，加之社会经济状况改善，物质生活水平提高，人们对生活进一步有了质方面的追求，开始把眼光转向教育、文化活动、娱乐及体育运动，从而使体育逐渐突破传统教育、健身、代偿功能和以一定年龄阶段的社会成员为主要对象的局限，成为贯穿整个人生的内容。故有体育“终身化”一说。受此影响，学校体育也发生相应变化。

1. 不再单纯作为调节脑力劳动、强身健体的工具存在

也不仅仅以身体活动作为手段完成培养教育的任务为目的，而是同时被视为未来一生体育生活的入门阶段或一个环节，并相应将形成学生的运动、娱乐兴趣，培养其从事这些活动的基本能力。

2. 体育课程及课程内容不再局限于实现传统目标的体操、田径、球类等传统项目

已开始引入社会流行体育运动内容，如钓鱼、划船、高尔夫球、潜水运动、花样滑冰、网球、自行车，等等。

在1987年1月由原国家教委制订、颁布的《全日制中学体育教学大纲》第二项任务中提出了“使学生懂得锻炼身体的基本原理和独立进行科学锻炼身体的方法，以适应终身锻炼身体和生活娱乐的需要”。终身体育思想的产生，不仅对改革现行的教育制度、内容和方法产生深远影响，而且对充实人生和提高劳动者素质起到重大的推动作用，是人类社会发展和进步的需要。终身体育思想的发展，是当代体育教育指导思想的重大改革，它对我国高校体育教育的改革和发展将起到不可估量的作用。

（二）大学生终身体育的特点、作用和基本任务

1. 大学生终身体育的特点

终身体育与终身教育有着不同之处。终身体育在发展中日益显示其固有的本质特征。终身体育的核心主要在于使体育教育贯穿于人的一生，使学前体育、学校体育、社会体育等各环节体育紧密衔接，保证体育教育的统一性、完整性和连贯性，实现一体化。

从生理学角度来看，大学生的神经系统功能极为健全，心肺系统功能基本完善，生殖系统成熟，运动器官系统表现为稳定发展。但由于地区差异、个体差异及性别差异，运动素质的发展具有明显的不均衡性；从心理学角度看，大学阶段是人的个性形成的关键期，自我意识较为强烈，理性较强但情感极为丰富，性意识增强，智力水平较高；从社会角度看，在个体社会化过程中，大学生已基本具备参与社会交往及社会活动的能力。这些都决定着大学生的终身体育特点，其表现为以下几方面：

(1) 手段、方法灵活多样，方式、内容丰富多彩。健康娱乐性体育活动、竞技性体育活动、医疗性体育活动、职业实用性体育活动、卫生保健性体育活动以及一般性身体训练活动等共同构成了丰富多彩、灵活多样的大学生体育活动。

(2) 自我身体锻炼意识较强，并已具备自我身体锻炼的能力。大学生的学习、生活制度具有相对的灵活性，自由支配的时间较多，由于其文化层次较高，理性及

自主能力较强，因此，结合其兴趣爱好及身体和职业（或学习专业）特点，学习自我身体锻炼的知识，发展自我身体锻炼的能力，培养终身体育锻炼的习惯，所有这些都是切实可行的。

(3) 有计划、有组织的教育过程。大学生的体育课是一门必修基础课，因重修或限期补考仍不及格者不准毕业，按结业处理。此外，大学生还必须按照《国家学生体质健康测试标准》进行考核，达到及格以上等级，并且积极参加校内外课余身体锻炼。学校各级领导及体育部等职能部门有责任从客观上保证上述任务的完成。

(4) 专业学习的实用性特征。对大学生来说，由于专业学习的差异，发展终身体育应该考虑其所学的专业和未来职业的需要，掌握未来职业所需身体锻炼知识、手段方法；掌握职业实用性运动技能与技巧及与职业特点相近的体育运动项目；提高未来所需的一般运动素质和特殊运动素质，并培养其未来职业所需的心理素质以及对外界的适应能力。

2. 大学生体育在终身体育中的作用

终身体育对大学生的作用：终身体育是一个动态的连续发展过程，对高中毕业未直接进入社会实际工作岗位而是到高等院校继续学习的大学生们来说，高校体育是学校体育的最后阶段，它具有与社会相衔接的特点。在终身体育中，高校体育的意义则更具有特殊性。

大学生的主要内容是学习。现代科学技术的发展以及各种信息的迅速传播，使大学生们的学习压力更趋沉重，从某种意义上讲，除了必要的休息和饮食外，体育已是现代大学生们唯一的或主要的活动内容与方式。

从年龄发展阶段看，大学生正处在青年中期，而那些大学毕业后继续攻读硕士学位和博士学位的研究生们则要延至青年晚期、青年人与成年人过渡期乃至成年早期。从人的整体发展过程看，这一时期是承前启后的关键期，也是人一生身心发展的敏感期、易变期，学习与工作、婚姻与家庭、照顾老人与哺育下一代、事业发展与社会交往等，都会从有利或不利的方面影响身心的协调发展，而这种影响对青年期后的发展有决定性意义。

总之，上述原因从客观上最容易造成受高等教育者身心发展的不平衡或不协调，如何防止这种倾向的出现，终身体育的观点是极具现实意义的。把中小学时期养成的锻炼身体的习惯继续下去，并在结合自己专业特点的基础上，在理论与实践两个方面进一步发展终身体育运动，是受高等教育者接受现代生活方式的挑战、获

得身心健康、协调发展的必由之路。

3. 大学生终身体育的基本任务

大学生终身体育的基本任务：立足现实，面向本来，注重发展，树立正确的体育指导思想，采取合理有效措施努力加强体育意识，增强体育能力，形成自觉参加体育锻炼的习惯，为终身体育奠定基础。大学阶段终身体育教育的基本任务有以下几方面：

(1) 使学生对体育有比较清楚的认识和积极的态度，懂得锻炼身体的目的和意义，培养对体育的兴趣、爱好，养成终身体育锻炼的习惯。

(2) 打好身体基础并使学生对自身身体情况与体育能力做出符合实际的认识与评价。

(3) 使学生掌握体育基本理论知识，具备健身方法和知识，能够运用多种基本运动技能和健身方法进行经常性体育锻炼。

(4) 使学生掌握一些基本技术与技能，具备独立进行体育锻炼的能力。

(5) 使学生具备评价、欣赏、策划、组织、管理以及合理运用环境与条件进行体育锻炼的能力。

三、素质教育的理念

素质教育是以提高民族素质为宗旨的教育。它是依据《教育法》规定的国家教育方针，着眼于受教育者及社会长远发展的要求，以面向全体学生、全面提高学生的基本素质为根本宗旨，以注重培养受教育者的态度、能力、促进他们在德智体等方面生动、活泼、主动地发展为基本特征的教育。它以全面提高人的基本素质为根本目的，以尊重人的主体性和主动精神为基础，注重开发人的智慧潜能，注重形成人的健全个性。

全国学校体育工作会议提出，把学校体育作为今后一个时期实施素质教育的重要切入点和突破口，这为我们抓好大学体育工作、进一步推进素质教育指明了方向。全面贯彻党的教育方针，全面实施素质教育，促进大学生全面发展和健康成长，是高等教育落实科学发展观的必然要求。身心健康是学生全面发展的重要基础，体育在素质教育当中占有非常重要的位置，其本身就是一个育人的过程，是教育的本质功能之一。

就个人发展而言，体育在提高大学生的健康素质的同时，还能砥砺他们的意志品质和人格精神。学生经历的每一次体育活动和竞赛都在潜移默化地教育熏陶他们,培养他们团结、合作、坚强、献身和友爱的高尚情操。体育更是培育他们自强不息精神和吃苦耐劳意志的有效途径。可以说,加强高校体育工作,促进大学生健康成长,是高等教育本质的回归。忽视学生身心健康,忽视学校体育工作,就谈不上全面贯彻党的教育方针,谈不上全面实施素质教育。近年来的实践已经充分证明,加强学校体育,确确实实成为全面实施素质教育的重要突破口。学校体育工作水平的高低已成为衡量一所大学素质教育水平的重要标志之一。

四、以人为本的理念

早在党的十六届三中全会上,党中央正式提出了“坚持以人为本,树立全面、协调、可持续的发展观,促进经济社会和人的全面发展”。“以人为本”作为科学发展观的本质和核心,不仅是新时期我们党在发展价值观上的转变与飞跃,也是我们党在执政理念上的继承与创新。科学发展观要落实到教育领域,其首要和根本的任务就是要树立以人为本的教育价值观,并以此来指导我国教育的改革与发展,统揽教育工作的全局。

联合国教科文组织的报告中也强调,教育应当把人作为发展的中心,并明确提出:“接受教育不再是为了升学和谋生,而是为了个人能力的充分发挥以及个人终生学习,为了社会的和谐发展。”这充分体现了“以人为本”的教育价值观,它对大学体育教育提出了新的要求。

1. 注重大学生的身心健康

身心健康是人能够生存和发展的基本前提。现代社会的高速发展对人的身心健康提出了严峻的挑战。生产的高度现代化,在很大程度上剥夺了人们从事体力劳动的机会,也诱发了“文明病”的蔓延。生存竞争的日趋激烈使精神紧张成为一种流行的社会疾病。学生作为未来社会的主体,但身心健康状况不容忽视。忽视大学生的身体健康将直接影响到未来祖国的建设者和保卫者的素质。由于高校体育是以身体练习为基本手段,并具有知、情、意、行相统一的特点,因此,它对学生身心健康的影响是其他教育因素无法替代的。所以,促进学生身心健康发展必将是高校体育的首要任务。

2. 尊重大学生的主体地位

“以人为本”教育观要求重视学生自身的内在需要,崇尚发挥人的主体性。学生是体育学习的主体,学习体育和发展身心是每一个学生的权利;高校体育的一切活动与体育教师的一切工作，都是为学生的体育学习与身心发展服务的。高校体育应淡化“师为主、生为从”的观念，在体育工作中，尊重学生的主体地位，以学生为中心，充分发挥学生的主动性，培养学生的主体意识。

3. 促进大学生的个性发展

当今我们大力提倡创新精神、创新意识、创新能力就是为了发展丰富的个性，培养创造型人才。学生是千差万别的，“以人为本”所要求的促进学生个性发展，正是在尊重学生个体差异基础上的发展。在高校体育工作中，可通过对学生体育需要的引导，体育兴趣的培养，促使其智力活动的增强，进而使学生通过高校体育形成的个性特征在将来的长时间内发挥作用。

4. 注重大学生的能力培养

教育的本质是培养社会发展所需要的人才，现代社会的高度发展对人的能力提出了更高的要求，高校体育独有的实践性特点，决定了它在培养学生综合能力方面具有其他学科不可替代的作用。在以人为本教育观指导下，高校体育将通过体育教学、运动训练、课外体育活动和运动竞赛等手段，全面提高学生能力。

5. 与时俱进的理念

习近平总书记在党的十九大报告中指出：“广泛开展全民健身活动，加快推进体育强国建设。”这是决胜全面建成小康社会、夺取新时代中国特色社会主义伟大胜利的重要工程，是实现中华民族伟大复兴中国梦的艰巨而光荣的使命。

（一）加快推进体育强国建设，是新时代中国强起来的重要内容

源于人类生产劳动的体育，历经千百年的发展，已成为蔚为壮观的一种文化现象，渗透到国家的经济、政治、文化等诸多方面。它作为人民群众增强体魄、愉悦精神、锻炼意志、塑造品格、交流情感的重要活动，对人类社会的发展产生了重大而积极的影响，受到了各国人民的喜爱和各国政府的重视。改革开放以来，我国体育事业有了长足的进步和发展，特别是党的十八大以来，我国正由体育大国向体育强国迈进，体育强国的作用明显显现、越来越大。正如习近平总书记所强调的：“体育是社会发展和人类进步的重要标志，是综合国力和社会文明程度的重要体现。体育在提高人民身体素质和健康水平、促进人的全面发展，丰富人民精神文化生活、推动经济社会发展、激励全国各族人民弘扬追求卓越、突破自我的精神方面，都有着不可替代的重要作用。”

党的十九大报告指出，“人民健康是民族昌盛和国家富强的重要标志”。健康的、受过良好教育的劳动者是经济发展最重要的人力资源。身体健康包括外表健壮和心理健康，一个人身体健康才能有精气神，全国人民身体健康才能在新时代的新征程上永葆蓬勃朝气、深怀昂扬锐气、常存浩然正气。一个人民健康水平不断提高的社会，才是充满生机活力而又和谐有序的社会。

体育不仅仅是一种身体运动，还是一种生活方式、一种教育手段、一种精神载体，是培养健康体魄、塑造健全人格、促进人的全面发展的有效途径。只有从积极维护和发展最广大人民群众根本利益的实际出发，不断满足人民群众不断增长的体育需求，才能让广大人民群众充分享有体育运动的权利、享受体育运动的快乐；只有不断促进体育事业的社会化、生活化、大众化的发展，并在全社会营造浓厚的体育运动氛围，增强大众体育健身意识，才能让人民群众在体育运动中活筋骨、增知识、调情感、强意志，增进身心健康。大力发展体育运动，有利于培养人们顽强拼搏、勇攀高峰的精神品质，有利于弘扬团结合作、公平竞争的社会风尚，有利于树立民族自尊心、自信心和自豪感，增强爱国主义、集体主义观念，有利于各国人民加深了解、增进友谊，有利于中华民族以新的姿态屹立于世界的东方。

（二）加快推进体育强国建设，是夺取新时代中国特色社会主义伟大胜利的重要工程

没有中国体育的大发展，就没有中国人民的大健康。正如习近平总书记在全国卫生与健康大会上所指出的：“没有全民健康，就没有全面小康。”总书记在党的十九大报告中，既有直接提出体育强国的任务，如“广泛开展全民健身活动，加强推进体育强国建设，筹办好北京冬奥会、冬残奥会”；又有间接表述体育强国的要求，如“实施健康中国战略”等。

“广泛开展全民健身活动”，就是全方位、全民族男女老少都参与的健身活动。为了促进全民健身活动的开展，保障公民在全民健身活动中的合法权益，提高公民身体素质，2014 年国务院下发的《关于加快发展体育产业促进体育消费的若干意见》，将全民健身上升为国家战略后，习近平总书记又强调：“全民健身是全体人民增强体魄、健康生活的基础和保障，人民身体健康是全面建成小康社会的重要内涵。”2016 年国务院令第 666 号修订《全民健身条例》，制定了全民健身计划，明确全民健身工作的目标、任务、措施、保障等内容，要求地方各级人民政府应当依法保障公民参加全民健身活动的权利，工会、共青团、妇联、残联等社会团体应当结合自

身特点，组织成员开展全民健身活动。

“加快推进体育强国建设”，就要争时间、提速度，把发展体育事业融入实现“两个一百年”奋斗目标大格局中去谋划，不断深化改革，更新观念，大力推动全民健身的群众体育、奥运争光的竞技体育、富民利民的体育产业、完善人格的体育文化等协调发展。切实把人民作为发展体育事业的主体，把极大满足人民健康需求、促进人的全面发展作为体育工作的出发点和落脚点，把竞技体育搞得更好、更快、更高、更强，不断提高运动健儿为国争光的能力，积极做好与北京冬奥会相关的各项筹办工作，努力举办一届精彩、非凡、卓越的奥运盛会。

（三）加快推进体育强国建设，是实现中华民族伟大复兴中国梦艰巨而光荣的使命

1. 把紧密相连的体育强国梦与中国梦一致起来

习近平总书记在看望索契冬奥会中国体育代表团时指出：“我们每个人的梦想、体育强国梦都与中国梦紧密相连。”中国近代体育发展史表明，从“一个人的奥林匹克”到“百年奥运梦想成真”，从“东亚病夫”到“体育大国”再到“体育强国”，中国体育承载的不仅是运动员的个人荣辱和体育事业兴衰，而更多的是人民健康的优劣、国家形象的好坏、民族精神的聚散。加快推进体育强国建设，就是在为夺取新时代中国特色社会主义伟大胜利而奋斗。正如习近平总书记所指出：“中国人民正在为实现中华民族伟大复兴的中国梦不懈奋斗。体育是提高人民健康水平的重要手段，也是实现中国梦的重要内容，能为中华民族伟大复兴提供凝心聚气的强大精神力量。”

2. 以更为艰苦的努力干好体育强国这一神圣事业

习近平总书记曾说，“体育运动在中国是一项神圣的事业”，而且“重在参与、自强不息、顽强拼搏”是习近平总书记一直提倡的“奥运精神”。他说“重大赛事最令人感动的未必是夺金牌，而是体现奥运精神，这正是中国人讲的自强不息”，这是中华优秀传统文化培养出来的“中国精神”，弘扬“中国精神”才能发挥好“体育在激励全国各族人民弘扬追求卓越、突破自我的精神方面，有着不可替代的重要作用”，才能大力发展体育事业、健民强国。

3. 坚持新发展理念推进体育事业

党的十九大报告指出“必须坚定不移贯彻创新、协调、绿色、开放、共享的发展

理念”。创新发展是加快推进体育强国建设的不竭动力。抓住供给侧结构性改革带给体育领域的创新机遇，树立整合社会资源的创新思维，探索新办法解决新问题，顺应“大众创业、万众创新”的新举措，走出体现人民性、国家性、民族性、社会性的新路子。协调发展是加快推进体育强国建设的基础。不断增强各项体育工作的系统性和协同性，不断推动群众体育和体育产业协调发展、推动城乡体育均衡发展、区域体育联动发展以及各少数民族体育事业的协同发展。绿色发展是加快推进体育强国建设的方向。按照绿色发展理念，增强体育发展的可持续性，设计体育场馆、生产体育产品、提供体育服务，切实降低体育发展成本，确保节能环保。开放发展是加快推进体育强国建设的条件。对内开放，要最大化盘活社会体育资源、优化设计增量体育资源；对外开放，是中国体育盘活国际资源，多样化形式走出国门，推动体育企业以海外并购、合资合作、联合开发等方式进入国际市场，既促进与国际接轨，也利于国际体育资源进入中国市场。共享发展是加快推进体育强国建设的目标。中国体育是人民的体育，对体育改革发展成果进行社会化分配，在金牌数量增长的同时，让社会大众在体育方面的“获得感”稳步增强、共享成果日益丰富。

第三章 体育锻炼的科学方法

第一节　体育锻炼的科学理论

人体是由各器官系统组成的有机体，体育锻炼增强体质包括很多科学规律，例如体育锻炼的科学化、定量化就和锻炼效果密切相关，不同性别、体质、年龄的人，其锻炼内容、方法、生理心理负荷、运动强度等均有不同的科学要求。

一、能量供应理论

能量代谢是指物质代谢过程中所伴随着的能量释放、储存、转移与利用的过程。食物中的糖类、蛋白质、脂肪既是建造机体结构、实现自我更新的原料，又是机体内能量的来源。运动时能量供应有一定的生理规律，认识这些规律对正确选择体育锻炼内容、方法及提高锻炼效果大有帮助。

人体运动时的直接能源是来自体内一种特殊的高能磷酸化合物——三磷酸腺苷(ATP)。肌肉活动时，肌肉中的 ATP 在酶的催化下，迅速分解为二磷酸腺苷(ADP)和磷酸，同时放出能量供肌肉收缩。但是人体肌肉 ATP 含量甚微，只能供极短时间消耗，因此肌肉要持续运动，就需及时补充 ATP。

人体运动时，当 ATP 分解放能后需要及时补充，补充的途径有 3 条，即磷酸肌酸(CP)分解、糖的无氧酵解及糖与脂肪的有氧氧化，生理学上称之为运动时的 3 个供能系统。人体从事的各种不同的运动，其能量供应都分别属于这 3 个供能系统，而发展这 3 个供能系统的方法又各不相同。

(一) 磷酸原系统(ATP－CP 系统)

磷酸肌酸(CP)是储存在肌细胞内的一种高能磷化物。当 ATP 分解放能后，CP 立刻分解放能以补充 ATP 的再合成，由于这一过程十分迅速，不需要氧气也不会产生乳酸。因此，生理学上将它与ATP一道合称为非乳酸系统，又称磷酸原系统。

生理学研究证明，全身肌肉中ATP-CP系统供能能力仅能持续8秒左右。这一系统供能能力的强弱主要和绝对速度有关，如果要提高50米、100米等短距离跑的绝对速度，就要发展磷酸原系统的供能能力。发展这一系统的供能能力的训练方法最好是采用持续10秒以内的全速跑，重复进行练习，中间间歇休息30秒以上。如果间歇时间短于30秒，则磷酸原系统恢复不足，会产生乳酸积累。

（二）乳酸能系统

当人体肌肉快速运动时间持续较长后(超过8～10秒)，磷酸原系统供能能力已不能及时供ATP补充，于是动用肌糖原进行无氧酵解供能。这一系统供能时不需要氧气，但产生乳酸积累，故称为乳酸能系统。机体产生的乳酸在氧气供应充足时，一部分继续氧化释放能量，另一部分合成肝糖原。乳酸是一种强酸，在体内积聚过多，会产生酸中毒，使机体工作能力下降，故乳酸能系统有供能能力，但持续时间也不长(约33秒左右)。

乳酸能系统供能能力的优劣主要与速度耐力有关。中距离跑主要需要速度耐力，100米、200米跑的后程及不少球类运动也都需要速度耐力。要提高速度耐力，就要发展乳酸能系统的供能能力。最适宜的手段是全速(或接近全速)跑30～60秒，间歇休息2～3分钟。这种手段能使血乳酸达到最高水平，能锻炼和提高对高血乳酸的耐受能力，提高乳酸能系统的供能能力。

（三）有氧供能系统

在氧气供应充足的条件下，机体利用糖和脂肪氧化分解成二氧化碳和水，释放大量能量来合成ATP，这种有氧氧化供能过程称为有氧供能系统。其中糖有氧氧化产生的能量为糖酵解的13倍，故其维持的工作时间较长。

虽然磷酸原系统和乳酸能系统在运动中提供了大量能量，但归根结底，ATP、CP的合成、糖酵解产物乳酸的消除，都是通过有氧氧化来实现的。所以，肌肉活动能量最终来源还是糖和脂肪的有氧氧化，而糖和脂肪又来自食物。人体的有氧供能能力和心肺功能有关，是耐力素质的基础，要提高这一供能能力，主要宜采用较长时间的中等或较低强度的匀速跑或较长段落的中速间歇训练等方法。

人从事任何一种运动时，能量供应很少仅属于一种供能系统，大多数情况下是上述 3 个供能系统均参与供能，只不过不同的运动 3 个供能系统所占的比例各不相同。如 100 米跑，主要是以磷酸原系统及乳酸能系统供能为主；长跑则主要由有氧供能系统供能；400 米跑等练习以乳酸能系统供能为主；1 500 米跑则对 3 个供能系统均有较高要求。因此，在体育锻炼中应根据自己的特点，主要发展哪一个系统的供能能力，恰当选择手段与方法。

二、超量恢复理论

新陈代谢是有机体生命活动的基本特征之一，是通过同化作用和异化作用的对立、统一进行的。体育锻炼是对机体新陈代谢过程的一种刺激，它能引起组织系统的兴奋，加剧物质代谢和能量转换，造成代谢的不平衡。人在进行体育锻炼时，体内新陈代谢过程比平时大为加强，能量消耗增加，以不断满足运动时的能源的需要。运动后身体的能量物质不仅可以恢复到原有水平，而且还会超过原有水平，这种现象叫“超量恢复”。

能量物质的恢复过程大致可分为 3 个阶段：第一阶段是运动当中，恢复过程就已经开始，这时机体一边进行锻炼消耗能量，一边补充和恢复能量物质，由于消耗大于补充，因此能量物质的储量逐渐下降；第二阶段是运动结束后，此时能量物质消耗已逐渐减少，而恢复过程却不断增强，锻炼中消耗掉的能量物质不断得到补充，直至恢复到锻炼前的原水平；第三阶段是超量恢复阶段，能量物质恢复到原水平后并未停止，而是继续恢复补充，在这一段时间中，能量物质的恢复可超过原有储备的水平，比锻炼前能量物质的储量还要多。

但是，过一段时间后，能量物质的储备又回到原来水平。如果经常坚持体育锻炼，不断增强能量物质的恢复过程，超量恢复便能达到更高程度，体质也就不断得到增强。

三、最大摄氧量理论

人体好像一部大机器，各个器官不停地工作着，各个器官的活动都需要消耗能量，人体进行一切生命活动和保持恒定的体温都需要能量。这些能量只能通过体内糖、脂肪和蛋白质的分解来获得。而这些营养物质分解需要氧化才能释放出能量。人体不断消耗吸进的氧气来氧化营养物质（糖、脂肪、蛋白质）所释放出的能量，供给各器官活动的需要，所以人体有氧能力的提高有赖于摄氧量的提高。摄氧量也叫吸氧量或耗氧量，是指人体吸进体内并被组织细胞实际消耗利用的氧量。

安静时，人体每分钟的摄氧量为0.25～0.30升，与安静时每分钟的需氧量的数值一样，运动时摄氧量随着运动强度的加大而增加。

从事剧烈运动时，因受到循环、呼吸系统等机能的限制，每分钟摄氧量增加到一定限度就不能再增加，即达到摄氧量最高水平，故称为最大摄氧量，即运动时每分钟能够摄入并被身体利用的氧气的最大数量。一般成年人最大摄氧量为每分钟2～3升，而有训练的运动员可达4～5升，优秀的耐力运动员可达6～7升。要提高最大摄氧量，参加体育锻炼者应注意以下几点：

1. 最大摄氧量通过锻炼只能提高5%～25%，其他75%～95%主要是受遗传因素的影响，但个别人通过锻炼也可提高25%以上。

2. 最大摄氧量的提高与锻炼次数有关。每周要保持3次锻炼，如果每周少于2次锻炼，最大摄氧量的变化不显著。短期的锻炼不能提高人体的有氧适应能力，最少需要10～20周才能见效。对成年人来说，每周锻炼不应少于2次，每次不应少于10分钟，否则，不能起到保持和提高健康水平的作用。

3. 提高最大摄氧量的最低阈值，应为“最大心率储备”的60%左右(50%的最大摄氧量)。最大心率储备是指最大心率与安静时的心率差，再加上安静时的1/2的心率。对青年人来说大约相当于心率达到130～150次/分钟的水平，老年人此值可低至110～120次/分钟。

4. 最近研究表明，年龄不是耐力锻炼的障碍，中老年人最大摄氧量的变化与青年人相似，只是年龄大的人需要更长的时间，才能适应锻炼。

四、运动负荷有效价值阈的理论

(一) 运动负荷

所谓运动负荷，就是人体在运动活动中所承受的生理刺激。按其对人体产生刺激的性质，我们又把运动负荷相应地分为负荷强度和负荷量两个方面。负荷量与负荷强度之间存在着明显的反比关系，即提高负荷强度，则要相应减少负荷量；增加负荷量，则要相应降低负荷强度。大负荷强度和大负荷量的练习(如用很快的速度跑相当长的一段距离)有机体承受不了，而小负荷强度和小负荷量的练习(如用慢速跑一段很短的距离)又难以获得起码的练习效果。

(二) 运动负荷的有效价值阈

无论是便于用百分比确定负荷强度的练习(如走、跑、游、举重等)，还是很难用百分比确定负荷强度的练习(如球类、体操、武术、游戏等),我们都可以根据运动负荷价值阈理论来把握体育锻炼的效果。运动负荷价值阈,是按一定的心率区间来确定运动负荷的一种计量标准。尽管因为有个体差异性的存在而不可能确定一个运动负荷价值阈的绝对标准,但由于具有正常健康水平的人之间差异并不明显,因此,以“一定的心率区间来确定运动负荷”的运动负荷价值阈理论,仍具有普遍的指导意义。体育锻炼的目的在于有效地增强体质,应以有氧代谢为主。据国内外有关研究成果表明:科学体育锻炼有效价值范围所处的心率为120～140次/分钟之间。当心率在110次/分钟以下时,机体的血压、血液成分、尿蛋白和心电图等,都没有明显的变化,锻炼身体的价值不大;心率在130次/分钟的运动负荷时,脉搏输出量接近或达到一般人的最佳状态,锻炼身体的效果明显;心率在150次/分钟的运动负荷时,脉搏输出量开始出现了缓慢地下降;心率增加到160～170次/分钟之间,虽无不良的异常反应,但未能呈现出更好的健康迹象。因此,从事体育锻炼的健康人的负荷的有效价值范围应保持在120～140次/分钟的心率之间。心率在此范围内波动的时间,应占一次锻炼总时间的2/3为宜。生理学实验还证明:心率在120～140次/分钟时,脉搏输出量大;心率在140～180次/分钟时,每分钟输出量最大。

因此,在体育锻炼过程中,适当安排强度较大,持续时间较短的无氧代谢练习,有助于提高负氧能力。还要根据自己的年龄、体质状况确定有氧代谢的运动负荷。

第二节　体育锻炼的基本原则与方法

体育锻炼的目的不在于创造运动成绩,而在于从个人的实际出发,谋求身体健康、精神愉悦和提高对环境的适应能力,以及对疾病的抵抗能力,提高学习和工作的效率。体育锻炼是在业余时间进行的,形式多样,内容丰富。人们可根据各自的实际情况,有针对性地选择不同的内容和方法。锻炼形式可以是集体锻炼,也可以是单独锻炼;可以在统一规定的时间内锻炼,也可以分散在各自安排的时间锻炼。要想使体育锻炼有效地增强体质,提高健康水平,达到预期的最佳效果,必须讲究科学的原理,必须遵循一定的锻炼原则,有效地选择锻炼的内容和方法。

一、体育锻炼的基本原则

体育锻炼原则是体育锻炼客观规律的反映,是人们从事体育锻炼实践,达到理想效果必须遵循的基本准则。

（一）自觉性原则

自觉性原则是指体育锻炼的参加者必须抱有明确的健身目标，自觉地从事体育锻炼。体育锻炼必须建立在“善其身者无过于体育”的心理环境中进行。毛泽东同志在《体育之研究》一文中指出：“欲图体育之有效，非动其主观，促其对体育之自觉不可。”也就是说要想达到体育的预期效果，必须以主动积极的态度，自觉地坚持锻炼才行。贯彻自觉性原则，应注意以下几点：

1. 明确锻炼的目的

树立远大的目标，把自己培养成德智体全面发展的人才，更好地服务社会，只有这样才能使锻炼具有更长久的动力和自觉性。另外，参加体育锻炼更多的是带有直接目的和动机。例如，为了丰富文化生活、锻炼意志、调节情绪等，增进健康，促进身体的正常发育，以及塑造良好的形体。只有这样有目的地去锻炼，才能使锻炼更具有主动性和积极性。

2. 遵循体育锻炼的科学原理

正确使用科学方法进行锻炼，以达到最佳的锻炼效果。

3. 定期检验锻炼的效果

如定期测试一些身体素质、形态、生理机能指标和运动成绩等方面的增长、变化及提高情况，也可用饮食、睡眠、精神状态等情况的对比来检验锻炼的效果，从而得知锻炼的方法是否得当有效，并且还可以看到锻炼的成效，进而增强锻炼的信心和兴趣。

（二）全面性原则

全面性原则是指体育锻炼者必须追求身心的和谐发展。人体是一个有机的整体，各个器官系统是相互影响、相互制约的。锻炼中必须安排身体不同部位的活动，特别是不同性质的活动，以求人体的全面发展。如果不注意对身体各部位、各系统的全面发展和促进，机体不仅不能获得良好的整体效应，而且会导致身体发展的不均衡和不协调。每项运动、每个练习对身体的影响都有其侧重面，这就要求选择锻炼内容要力求全面多样，这一点对正处于生长发育的青少年来说尤为重要。贯彻全面性原则，应注意以下几点：

1. 身心的全面发展，要从适应环境、抵抗疾病的能力、改善机体的形态、提高机体能力的功效、陶冶精神、愉悦心理、丰富文化生活等方面着眼。

2. 注意肢体的对称运动，不要长期从事一侧肢体的运动，要使肌体得到匀称的发展。要注意全身的活动，不要只限于局部。

3. 体育锻炼的内容和方法要力求全面，使身体素质和各器官系统机能得到全面的发展。体育锻炼的内容应根据不同的年龄、不同的季节，予以适当调整，而且要针对自身的薄弱部位采取“抑其过补其不足”的锻炼方案。

（三）经常性原则

经常性原则是体育锻炼必须持之以恒，使之成为日常生活中的重要内容。坚持经常性锻炼，能使人的新陈代谢功能增强，促进体内异化作用，继而达到同化作用的加强，加快体内物质合成，使人体功能得到提高，使骨骼坚硬、韧带牢固、肌肉粗壮、肺活量增大等。这个变化的过程在于保持体育锻炼的时间、强度、次数的衔接性和连续性。假如间隔过长、中断过久，已经获得的效果就会消退以至消失。贯彻经常性原则，应注意以下几点：

1. 合理安排锻炼间隔

体育锻炼的效果并非一劳永逸，不论什么年龄的人中止锻炼一段时间，都会使前阶段的锻炼效果减退，因此每次锻炼的间隔安排要合理。

2. 锻炼要有恒心

把坚持经常性锻炼作为一种培养毅力、锻炼意志、陶冶情操的手段和过程，排除各种外界因素的干扰。把体育锻炼作为日常生活中不可缺少的重要组成部分，养成经常锻炼的习惯。

（四）适量性原则

适量性原则是指体育锻炼要有恰当的生理负荷。量是相对的、可变的，是在渐进的基础上有节奏进行的。锻炼效果的大小，很大程度上取决于刺激的强度，太弱的刺激不能引起机体功能的变化；太强的刺激不仅不能增强体质，而且有害于健康；只有运动强度适宜，对机体的刺激才有利于消耗的恢复和超量补偿，锻炼效果最佳。贯彻适量性原则，应注意以下几点：

1. 在每一次锻炼过程中，要注意量力而行和自我感觉，同时进行生理指标测定，评价锻炼的效果，及时调整运动负荷，使之适宜。

2. 要根据年龄特征、气候情况、劳动强度、睡眠、营养等综合因素，不断调整运动量和运动间歇。

（五）针对性原则

针对性原则是指体育锻炼必须根据个人的实际情况，有针对性地付诸实践。体育锻炼必须根据锻炼者的年龄、性别、爱好、身体条件、职业，以及季节、地理环境等合理确定其有效的项目、内容、方法、负荷量和强度等，使之符合实际需要，做到区别对待。贯彻针对性原则，应注意以下几点：

1. 根据不同的年龄选择锻炼项目

不同的年龄阶段各器官系统、结构、形态和生理功能都有不同的特点。如老年人可选太极拳、打门球等，年轻人可选爬山、球类等。

2. 根据不同的性别选择锻炼项目

男女性别在形态、心理、生理方面有一系列的差异。男子可选举重、拳击等，女子可选健美操、形体操等。

3. 根据不同的体质与健康状况选择体育锻炼项目

4. 根据职业情况选择体育锻炼项目

5. 根据不同季节气候、地理环境选择体育锻炼项目

如北方冬季可选滑雪项目，南方夏季可选择游泳等。

（六）渐进性原则

渐进性原则是指体育锻炼者必须按人体自然发展、机体适应性和超量恢复原理，逐步积累增强体质的效果。

体质的增强是一个漫长的过程，是机体不断接受锻炼，适应刺激的结果，这种刺激是在机体承担的范围内的。机体承担的运动负荷是指按超量恢复的原理变化的，经过一段时间锻炼后，原来的负荷不再适应，需要加大负荷，提高机体适应性，达到锻炼的目的。贯彻渐进性原则，应注意以下几点：

1. 运动负荷的安排要建立在符合自己实际情况的基础上，力诫急于求成。

2. 锻炼时应遵守人体生理机能活动能力变化规律。就一次锻炼来说，机体从安静状态过渡到活动状态有一个渐进过程，人体各个器官系统进入工作状态需要时间。因此在每一次锻炼时必须做好准备活动，否则就可能带来损伤。

二、发展身体素质的方法

身体素质是指身体各个器官系统在进行身体活动时外在显示的一种身体潜能。身体素质包括力量、耐力、速度、灵敏、柔韧等。身体素质是人体活动的基础，对获得行动自由和提高生活质量起着关键的作用。

（一）发展力量素质

1. 力量素质的概念及种类

力量素质：人体或身体等部分肌肉在工作时克服阻力的能力。

力量素质种类：最大力量、相对力量、速度力量和力量耐力。

最大力量：排除体重因素，身体或身体一部分克服最大阻力的能力。

相对力量：练习者每公斤体重所具有的最大力量。相对力量＝最大力量÷体重（公斤）。

速度力量：快速克服阻力的能力。速度力量是力量与速度有机结合的一种特殊力量素质。在尽可能短的时间内发挥出尽可能大的力量，称之为爆发力。评定爆发力可采用爆发力指数。爆发力指数＝用尽可能大的力量÷用尽可能短的时间。

力量耐力：长时间克服阻力的能力。

2. 力量素质练习的基本方法

（1）负重抗阻力练习：运用杠铃、壶铃、哑铃进行练习，这种练习是力量练习最常用的方法。

（2）对抗性练习：如双人顶、推、拉等。这种练习不需要任何器材，又可引起练习者的兴趣。

（3）克服弹性练习：如拉力器、拉橡皮带等。

（4）克服自身体重的练习：如引体向上、倒立推起、跳跃练习等。

（5）克服外部环境阻力练习：如沙地或草地上做各种跳跃练习。

（6）电刺激：通过电流的刺激发展力量。

3. 力量素质练习的基本要求

（1）正确选择练习方法。选用方法总的要求是对准所练习的肌肉群，如发展股四头肌力量，可选负重半蹲的练习，同时要求练习者双脚平行或稍内扣。否则，就达不到发展股四头肌的目的，而把臀部肌肉练习得很大。

(2) 合理安排各种力量练习的顺序。各种力量练习对机体影响是不同的，小负荷多次数的练习，主要影响肌肉的结构，使肌肉纤维变粗，肌肉横断面增大。而大负荷少次数的练习，主要改善肌肉的协调功能。力量练习应先使肌肉结构改变，然后再提高肌肉的协调功能。

(3) 处理好负荷与恢复的关系。经实验证明，隔日练习力量增长 77.6%，每日练习力量增长只有 47%。练习者应采用机体部位交替练习，有利于疲劳的消除。负荷要有节奏，大中小合理调整逐渐提高(见表 3-1)。

表 3-1　力量练习四周循环安排

强度%	周第一次练习	周第二次练习	周第三次练习
100	第五周		
95			第四周
90	第四周		
85	第二周	第四周	第三周
80	第三周	第一周	第一周
75		第三周	第二周
70	第一周	第二周	

(4) 力量练习后要特别注意放松。放松有利于肌肉紧张的恢复，有利于提高神经调节功能，有利于速度力量的发展。如不放松，肌肉的紧张得不到消除，会使血管继续受压，血流受阻，并引起静止状态下的肌肉痉挛。因此，放松对力量练习特别重要。

(5) 力量练习要保持经常性，做到循序渐进。有人曾试验，练习 20 周，每天练习，力量增长 100%，以后完全停止练习，40 周后练习所获的效果完全消失。另一实验，练习 45 周，每周只练习一次，力量增长 70%，停止练习 70 周后效果尚未完全消失。

上述表明，力量练习增长得快，停训后消失得也快；增长得慢，停训后消失得也慢。

（二）发展耐力素质

1. 耐力素质的概念及种类

耐力素质:有机体长时间工作抗疲劳的能力。

耐力素质种类:心血管耐力和肌肉耐力。

心血管耐力又分为有氧耐力和无氧耐力(通常指速度耐力)。人的耐力要受到遗传、自然规律、后天环境、体育锻炼等因素的影响。判断人的耐力水平的高与低,一般用肺活量和在400米场地进行的12分钟跑及“库泊”测试法即2 400米跑测试法来测试。

2. 耐力素质练习的基本方法

(1) 各种形式的长时间跑,如持续跑、变速跑、变换练习环境的越野跑、“法特莱克跑”(即“游戏跑”)、间歇跑。

(2) 长时间的其他周期性运动,如游泳、滑冰、自行车、划船等。

(3) 长时间重复做某一非周期性运动,如排球练习中各种移动的救球、篮球练习中的各种滑步等。

(4) 各种长时间的游戏。

(5) 循环练习等。

3. 耐力素质练习的基本要求

(1) 要注意呼吸问题。呼吸的作用在于摄取发展耐力所必需的氧气。在练习中,随着负荷的增加,体内耗氧与供氧的不平衡程度也随之增大。而机体的摄氧是通过提高呼吸频率和加深呼吸深度两方面来实现的。因此,培养练习的呼吸能力,对耐力素质练习来说是十分重要的。

(2) 无氧耐力练习应以有氧耐力练习为基础。有氧练习是无氧练习的基础,有氧练习使练习者心腔增大,脉搏输出量增加,这样可为以后的无氧练习打好基础。如只进行无氧练习,就会使心肌壁加厚,脉搏输出量难以提高,将影响全身血液供给,对发展无氧耐力不利。所以,进行无氧练习前或同时应进行有氧练习。

(3) 耐力素质练习中,意志品质所起的作用是十分重要的。意志坚强者比意志薄弱者的耐力表现好得多,所以在耐力练习中要注意对练习者加强意志品质的培养。

(4) 耐力素质练习中要注意控制练习者的体重。

（三）发展速度素质

1. 速度素质的概念及种类

速度素质：人体快速运动的能力。速度素质可分为反应速度、动作速度、移动速度。

反应速度：人体对各种信号刺激快速应答的能力。

动作速度：人体快速完成某一动作的能力。

移动速度：在周期性运动中，在单位时间内人体快速位移的能力。

2. 速度素质练习的基本方法

（1）利用各种突然发生的信号，令练习者快速作出应答反应。

（2）利用外界阻力、助力、信号刺激提高运动员的动作速度。

（3）逐步缩小完成动作的空间和缩短完成动作的时间，以提高动作速度。

（4）不同动作跑的专门练习，如高抬腿跑、小步跑、后蹬跑、车轮跑等。

（5）不同形式跑的练习，如加速跑、变速跑、让距离跑、行进间跑等。

（6）利用各种自然条件跑的练习，如顺风跑、下坡跑、上坡跑。

（7）各种专门的力量练习，如负重屈伸、直腿抓举、俯卧挺身、提踵。

3. 速度素质练习的基本要求

（1）速度素质练习应结合练习者所从事的运动专项进行。

（2）速度素质练习应在练习者情绪饱满、兴奋性高、运动欲望强烈的情况下进行。

（3）速度素质练习是以大强度无氧代谢为主的活动，需以有氧代谢练习为基础。

（四）发展柔韧素质

1. 柔韧素质的概念及种类

柔韧素质：人体各关节肌肉、肌腱、韧带等软组织的伸展能力，即指关节活动幅度的大小。柔韧素质可分为一般柔韧性和专项柔韧性两种。

一般柔韧性是指适应一般身体技术、战术等练习所需要的柔韧素质，也可将机体中那些最主要关节活动能力视为一般柔韧性。

专项柔韧性是指专项运动所需要的特殊柔韧素质，如游泳运动所需肩关节的

柔韧素质等，专项柔韧性是提高专项技术的重要条件。

2. 柔韧素质练习的基本方法

（1）发展肩部、腿部、臂部、脚部的柔韧性，主要练习有压、搬、劈、摆、踢、崩、环绕等。

（2）发展腰部柔韧性的主要练习手段有站立体前屈，俯卧背伸、转体、甩腰、绕环等练习。

3. 柔韧素质练习的基本要求

（1）控制好柔韧素质的发展水平，任何运动项目对柔韧素质都有一定的要求范围，过分地发展柔韧素质会导致关节和韧带的变形，影响关节的牢固和体态。

（2）注意主要部位柔韧素质的发展与相互联系的身体各个部位柔韧素质的发展练习。

（3）柔韧素质练习要经常并持之以恒。练习使柔韧素质提高很快，但在停止后又很快消失，因此练习必须持之以恒。

（4）发展柔韧素质练习要与力量素质练习相结合。柔韧素质练习如安排不好，就会影响力量素质的提高。只有把肌肉练得柔而不软，韧而不僵，才能把柔韧素质和力量素质结合起来。

（5）要注意练习的外界温度和练习时间。外界温度过高或过低都会影响柔韧素质练习的效果，外界温度为 18℃时最适于柔韧素质的练习。一天之内，早晨的练习效果不好，10～18 时人体表现很好的柔韧性，这个时段最适合柔韧素质练习。

（6）柔韧素质练习要从小开始。

（五）发展灵敏素质

1. 灵敏素质的概念及种类

灵敏素质是指在各种突然变换的条件下，练习者能够迅速、准确、协调改变身体运动的能力。衡量灵敏素质的标准是练习者在各种复杂的条件下，能够迅速、准确、协调地作出某些相应的动作。灵敏素质又可分为一般灵敏素质与专项灵敏素质。

2. 灵敏素质练习的基本方法

（1）让练习者在跑、跳之中迅速、准确、协调地完成各种动作。如快速改变方向跑、各种躲闪跑和突然起动练习，各种快速急停和迅速转体的练习等。

(2) 各种调整身体方位的练习。如利用体操器械做各种较复杂的动作。

(3) 专门设计的各种复杂多变的练习。如“之字跑”“躲闪跑”“穿梭跑”和“立卧撑”四项组合的综合性练习。

(4) 各种变换方向的追逐性游戏和对各种信号作出回答反应的游戏等。

3. 灵敏素质练习的基本要求

(1) 应结合专项要求进行练习。

(2) 灵敏素质练习方法是多种多样的,并且要经常地改变,采用多种多样的方法练习灵敏素质,可以提高练习者各种分析器官的机能。

(3) 注意消除练习者紧张的心理状态。

(4) 灵敏素质的练习应安排在练习者体能充沛、精神饱满、运动欲望强烈的情况下进行,兴奋度下降不宜进行灵敏素质的练习。

三、体育锻炼的基本方法

(一) 平衡健身法

平衡健身法(又称平衡运动)是 20 世纪 60 年代首先由一些经济发达国家提出来的。它是一种调查身体状态,获得生态平衡,增强生命力的健身方法。

随着现代社会生活方式的变化,人类已经陷入了运动不足的危险。家务、劳动等日常生活和工作都实现了“省力化”,人们过上了越来越舒适的生活,再也不需要付出以前那些劳动了。这对我们来说的确是件愉快的事情,但却导致了身体运动的严重不足,也极大地威胁着人类健康生存。

平衡是指营养、休息和运动三者的平衡。“平衡”也指人体各器官的平衡。一个健康的人身体各器官应处于平衡状态,当这种平衡受到破坏时,人的健康就会出现问题。人类要想健康地生存下去,就必须具备系列的条件,其中之一就是吃饭,从食物中获取营养;另外,睡眠也是不可缺少的。休息和营养对于保持健康都同等重要。人类为了生存,还有一个不可缺少的条件——运动,它和营养、休息一样,都是人类维持生命的重要条件。人类就是在不断地调整营养、休息、运动这三者平衡的过程中而保持健康并得以生存的。这三个方面的需求都必须获得最基本的满足。为了生活,人们进行着各种各样的活动,如活动身体、处理家务、走路等,为维持健康提供了最低限度的运动保证——这是生存的基本条件。但是现代社会的“机械化”“自动化”使人的体力活动日益减少,于是“文明病”加速冲击着人类社会,

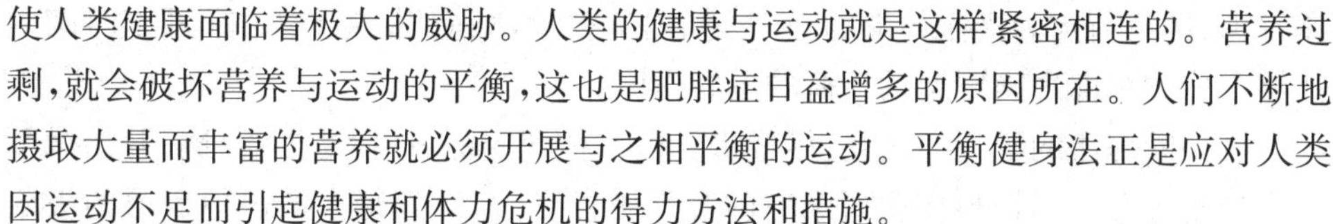

使人类健康面临着极大的威胁。人类的健康与运动就是这样紧密相连的。营养过剩，就会破坏营养与运动的平衡，这也是肥胖症日益增多的原因所在。人们不断地摄取大量而丰富的营养就必须开展与之相平衡的运动。平衡健身法正是应对人类因运动不足而引起健康和体力危机的得力方法和措施。

（二）有氧锻炼法

“有氧运动”一词是由美国空军运动研究室的库珀博士于1968年提出来的，意思是指在运动时人体内随时都有充分摄取的氧气，而其运动系统所需能量主要以有氧方式来供给。库珀根据大量的实验得出结论：人在20～60岁这一时期，若缺乏有氧运动，将使组织器官受损，心脏、胃肠、肌肉、骨骼的功能、身体的抵抗力都将下降30%。在经过多年研究和探索后，他创造了闻名世界的“有氧运动法”及其运动处方。

有氧锻炼法是国内外比较流行的一种运动健身方法，它是指锻炼者仅通过呼吸就能够满足身体运动对氧气需求的一种锻炼方法。有氧锻炼法的特点是运动强度适中，运动时间较长(30分钟左右)。通过有氧锻炼可以有效地提高心血管机能和呼吸机能，减少脂肪积累，增进健康。现代人由于工作节奏加快，物质条件改善，体力活动减少，往往会导致内脏器官机能减弱、体力下降，总觉得身体不舒服可又查不出什么毛病，这正是处在健康和疾病之间的状态——亚健康状态。有氧锻炼可以改善心肺血管机能、增进健康，因此，专家们认为，用“有氧锻炼”对付“亚健康状态”是极好的方法。

（三）循环锻炼法

循环锻炼法最早是由英国人尔·叶·摩根和吉·特·阿姆逊在1937年提出的。1945年后，此种锻炼法在英国被广泛应用于学校体育教学。后来，这种锻炼法在欧洲国家及日本的学校体育教学中尤为盛行。近年来，我国一些学校也经常采用这种教学方法。

循环锻炼法，即由简单易行的各种身体练习组成，在一定时间内完成固定不变的锻炼“程序”的锻炼方法。循环锻炼法一般从下肢锻炼开始，按顺时针或逆时针方向进行，锻炼前要稍做准备活动，锻炼时应循序渐进地按每个人的身体条件递增负荷。负荷是以“极限体能”测验为依据的，人们可按不同的锻炼目的来确定锻炼负荷。例如，极限体能为100%，如发展耐力，则负荷定为极限体能的50%；如发展爆发力，则负荷定为极限体能的 70%；如用于教学，则应以多数学生在规定时间内能够完成为标准来确定运动负荷的量和强度。

循环锻炼法的设计方法是：尽量重复做一种规定练习，在适当休息后开始做下一个规定练习。当把整体循环锻炼内容都做过之后，计算每人做每种练习的极限体能，这样在下一次锻炼时，可根据锻炼目的以极限体能为依据确定锻炼负荷。将第一次课的循环锻炼次数乘以每个人每种练习次数就是此人的极限体能。以后每隔一次课都要做一次极限体能测试，再进行目标性的和固定不变的循环锻炼，即可在循序渐进中明确学生经过一般的锻炼后身体素质的提高幅度。循环锻炼的具体组织形式分为：在规定的练习时间之后轮换、在规定的练习次数之后轮换两种。

（四）自然力锻炼

自然力锻炼从广义上说，就是利用自然界一些天然因素，如水、日光、空气泥沙等锻炼身体，保持和强健体魄的一种健身方法。

1. 返璞归真健身法

公元前 377 年，希波克拉底就说过：人越是远离自然，便越是接近疾病。回归自然，应该说是人类维护自身健康的锻炼方式和方法。在当今社会，人们的生活发生了巨大变化，人们吃精米细面，穿人造纤维，住高楼大厦，房间里有空调，出门乘汽车、飞机。这种变化的副作用就是同自然接触少了，许多富贵病正在悄悄蔓延。为了人类健康地生存和发展，科学家提出了人们要返璞归真、回归自然。

返璞归真是人们在现代生活中对付富贵病有效可靠的锻炼疗法，即适当模仿原始人或古代人到偏僻野外生活，以原始人方式进食和运动，如生吃一些植物（萝卜、白菜、香菇、野菜等）。另外，可在城市推广植物生态建筑，如在城市楼群之间创造适合植物生长的条件，栽花种草；在楼、屋顶上建造花园和小型高尔夫球场，为城市增添色彩，调节空气；甚至可在高楼之中栽种悬浮树，根系悬于地下室的特制鱼缸中，使树的根系在楼内茁壮成长。这些“城市绿洲”可使人们更加贴近自然，回归自然，对绿化城市、保护环境、增进人体对自然界的适应能力具有积极作用。下面以沐浴为例，介绍利用大自然进行健身锻炼的效果。

2. 沐浴

沐浴是古老的养生健身方法，早在两千年前《黄帝内经》中就有记载：“摩之浴之”“五疫之至”“三浴以药泄汗”。

现代沐浴法较古代有很大发展，现代医学和现代体育健身，都趋向于“回归自然”“返璞归真”。淋浴的概念也发生了变化，人体体表浸于各种液体物质（海水、矿泉、泥浆等）、固定物质（沙土等）或裸露于大自然环境中的保健法和自然疗法，都可称之为沐浴法，如日光浴、海水浴、空气浴、森林浴、冷水浴、药液浴、泥沙浴等。各种沐浴法一般都具有解表散寒、温经通络、补益脏腑、调和阴阳的功能。

（1）森林浴。森林浴就是在森林中或树林茂密的地方裸露肢体或少穿衣服，并配合适当的运动，呼吸森林中的空气，使人的性格、心理和体魄都得到培养和锻炼的一种自然力锻炼方法。森林浴是一种比较新的健身法，它是适合于工作、生活节奏较快的大城市居民的身体锻炼，在欧洲和日本尤其受到欢迎。

① 森林浴的效用。森林中的许多植物散发出有较强杀菌能力的芳香性物质。它能消灭空气中许多致病菌和微生物。如果将新鲜的桦树或栎树的叶子切开，在那里注入结核菌或大肠杆菌，待数分钟后，这些病菌就会全部死亡，所以森林中的空气是经过“消毒”的，芳香清新，富含负离子。处于这样的环境，能提高人体神经系统的功能，改善心肌营养，增强摄氧能力，促进新陈代谢。

森林里树木参天，落叶遍地，景色优美，行走其间，辅之以潺潺流水，啾啾虫鸣，充满着诗情画意，仿佛置身于世外桃源之中。森林浴能使人的紧张精神得到放松，并可焕发人的青春活力，激发热爱生活的情趣。这种良好的精神状态，有利于人体的健康长寿。

森林浴对疲劳的消除、体力的恢复以及调节生活节奏具有特殊功效。目前，森林浴已作为一种医疗手段得到推广。不少国家开设了森林医院，专门收治生活在大都市中的“文明病”患者。那些因工作压力过重而导致身心发展障碍的人，经过3～4周的锻炼，可彻底消除身心疲劳。有的学者研究证明，森林浴可向儿童提供新鲜的自然空间，有利于改变性格，让一些平素寡言、胆小的儿童在森林里逗留1周，能重塑他们积极向上的自信心。此外，森林浴还可借助绿色的作用调节人的神经系统，使大脑皮质和视网膜组织通过光学作用来调节内脏器官，从而达到消炎利尿的目的。

② 森林浴的注意事项。在做森林浴时，可以在森林中悠闲散步，静思养神，也可以跑步、做操或攀高涉水，适当加大活动量，每次以2～3小时为宜。在夏季，以上午凉爽时出行为好；在冬季，以太阳当空时外出为宜，着装最好以棉织料为主，穿防滑的运动鞋。在做森林浴时，最好配合深呼吸运动，有利于吸入新鲜空气和树木的芳香物质，排出体内的浊气，使大脑和机体得到充分休息，消除工作和学习带来的疲劳，并能增进食欲。

(2) 泥沙浴。泥沙浴可分为泥浴和沙浴。泥浴又可分为天然泥浴和人工泥浴。天然泥浴是在矿泉的中心地带形成的特有的天然热矿泥中进行，其温度一般在42℃～65℃，泥中含有大量的胶体物质、盐类和气体等。热矿泥可做全身或局部埋浴、擦浴，以刺激和调节机体的神经和体液，具有消炎、止痛、解痉挛等作用。人工泥浴在外国很常见，其作用与天然泥浴相似。

沙浴就是将人体的局部或全身埋在沙里，利用沙的温热和按摩作用来强身健体、防病治病。沙浴多在海滨沙滩以及有沙丘的地方进行。我国有着漫长的海岸线，海水浴场星罗棋布。这既为我们提供了优美的风景点和避暑胜地，又为我们提供了沙浴的天然场所。

① 泥沙浴的效用。泥沙浴实际上是一种集多种疗法于一体的综合疗法。做泥沙浴时，充足的紫外线起到了光疗作用。灼热的细沙和湿泥是很好的热疗材料，具有理疗效果。热沙、湿泥对皮肤又有按摩的功能。经此综合作用，能使全身末梢血管扩张，促进血液循环，加快新陈代谢，活跃网状内皮系统，加强对神经系统功能的激活。泥沙浴对某些疾病具有特殊的疗效，如各种类型的关节炎、慢性腰腿痛、坐骨神经痛、关节周围炎及血管栓塞性脉管炎等。沙浴有利于渗出液、炎症的吸收和瘢痕的软化，还可增强胃肠的蠕动，所以能引起机体局部和全身的变化。也有学者认为，沙浴之所以能治病，是因为经过太阳暴晒的沙子能使热量渗透到全身关节和五脏六腑之中，将身上的寒湿之气“吸”出来，从而达到祛风湿、强体力的目的。实践证明，沙浴疗法对某些疾病的疗效已明显超过单纯的药物治疗和室内理疗。

② 泥沙浴的注意事项。沙浴的理想季节是每年6～8月，开始时沙疗的时间不宜过长，一般每天1～3小时。进行沙浴时可用一条湿毛巾盖在脸上，把眼、鼻、嘴、耳捂住，这样既可以防止面部和头部被烈日晒伤，又可防止沙子进入“七窍”，且能在阳光下保持阴凉感，可预防中暑。沙浴时宜适当饮水，以补充体液。

埋沙时沙面宜盖得适中，太厚有压迫感，太薄会使皮肤灼伤，且因热量不能透入体内而达不到效果。身体外露部分要用遮阳小帐篷或布伞遮挡。患有较严重的器质性病变的患者、经期、孕期妇女，儿童、年老体弱者，急性炎症、有出血倾向者，均不宜沙浴。

第三节 运动处方的制定与实施

早在20世纪50年代美国生理学家卡波维奇曾提出过运动处方这个概念。

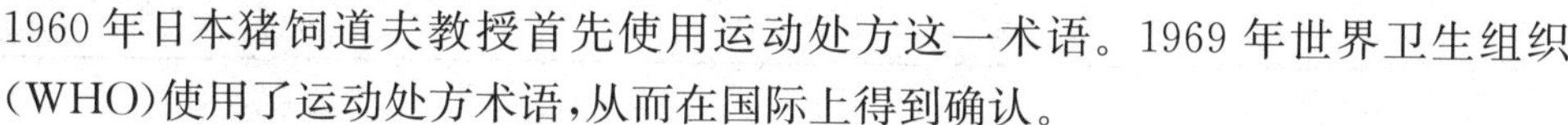

1960 年日本猪饲道夫教授首先使用运动处方这一术语。1969 年世界卫生组织(WHO)使用了运动处方术语，从而在国际上得到确认。

一、运动处方的概念

运动处方是对从事身体锻炼者或病人，根据医学检查资料(包括运动实验及体力测验)按其健康、体力以及心血管功能状况，结合生活环境条件和运动爱好等个体特点，用处方的形式规定适当的运动种类、时间、强度、频率，并指出运动中的注意事项，以便有计划地进行经常性锻炼，达到健身或治病的目的。它与临床医生开方取药有相似之处，但不同点是，一个是用药作为治疗手段，另一个是用运动作为强身健体的主要措施。

二、运动处方的要素及制定和程序

(一) 运动处方的要素

运动处方的内容一般包括：(1)锻炼的目的；(2)运动形式；(3)运动强度；(4)运动持续时间；(5)运动频率；(6)进展速度；(7)注意事项及微调整等。其中(2)～(5)被称为运动处方的四要素。

1. **运动形式**

运动形式：依据运动时代谢的特点，将健身活动分有氧、无氧及混合性活动，见表 3－2。

在运动处方实施中，选择运动形式的条件是：1. 经医学检查已许可；2. 运动强度、运动量符合本人体力；3. 过去的运动经验与本人喜欢的项目；4. 场地、设备器材许可；5. 有同伴与指导者。

表 3-2　有氧、无氧运动项目示例

有氧运动	无氧运动	混合运动
步　行	短距离全速跑	足　球
慢　跑	举　重	羽毛球
自行车	拔　河	乒乓球
网　球	跳跃项目	篮　球

续表

有氧运动	无氧运动	混合运动
排　球	投　掷	冰　球
高尔夫球	肌力训练	间歇训练
远　足	潜　水	手　球

2. 运动强度

运动强度是运动处方四要素中最重要的一个因素，也是运动处方定量化与科学性的核心问题。运动强度可根据锻炼时的心率、主观用力感觉（RPE）进行定量化。

（1）心率：是确定和监控运动处方强度的最常用指标，主要有：

① 年龄减算法（Jungmann 标准）

运动适宜心率＝180（或 170）－年龄

② 净增心率计算法

按体质强、中、弱三组分别控制运动强度。

运动后心率－安静时心率＜60 次/分为强组；

运动后心率－安静时心率＜40 次/分为中组；

运动后心率－安静时心率＜20 次/分为弱组；

此法适用于心脏病、高血压、肺气肿等慢性病人。

③ 运动量百分比分级法

计算公式：（运动后心率－运动前心率）/运动前心率×100％

评定：运动后净增心率达 71％以上者为大运动强度；

运动后净增心率在 51～70％者为中等运动强度；

运动后净增心率为 50％以下者为小运动强度。

此法在运动疗法中广泛应用，尤其适用于高血压、冠心病和体质较差学生。

（2）主观用力感觉（RPE）　RPE 用于运动处方中强度的确定，用这一指标可反映人体在进行工作时感觉到的真正用力程度，给定的数值与相对运动强度呈正相关，当 RPE 直接被采用时，证实这一指标用于监测运动强度是非常准确的。

瑞典生理学家 Borg 认为："在运动时来自肌肉、呼吸、疼痛、心血管各方面的刺激都会传到大脑，而引起大脑感觉系统的应激。"Borg 据此设计了主观心理感觉等级表（简称 RPE），作为运动时心理负荷的标志，该表按自我感觉分为 6～20 级。如

果此时心率为等级×10，运动处方的适宜强度应为12～13级或15～16级。

3. 运动持续时间

必须知道运动量等于运动强度乘以时间。从这一公式可以看出，当运动量一定时，运动强度增大，运动持续时间应缩短。从运动生理来说，5分钟是全身耐力运动所需的最短时间，60分钟对于坚持正常工作的人是最大限度的时间，库珀研究认为，心率达到150次/分以上时，最少持续5分钟即可开始收到效果，如果心率在150次/分以下那就需要5分钟以上才会有效果。最近更多的研究提出，每天坚持20～30分钟的运动效果最佳。但这需要强度来配合，一般原则是，如果运动强度小，则运动时间要长，如运动强度大，则运动时间要短。在运动处方中，运动的形式、强度和时间可以有多种变化，在某些场合采用低强度较长时间的运动较为有效，如肥胖者的减肥运动；反之，在另外一些场合采用短时间高强度的运动较为有效，如训练肌肉力量。

4. 运动频率

指每周的锻炼次数。有人研究观察到：当每周锻炼多于3次时，最大吸氧量(Vo2max)增加逐渐趋于平坦；当锻炼次数增加到五次以上时，Vo2max的提高就很小；而每周锻炼少于2次时，通常不引起改变。由此可见，每周锻炼3～4次是最适宜的频率。但由于运动效应的蓄积作用，间隔不宜超过3天。作为一般健身保健者，坚持每天锻炼一次当然更好，但前提条件是次日不残留疲劳。每日运动才是可取的，关键是运动习惯性或运动生活化，即各人可选择适合自己情况的锻炼次数，但每周最低不能少于2次。

（二）运动处方分类

现代运动处方中，运动形式包括三类：

第一类：有氧耐力运动项目。如步行、慢跑、速度游戏、乒乓球、羽毛球、游泳、骑自行车、滑冰、划船、跳绳、网球运动等。

第二类：伸展运动及健身操。包括广播体操、气功、武术、舞蹈等各类医疗体操和矫正体操等。

第三类：力量性锻炼。采用中等强度，每次8～10组，每组重复8～12次，每周至少2次，对发展力量素质有明显效果。

三、制定健身运动处方的程序

为某人或为自己制定健身运动处方时，首先应该按照一定的程序进行系统的检查，获得为制定运动处方必需的全面资料，这样所制定的健身运动处方才能切实符合个人的身体条件。整个程序如图 3-1 所示。这个程序除一般的医学检查外，还有为从事运动而进行的运动负荷试验及体力测验，因此，可统称之为运动医学检查，最后再经过运动教育讲座进入运动实施。

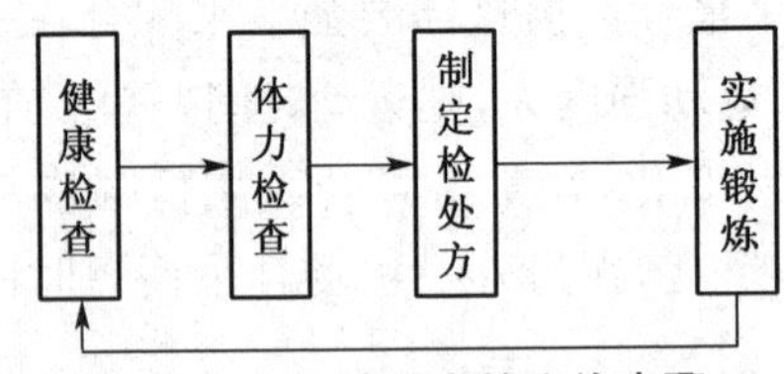

图 3-1　运动处方的实施步骤

制定运动处方的具体步骤：

第一步，一般体验：收集病史，运动史。①了解运动的目的，对运动的期望；②询问病史，如既往史、家庭史；③运动史，如运动爱好，现在运动情况等；④社会环境条件，如生活环境、经济、营养等条件，周围能够利用的运动设施，有无指导等。

第二步，临床检查（包括人体测量及体脂测定）：这里所指的临床检查相当于所谓成人病的检查。检查的目的：①对现在的健康状况进行评价；②判明能否进行运动、运动负荷试验；③是否有潜在性疾病或危险因素，预防事故。总之，医学检查的基本目的在于掌握个人状况，为制定运动处方提供必要的信息。

第三步，运动试验及体力测验：运动试验是制定运动处方的基本依据之一。运动负荷试验的方法很多，根据检查的目的、被检查的特点来选择适合的方法。现在最普遍常用的方法是"递增负荷运动实验"。这是利用活动平板或功率自行车等，在试验过程中逐渐增加运动负荷强度，同时测定某些生理指标，直到受试者达到一定用力程度。

关于体力测验，是在运动负荷无异常的人，才能接受体力测验，即进行肌肉、爆发力、柔韧性等运动能力和全身耐力测验。体力检查的目的是了解被检查者的体力，发现潜在的疾患或异常，为确定适宜的运动强度提供依据。

12 分钟跑检查法是目前国内外普遍使用的较实用的体力检查方法。这种方法是测定在 12 分钟内能够跑完的最大距离，它表示全身耐力的水平。

测验的方法最好在400米的跑道上进行，每隔10米或20米设一个标记。测验前要充分做好准备活动，在跑的过程中尽量快跑，如感到呼吸困难，应减慢速度，及时调整呼吸。但在开始和结束时，应避免全速跑和冲刺跑。最后计算12分钟跑的总距离。

体力测试后，把自己所测的12分钟跑的距离与12分钟跑测验评价标准进行对照(见表3-3和表3-4)，就可以找到自己对应的体力等级，从而正确认识自己的耐力水平。这是制定运动处方的可靠依据。

表3-3　男子12分钟跑测验的评价标准(千米)

体力等级/年龄	1	2	3	4	5	6
	非常低	低	一般	高	非常高	最高
20～29	1.95以下	1.95～2.10	2.11～2.39	2.40～2.62	2.63～2.82	2.83以上
30～39	1.89以下	1.89～2.08	2.09～2.32	2.33～2.50	2.51～2.70	2.71以上
40～49	1.82以下	1.82～1.99	2.00～2.22	2.23～2.45	2.46～2.64	2.65以上
50～59	1.65以下	1.65～1.86	1.87～2.08	2.09～2.30	2.31～2.53	2.54以上
60～	1.39以下	1.39～1.63	1.64～1.92	1.93～2.11	2.12～2.49	2.50以上

表3-4　女子12分钟跑测验的评价标准(千米)

体力等级/年龄	1	2	3	4	5	6
	非常低	低	一般	高	非常高	最高
20～29	1.54以下	1.54～1.78	1.79～1.95	1.96～2.14	2.15～2.32	2.33以上
30～39	1.50以下	1.50～1.68	1.69～1.89	1.90～2.06	2.07～2.22	2.23以上
40～49	1.41以下	1.41～1.57	1.58～1.78	1.79～1.98	1.99～2.14	2.15以上
50～59	1.34以下	1.34～1.49	1.50～1.68	1.69～1.89	1.90～2.08	2.09以上
60～	1.25以下	1.25～1.38	1.39～1.57	1.58～1.74	1.75～1.89	1.90以上

体力检查的方法较多，再介绍一种：用最大吸氧量指标自我检测及评价体能(力)强弱的方法。

如果被测试者想定期自我检测及评价自己的体能(力)状态，可准备一个台阶

(高度,男 40 厘米,女 33 厘米),受试者按口令以每分钟 22.5 次的频率上下台阶 5 分钟(即丁压法),结束时即刻测定受试者 10 秒心率次数,将 10 秒的心率次数乘以 6 就换算成 1 分钟心率次数。再将这心率次数及受试者体重(千克)代入下列公式,即可推算出最大吸氧量:

最大吸氧量(L·min－1)＝1.488＋0.038×体重(kg)－0.0049×台阶负荷第 5 分钟后即刻心率(次·min－1)

这样推算出来的是每分钟多少升,可将这一数值转化成毫升,1 升等于 1 000 毫升,如上式测得最大吸氧量为每分钟 3.5 升,即为 3 500 毫升。然后将这数值除本人体重,则得到每千克体重的最大吸氧量值(ml/kg·min),就可在表 3-5 中查到自己的等级。

表 3-5　最大吸氧量评定等级(ml/kg·min)

年龄	差	一般	中	良	优
男子					
20～29	～40.6	40.7～45.3	45.4～51.4	51.5～56.1	56.2～
30～39	～34.5	34.6～40.0	40.1～47.1	47.2～52.6	52.7～
40～49	～29.4	29.5～34.9	35.0～42.0	42.1～47.5	47.6～
50～59	～24.2	24.3～29.7	29.8～36.8	36.9～42.3	42.4～
60～69	～18.4	18.5～23.9	24.0～31.0	31.1～36.5	36.6～
女子					
20～29	～27.4	27.5～31.9	32.0～37.8	37.9～42.3	42.4～
30～39	～22.2	22.3～26.9	27.0～33.0	33.1～37.3	37.8～
40～49	～18.0	18.1～22.7	22.8～28.8	28.9～33.5	33.6～
50～59	～14.9	15.0～19.6	19.7～25.7	25.8～30.7	30.8～
60～69	～12.2	12.3～16.9	17.0～23.0	23.1～27.7	27.8～

第四步,制定运动处方,安排锻炼计划,通常根据以上检查的结果,可以掌握此人的健康状况,体力(能)水平及运动能力的限度等,则按其具体情况制定运动处方,处方中主要是规定运动强度的安全界限和有效界限,一次必要运动量(运动时间)以及一周的运动频度等内容。一般按照初定的运动处方试行锻炼,对不适当的

地方可进行些微调整，待适合后坚持锻炼3～6个月后，再作体力测验，重新制定长期的运动处方，以不断提高锻炼效果。

第五步，善后工作和复查：原则上体育指导者要当面为本人制定运动处方，不宜只按体检资料或由别人代替办。首先要向本人说明医学检查结果的概要，要正确对待体检异常结果；其次指出注意事项，如何按运动处方锻炼，进行运动教育、咨询指导；再是隔一定时间要与被检查者接触，询问运动情况，判断有无副作用或疲劳。另外，如此人中间停止运动，可要求做运动处方锻炼日记，并每1～2周来体育指导门诊咨询一次；最后是至少一年全面复查一次，总结一年的运动实施情况，评价这期间的运动效果，必要时进一步改变运动处方。

四、身体锻炼的计划与方法

制定身体锻炼的计划与选择身体锻炼的方法，是大学生身体锻炼首先要解决的问题，计划的制定与方法的选择是否合适，直接影响大学生参加身体锻炼的积极性，以及能否经常持久地参与练习，实现良好的锻炼效果。

（一）科学身体锻炼计划

大学生按照一定的计划进行身体锻炼，可以克服身体锻炼中的盲目性和片面性，有利于提高身体锻炼的质量，养成良好的生活习惯。

一个完整的身体锻炼计划包括锻炼的目标、内容、方法、时间等。下面仅就大学生在制定个人身体锻炼计划中最突出的3个问题，即锻炼内容的合理搭配、锻炼次数和时间的分配以及周锻炼计划做简要介绍。

1. 身体锻炼内容的合理搭配

锻炼计划中，在选择锻炼内容时，应注意以下几点：

(1) 注意把课外锻炼的内容和体育课的学习内容结合起来。

(2) 注意把个人兴趣与实际需要相结合。既要发展提高自己有兴趣的或擅长的项目，又要努力克服自己的弱项和不足。

(3) 注意不同身体素质之间以及身体素质练习与其他活动的有机结合。如速度与力量练习的结合；力量与耐力练习的结合；动力性与静力性练习的结合；大肌肉群与小肌肉群练习的结合；身体素质锻炼与运动技术学习相结合等。

在一般情况下，每次锻炼应安排一项活动性游戏（球类活动），再配以1～2项身体素质练习为好。例如，某一次身体锻炼计划见表3-6。

表 3-6　一次身体锻炼计划(课外活动)示例

本次身体锻炼的目标:(1)促进血液循环、增进健康;(2)提高灵敏素质;(3) 发展上肢和腰腹力量;(4)复习巩固课堂内容。			
部分 时间 内容 方法	准备部分	基本部分	结束部分
	5～10 分钟	45～60 分钟	10～20 分钟
内容	准备活动: ① 慢跑 200～400 米; ② 徒手操。	球类运动: ① 羽毛球或足球; ② 乒乓球或篮球(任意选择一至两项锻炼)。	身体素质练习: ① 引体向上 8～12 次/2～3 组; ② 收腹举腿 10～15 次/2～3 组; ③ 自然积极放松活动。
方法	慢跑:自由跑、轻松自然 徒手操:从远心端向近心端	以比赛形式进行锻炼	最好两人相互监督、相互帮助进行

当以长跑练习为主时,可配以上肢力量和腰腹力量练习,在练习中间或最后以球类活动做调节。

2. 周锻炼次数和时间的安排

根据学校特点,大学生在制定锻炼计划时,一般以一年或一学期为锻炼周期,以此来确定每周早操、课外活动的锻炼次数及每次锻炼的时间(表 3-7)。

表 3-7　身体锻炼周次数和时间(小时)计划表(示例)

分类 时期	有体育课时				无体育课时			
	早　操		课外活动		早　操		课外活动	
	周次数	时间	周次数	时间	周次数	时间	周次数	时间
春(秋)学期	3～5	0.5	2～3	1.5	3～5	0.5	3～4	1
夏(冬)考试期			2～3	1			2～3	1
暑(寒)假			3～4	2			3～4	2

注:表中时间均指每次锻炼时间,单位小时。

安排时要注意:

(1) 期末准备考试和考试期间,仍要坚持经常性的身体锻炼,但周锻炼次数和每次锻炼的时间，以及锻炼强度和量都应相应地减少。

(2) 早操时间不宜过长，一般不超过 30 分钟。早操活动强度宜小，不要进行剧烈活动，以不出现疲劳为度。

(3) 课外活动时间约为 1～1.5 小时，课外活动应在晚饭前半小时结束。

(4) 若在睡眠前进行晚锻炼时，主要结合洁净身体的淋浴进行锻炼或太极拳进行锻炼，不宜进行剧烈运动，以免影响睡眠。

3. 周锻炼计划

各种锻炼计划制定起来比较复杂，大学生只要掌握了周锻炼计划，就可以在实际中运用。这种方法简便易行，现以一年级某男生为例，该生以全面发展身体和复习、巩固体育课内容为目标，制定的周锻炼计划如表 3-8。此表以安排早操和课外活动为主，表中各项内容均有一定的强度、量和时间要求，具体因人、因时、因地酌定。注意课外活动时间，尽量不要安排在有体育课的当天进行。

表 3-8　周锻炼计划(示例)

内容 星期	早操	课外身体锻炼	备注
一	晨跑 1 200 米 一般体操练习		
二		耐力跑 2 000 米 足球活动 30 分钟 引体向上或腰腹力量练习	
三	晨跑 1 200 米 太极拳练习		
四	晨跑 1 200 米 一般体操练习		
五		30～50 米反复跑 3～5 次；立定跳远或跨跳练习；复习体育课内容；篮球或羽毛球活动 20 分钟	
六	晨跑 1 200 米 太极拳练习		
日		野外活动或球类活动，如羽毛球、网球等	

（二）科学身体锻炼的方法

1. 增强身体素质的方法

(1) 提高全身耐力的方法

① 持续练习法

一种是连续负荷法，即在较长时间内保持速度不变，如以中等强度持续跑15～20分钟；

另一种是交换负荷法，是在连续负荷的基础上，短时间的加大负荷强度；使机体的呼吸能力和血液循环能力产生良性刺激。

② 间隙练习法：用以持续练习法较高的强度（心率为150～170次/分）进行1分钟左右之后，再进行2～3分钟的轻微运动作为积极性休息，反复做4～8次，其锻炼效果比较明显。注意由于运动强度大，只有一定耐力基础的人，才能采用这种方法。

(2) 提高肌肉耐力的方法

通过发展全身耐力的锻炼，会使腿部的肌肉耐力得到相应的提高。另外，通过用最大肌力的三分之一或四分之一的负荷强度，反复进行数组动力性练习，使人体某部分肌肉长时间克服小阻力达到疲劳的状态，能有效地提高肌肉耐力。为了提高腹肌和上臂肌的耐力，可以做仰卧起坐和俯卧撑（或斜体俯卧撑），使之达到疲劳的程度，每天做3～5组，效果较好。

(3) 提高肌肉力量的方法

肌肉力量是人们日常生活、生产劳动和体育锻炼所必需的素质。由于肌肉用力的性质不同，因而有效地增强肌肉力量的方法有静力性练习和动力性练习两种。

① 增强静力性肌肉力量的练习方法

这种练习的主要特点是肢体不产生明显的位移，肌肉产生张力但不发生长度变化。其方法是：

让身体保持一定姿势（站立或仰卧），推或蹬住固定重物，以肌肉最大收缩力坚持几秒钟，可以提高上肢或腿部的静力性肌力。如果用两手在胸前相交，用全力互相推或互相拉，也能够锻炼上臂的静力性肌力。

静力性肌肉力量练习还可以用很慢的速度，不借助反弹力和惯性力，单纯依靠肌肉的紧张收缩来完成。如在健美锻炼中经常运用多功能健身器、杠铃、哑铃等以较大的负荷做慢速练习，使肌肉粗壮有力。

② 增强动力性肌肉力量的练习方法

这种练习是使肢体或身体某部产生明显的位移，或用较快的速度推动物体进行运动。具体方法有：

增强绝对力量。绝对力量是用最大力量或接近最大力量克服阻力的能力，例如以较少次数快速推举接近人能举起的最大的重物。

增强速度力量(爆发力)。速度力量是人体快速克服小阻力的能力，要求在最短时间内以最快速度发挥最大力量，如快速跑、跳高和羽毛球的大力扣球、足球的踢球射门以及拳击的冲拳等，这些运动对增强速度力量有甚佳的锻炼效果。

(4) 提高灵敏性的方法

羽毛球、乒乓球、网球、篮球、足球、手球等球类运动，对于发展灵敏素质是最有效的。其他还有滑雪、滑冰、剑道、击剑、体操等，也是提高灵敏性较好的运动。

(5) 提高柔韧性的方法

柔韧性是人体各个关节的活动幅度和肌肉、韧带的伸展能力。实践中，经常把动力性练习和静力性练习结合起来，把主动练习和被动练习结合起来，可以收到更好的效果。例如发展肩部、腿部的柔韧性，可采用压、摆、踢、绕环等练习；发展腰部柔韧性，可采用站立体前屈、俯卧背伸、转体、甩腰、涮腰(绕环)等练习。

(6) 提高平衡性的方法

因为神经系统与人体平衡机能的发展密切相关，因而在生长发育期进行平衡练习容易提高效果。滑冰、滑雪、器械体操、舞蹈等项目对于提高平衡性是很好的运动，闭目单足站立的练习也有相当好的效果。

2. 适应自然环境能力的锻炼方法

适应自然环境能力的锻炼即自然力锻炼，能提高人体对各种不良气象因素的适应能力和抵抗力，对人体有强身健体的作用。自然力锻炼的方法包括：冷水浴、空气浴、日光浴。这三种方法通常结合在一起运用。

健康教育知识

第四章 健康概述

第一节 健康的概念与标准

一、健康的概念

健康是一个综合概念，人类对健康的认识随社会的进步和医学科学的发展而逐步深化。长期以来，由于受生物医学模式的影响，健康被单纯地解释为无病、无残、无伤，这种概念至今仍有广泛的影响。随着医学模式由单纯的“生物医学”向“生物—心理—社会医学”的演变，越来越多的研究表明，人的健康与疾病不单纯受生物因素（细菌、寄生虫等病原微生物或基因遗传）的影响，而且还受心理、社会、环境及个人生活方式的影响。人们对健康和疾病的认识有了根本变化，健康的概念随之不断更新、扩展。

1948 年，世界卫生组织（WHO）提出“健康不仅是没有疾病或不虚弱，而是身体、心理和社会适应方面的完美状态”的三维健康观。这一概念将健康划分为生理、心理及社会 3 个方面，改变了以往健康仅指无疾病的单一概念，这是人类对健康认识的一次飞跃。1978 年，世界卫生组织在《阿拉木图宣言》中重申这一定义，并指出“达到尽可能高的健康水平是世界范围内一项最重要的社会性目标，而其实现则要求卫生部门及社会各部门协调行动”。1989 年，世界卫生组织又对健康作出新的定义，即“健康不仅是没有疾病，而且包括躯体健康、心理健康、社会适应性良好和道德健康”。根据世界卫生组织对“健康”的定义，人们对健康作出了如下的诠释：

（一）躯体健康

躯体健康一般指人的生理健康，是指躯体的形态、结构和功能正常，具有生活自理能力。生理健康不仅指无病,而且还包括体能,后者是一种满足生活需要和有足够能量完成各种活动任务的能力。具备这种能力就可以预防疾病,增进健康,提高生活质量。体能也叫体适能,主要通过体育锻炼而获得。

诸多学者对生理健康的标准提供了自己的看法,认为生理健康的标准应包括以下15项:

1. 不应该有幻视、幻听、多疑、妄想。

2. 不应该长期失眠、噩梦、耳鸣、眩晕。

3. 不应该突然视力减退、偏盲、复视或眼前有异物感。

4. 不应该发烧、发冷、寒战、多汗。

5. 不应该持续进行性体重减轻、疲劳无力。

6. 不应该长期咳嗽、咯痰、喘息。

7. 不应该感觉到自己的心脏跳动,心慌气短。

8. 不应该在吞咽食物时在食道中有异物感。

9. 不应该有明显食欲减退、厌食、恶心呕吐、腹泻或多吃、多喝、多尿。

10. 不应该在任何部位出现违反客观规律的出血,如咯血、吐血、便血、鼻血、牙龈或皮下出血,还有经期过长、经血过多等。

11. 不应该有任何部位的异常感觉,如疼痛、麻木、灼热或寒冷感。

12. 不应该有任何部位的触痛或指压性浮肿。

13. 不应该摸到任何部位的异常肿块。

14. 不应该出现皮肤红肿、青紫、黄染及各种斑丘疹。

15. 不应该过早大量脱发。

(二)心理健康

随着诊断学的发展,医学专家又惊人地发现:经现代医学检查,约有50%~70%的人都有心理异常表现,这些人尽管未达到需求医诊治的程度,但一旦环境稍有变化或精神受到某种刺激,健康就会受到威胁。特别是当发现利用许多医学常规手段无法解决的或由精神引发的疾病时,医学研究根据人的社会属性提出要把社会环境引起的心理活动也包括在健康诊断之中。

心理健康一般有3个方面的标志:第一,心理健康的人,人格是完整的,自我感觉是良好的,情绪是稳定的,积极情绪多于消极情绪,有较好的自控能力,能保持心理上的平衡,有自尊、自爱、自信心,而且有自知之明;第二,在自己所处的环境中,有充分的安全感，且能保持正常的人际关系，能受到别人的欢迎和信任；第三，健康的人对未来有明确的生活目标，切合实际地、不断地进取，有理想和事业上的追求。

（三）社会健康

社会健康，也称社会适应性，指个体与他人及社会环境相互作用并具有良好的人际关系和实现社会角色的能力。有此能力的个体在交往中有自信感和安全感，与人友好相处，心情舒畅，少生烦恼，知道如何结交朋友、维持友谊，知道如何帮助他人和向他人求助，能聆听他人意见、表达自己思想，能以负责的态度行事并在社会中找到适合自己的位置。

社会健康水平低，对人的身心健康会产生消极的影响。社会健康水平低的人，常因人际关系的矛盾而产生心理上的烦恼，并持续地出现焦虑、压抑、愤怒等不良情绪反应。而不良的情绪反应可使人的免疫能力下降，进而大大增加了生理疾病发生的可能性。我国著名的医学心理专家丁瓒教授说："人类的心理适应，最主要的就是对于人际关系的适应，所以人类的心理病态，主要是由于人际关系的失调而来。"

在美国，有人对 6 900 名成人进行了为期 9 年的跟踪观察，结果发现，社会交往少的人死亡比例大（占总人数的 30.8%），而社会交往多者的死亡率只有 9.6%。因此，为了保持身心健康，人们既需要营养、体育锻炼、休息和其他生理方面的满足，也需要安全、友谊、爱情、亲情、支持、理解、归属和尊重等通过人际关系所获得的心理方面的满足。从一定意义上讲，良好的人际关系是人的生命所需的非常宝贵的滋补剂，善于与人相处是一个人诸多能力中最重要的、不可缺少的能力之一。因此，为了学习进步、家庭幸福、事业成功、健康长寿，总而言之，为了提高生活质量，我们应该努力培养和提高与人相处的能力和水平。

（四）道德健康

道德健康是人的一种"本质力量"，由思想品德和人格自我完善两部分构成。通常认为，思想品德是一种社会意识形态，它以善与恶、荣与辱、正义与邪恶等概念来评价人的各种行为，调整人与人之间以及个人与社会之间的关系。人格反映人的基本确定的心理结构特质和过程，它融合个体的经验，并形成个体特有的行为与对周围环境的反应。

严格地讲，思想品德作为完善人格的基础，是决定精神健康的重要内容；而人格自我完善本身就是不断提高自身的文化修养水平，使个体思想、品质与行为趋于理想化。据世界卫生组织检测中心统计：结核病、流感、肺炎、糖尿病、脑血管病、冠心病等常见病的死亡率，与道德、文化修养有着千丝万缕的联系。道德文化水准越高，则患这些疾病的死亡率越低。

关于对个体道德水准与文化修养影响健康的认识，我国古代早有“君子坦荡荡，小人长戚戚”的说法。实践证明，凡与人为善，助人为乐，且具有高尚品德的人，总是心胸坦荡。人若处于无烦恼的心理状态，不仅能使人体分泌更多有益的激素、酶类和乙酰胆碱等，还可增强人体的抗病能力，这无疑对促进健康是有利的。但与之相反，倘若一个人有悖于社会道德准则，由于其胡作非为导致的紧张、恐惧、内疚等不良心态.就会给他带来沉重的精神负担，使之终日食不甘味，夜不能寐，这样的结果自然也就无健康可言了。

二、健康标准

根据世界卫生组织(WHO)对健康所下的定义，为了便于大家在实践中对照，现将 WHO 原来为健康所制定的十项具体指标和现在最新制定的“五快三良好”标准列出，以供大家自我评价时参考。

(一) 十项具体检查指标

1. 精力充沛，能从容不迫地应付日常生活和工作的压力而不感到过分紧张。
2. 处事乐观，态度积极，乐于承担责任，不挑剔事务的巨细。
3. 善于休息，睡眠良好。
4. 应变能力强，能适应环境的各种变化。
5. 能够抵挡一般性感冒和传染病。
6. 体重适当，身材均匀，站立时头、肩、臂位置协调。
7. 眼睛明亮，反应敏锐，眼睑不发炎。
8. 牙齿清洁，无空洞，无痛感；齿龈颜色正常，不出血。
9. 头发有光泽，无头屑。
10. 肌肉丰满，皮肤富有弹性，走路轻松有力。

上述 10 条标准中既有生理的内容，也有心理和社会的内容，后者虽不像前者那么具体明确，但包含的容量却非常大，相对也更难以拥有。一个人同时拥有健康的心理和社会性，才是拥有了真正意义上的健康。

（二）“五快三良好”检查标准

吃得快：是指胃口好、不挑食、吃得迅速，表明你的内脏功能正常。

便得快：是指上厕所时很快排通大小便，表明你肠胃功能良好。

睡得快：是指上床即能熟睡、深睡，醒来时精神饱满、头脑清晰，表明你中枢神经系统的兴奋、抑制功能协调，且内脏不受任何病理信息的干扰。

说得快：是指语言的表达准确、清晰流利，表明你思维清楚而敏捷，反应良好，心肺功能正常。

走得快：是指行动自如且转动敏捷，因为人的疾病和衰老往往是从下肢开始的。

良好的个性：是指性格温和，意志坚强，感情丰富，胸怀坦荡，心境达观，不为烦恼、痛苦、伤感所左右。

良好的处世能力：是指沉浮自如，客观观察问题，具有自我控制能力并能适应复杂的社会环境，对事物的变迁保持良好的情绪，常有知足感。

良好的人际关系：是指待人接物宽和，不过分计较小事，能助人为乐、与人为善。

第二节　预防亚健康

20 世纪 80 年代中期，苏联学者 N. 布赫曼教授首先提出，人体除健康状况和疾病状况外，还存在一种非健康、非疾病的中间状态。这一发现随后被世界许多国家学者的研究所证实，并称这一状态为中介状态、病前状态、亚疾病状态、半健康状态、灰色状态、临床前态等，世界卫生组织称其为“第三状态”，我国学者将其称为“亚健康状态”。

当今社会，生活节奏加快，竞争日益激烈，使人身心备受煎熬。加之不良的生活行为与生活方式，处于亚健康状态的人群在世界许多国家和地区都呈逐年增加的趋势。世界卫生组织的一项全球性调查表明：真正健康的人仅占 5%，患有疾病的人占 20%，而 75%的人处于亚健康状态。在 2002 年中国国际亚健康学术成果研讨会上，专家指出：我国目前有 70%的人处于亚健康状态，15%的人处于疾病状态，只有 15%的人处于健康状态。

一、亚健康的概念

亚健康又称第三状态，是人体介于健康与疾病之间的一种状态，是人们身心、情感处于健康与疾病之间的低质量状态，虽然无临床症状或临床症状不明显，但已存在潜在的病理信息。

世界卫生组织认为，亚健康状态是介于健康和疾病之间的一种临界状态，是指机体在内外环境不良刺激下引起心理、生理发生异常变化，但尚未达到明显病理性反应的程度。从生理角度来讲，就是人体各器官功能稳定性失调尚未引起器质性损伤。

亚健康概念包含前后衔接的3个发展阶段：

1. 轻度身心失调

疲劳、失眠、胃口差、情绪不稳定等为主要表现，这些失调容易恢复；

2. 潜临床状态

潜伏着某些疾病发展的高危倾向，呈现出某些疾病发展的高度可能。身体活力、反应能力、适应能力减退，理化检查指标处于临界水平，如高血脂、高血压和免疫功能偏低，常伴有慢性咽炎、反复感冒、精力不支等；

3. 前临床状态

已经有了病变，但症状不明显。

健康和疾病是说明人体状态的词语，人体由健康到疾病有一个长期动态连续变化的过程，亚健康状态就是这一过程的特殊阶段，如果能及时合理调控，机体可以恢复到健康状态，否则可能转变成器质性病变。

二、亚健康的表现

国内有学者认为，亚健康状态主要表现为自主神经功能紊乱和机体各器官功能性障碍，出现精神、胃肠道、心血管、肌肉等4大方面的症状，其症状可以单一出现，也可能合并或交替出现，由于人们年龄、健康状态、适应能力、免疫力、生活环境、遗传因素等方面的不同，亚健康的表现形式也错综复杂。对此，人们提出如下具体表现：

1. 身体疲劳乏力、易累，肌无力，体力活动后全身不适，体力难以恢复。
2. 体质虚弱，免疫功能低下，易患感冒，咽喉不适，口腔黏膜溃疡等。

3. 胃肠机能紊乱，食欲不振。
4. 关节痛、肌痛、头痛、淋巴结肿痛、胸闷、心悸、气短。
5. 失眠或嗜睡。
6. 健忘、头脑不清醒、记忆力下降。
7. 精神不振、情绪低落，对事物缺乏兴趣，郁郁寡欢，常常感到孤独无助。
8. 烦躁、情绪不稳定，紧张，易怒，焦虑等。
9. 对环境适应能力和反应能力减退，人际关系不协调，家庭关系不和谐。
10. 眼睛易疲劳、视力模糊。

三、亚健康的分类

亚健康内涵丰富，外延广泛。诸多学者对亚健康的分类和各类亚健康的主要表现提出了自己的看法，综合学者们的研究成果，亚健康可分为：躯体亚健康状态、心理亚健康状态、人际交往亚健康状态、道德亚健康状态及慢性疲劳综合征。

（一）躯体亚健康状态

具体表现为排除疾病原因的躯体性疲劳，疲劳已严重影响了工作和生活，体质变差，慢性病多发。如经常感到乏力、困倦、肌体酸痛、咽喉痛、低热、眼睛易疲劳、无缘由地头痛、耳鸣、目眩、颈肩僵硬等。此外，还有易感冒、易出汗、易便秘、易晕车、胸闷心悸等症状。

（二）心理亚健康状态

最常见的是焦虑，主要表现为担心、恐慌。担心和恐慌是一种发自内心的不安，这种精神状态若持续存在，无法自我解脱和控制就会产生心理障碍，表现为烦躁、易怒、睡眠障碍，进而出现心悸不安、慌乱、手足无措、无所适从，这些可诱发心脏病、癌症等疾病。

（三）人际交往亚健康状态

随着社会的进步，社会竞争的激烈，在人际交往中出现的问题越来越多，主要表现为对工作、生活、学习等环境难以适应，人际关系难以协调，与他人之间的心理距离加大，交往频率下降，人际关系不稳定，如对人对事的态度冷淡、冷漠，常有无助、无望、空虚、自卑、猜疑、自闭等感觉。

（四）道德亚健康状态

具有这种状态的人主要表现为世界观、人生观和价值观存在明显损人害己的偏差。

（五）慢性疲劳综合征

慢性疲劳综合征是美国疾病控制中心建议使用的一个疾病名称。亚健康最主要的表现形式之一，是以疲劳低热（或自觉发热）、咽喉痛、肌痛、关节痛、头痛、注意力不易集中、记忆力下降、睡眠障碍和抑郁等非特异性表现为主的综合征。

四、亚健康的危害

1. 亚健康是大多数慢性非传染性疾病的病前状态，大多数恶性肿瘤、心脑血管疾病和糖尿病均是从亚健康状态转入的。

2. 亚健康影响工作、生活、学习质量，甚至危及人们的生命安全，特别是从事特殊作业的人员，如高空作业人员、驾驶员和运动员等。

3. 亚健康极易导致精神心理疾病，严重时甚至造成自杀和伤害事件发生，危及社会安全。

4. 亚健康引发慢性疲劳综合征，严重影响健康与寿命，甚至造成过劳死或英年早逝。

对此，我们应高度关注亚健康状态，针对亚健康的成因和危害，强化自我预防意识，维护和促进自身的健康，从源头上杜绝亚健康状态的发生与发展。

五、亚健康发生的原因

亚健康的形成与发生及不同表现，与个体的素质有密切的关系，可以认为亚健康是由于社会、心理、生物、环境和不良生活方式等不良因素作用机体，使人体的神经、免疫、细胞因子、内分泌网络系统的功能紊乱，致使机体整体功能失调的一种状态。

（一）过度紧张和压力

这种压力既包括身体上的，又包括心理上的。身体上表现为长期超负荷劳累、持续不断地工作学习、睡眠不足，疲劳得不到及时消除而导致过劳；心理上表现为压力过大，激烈竞争使精神高度紧张，精疲力竭，从而出现心身过度劳累。研究表明，长期的紧张和压力对健康的危害有引发急慢性应激直接损害心血管和胃肠系统，造成应激性溃疡和血压升高，引发心血管疾病；造成脑应激疲劳和认知功能下降；破坏生物钟，影响睡眠；免疫功能下降，导致感染疾病机会增加。

（二）人际关系紧张

社会生活的日益复杂化和多变性，使人与人之间的情感日益淡薄，交流日益减少，交往趋于表面化、形式化和物质化，情感受挫的机会增多，对情感的信心下降，孤独成了人们在情感方面的突出体验。缺乏亲密的社会关系和友谊，使人们感到无聊、无助、烦恼。

研究表明，有支持性社会关系的人，能较好地应对和处理应激，以及预防身心障碍。无聊、无助、烦恼、缺乏社会支持是导致心理和生理障碍，引发亚健康的一个重要因素。

（三）不良生活方式

亚健康的起因是多方面的，不合理的生活方式是很重要的原因之一。现代人疲于奔波、应酬，劳逸过度、睡眠失调（睡眠不足或过多）等不规律作息，吸烟、酗酒等其他不良嗜好，高热量、高脂肪及不均衡膳食结构和不良饮食习惯，体力活动特别是运动不足等是造成亚健康的主要原因。此外，吸毒、滥用药物等也是不容忽视的因素。

（四）环境污染

生活中由于环境污染导致亚健康的情况正日益增多，如水质污染、食品污染、空气污染、噪声污染、微波污染及其他化学、物理因素污染等，这些污染都是健康的隐形杀手。

此外，环境严重污染，生存空间过于狭小，可使空气中负氧离子浓度降低。长期处于这种环境中，人体血液中氧浓度和组织细胞对氧气的利用率都会降低，进而影响组织细胞的正常生理功能，从而使人感到心情郁闷、烦躁。

六、亚健康的测量与评价

（一）亚健康自觉量表

亚健康状态是一种自觉性很明显的状态，通过自我感觉测量在过去 6 个月中您是否有如下表现（见表 4-1），如果积分在 26 分以上就可以判定为亚健康。

表 4-1　亚健康自觉量表

评价指标	4 分	3 分	2 分	1 分	0 分	得分
你的体力状态是	很差	差	较差	尚可	很好	
你的精神状态是	很差	差	较差	尚可	很好	
你感觉身体不适吗	经常	大多数	半数时间	偶尔	很舒适	
你感觉疲劳吗	很疲劳	疲劳	一般	偶尔	很轻松	
你感觉肌肉关节疼吗	绝大多数时候	大多数时候	半数时间	偶尔	几乎没有	
你感到情绪低落吗	绝大多数时候	大多数时候	半数时间	偶尔	几乎没有	
你感觉记忆力减退吗	很差	差	较差	尚可	很好	
你能集中注意力吗	几乎不能	偶尔能	一般能	大多数时候	绝大多数时候	
你的睡眠正常吗	经常失眠	大多数时候	半数时间	偶尔	很好	
你的食欲正常吗	很差	差	较差	尚可	很好	

选自：孙庆祝，体育测量与评价，北京：高等教育出版社，2006

（二）亚健康症状 30 项量表

亚健康的种类和表现繁多，自我描述准确程度较差，可采用表 4-2 亚健康状况 30 项量表来确定。其中含有任何 6 项以上症状，并且持续时间在 1 个月以上者，可以诊断为亚健康。

表 4-2　亚健康状况 30 项量表

症状	是　否	症状	是　否
1. 精神紧张，焦虑不安	是　否	2. 孤独自卑，忧郁苦闷	是　否

续表

症状	是　否	症状	是　否
3. 注意分散，思考肤浅	是　否	4. 容易激动，无事自烦	是　否
5. 记忆闭塞，熟人忘名	是　否	6. 兴趣变淡，欲望骤减	是　否
7. 懒于交往，情绪低落	是　否	8. 易感疲劳，眼易疲倦	是　否
9. 精力下降，动作迟缓	是　否	10. 头昏脑涨，不易复原	是　否
11. 久站头晕，眼花目眩	是　否	12. 肢体酥软，力不从心	是　否
13. 体重减轻，体虚力单	是　否	14. 不易入眠，多梦易醒	是　否
15. 晨不愿起，昼夜打盹	是　否	16. 局部麻木，手脚易冷	是　否
17. 掌掖多汗，舌燥口干	是　否	18. 自感低烧，夜常盗汗	是　否
19. 腰酸背痛，此起彼伏	是　否	20. 舌生白苔，口臭自发	是　否
21. 口舌溃疡，反复发作	是　否	22. 味觉不灵，食欲不振	是　否
23. 反酸嗳气，消化不良	是　否	24. 便稀便秘，腹部饱胀	是　否
25. 易患感冒，唇起疱疹	是　否	26. 鼻塞流涕，咽喉疼痛	是　否
27. 憋气气急，呼吸紧迫	是　否	28. 胸痛胸闷，心区压感	是　否
29. 心悸心慌，心律不齐	是　否	30. 耳鸣耳背，易晕车船	是　否

选自：孙庆祝，体育测量与评价，北京：高等教育出版社，2006

第三节　当代大学生健康状况

一、三大传染病

（一）艾滋病

青壮年是艾滋病流行的主要受害者。青年和青年学生，特别是男生感染人数上升。至 2016 年 12 月，全球共有 210(170～260)万 15 岁以下的青少年儿童感染 HIV，其中 2016 年新发 HIV 感染 16(10～22)万，艾滋相关死亡 12(7.9～1.6)万。我国青年学生中 HIV/AIDS 疫情也呈上升趋势。据中国 CDC 疫情监测数据统计，全国学生 PLWH(艾滋病感染者)报告数占当年报告总数的比例，已经从 2006 年的 0.96%上升至 2015 年 10 月的 1.6%和 2016 年 9 月的 3.2%，学生人群中发

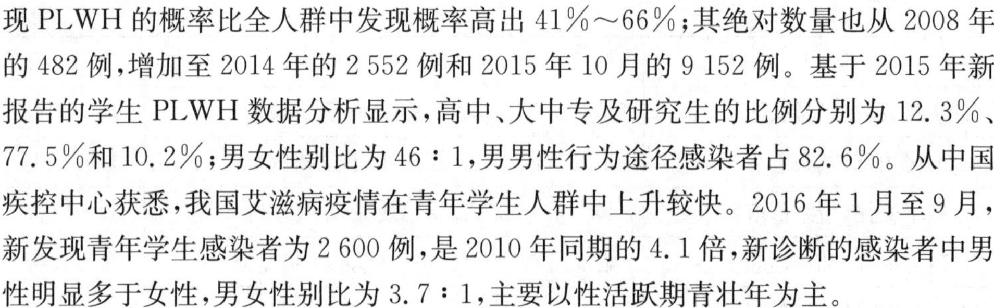
现 PLWH 的概率比全人群中发现概率高出 41%～66%；其绝对数量也从 2008 年的 482 例，增加至 2014 年的 2 552 例和 2015 年 10 月的 9 152 例。基于 2015 年新报告的学生 PLWH 数据分析显示，高中、大中专及研究生的比例分别为 12.3%、77.5%和 10.2%；男女性别比为 46∶1，男男性行为途径感染者占 82.6%。从中国疾控中心获悉，我国艾滋病疫情在青年学生人群中上升较快。2016 年 1 月至 9 月，新发现青年学生感染者为 2 600 例，是 2010 年同期的 4.1 倍，新诊断的感染者中男性明显多于女性，男女性别比为 3.7∶1，主要以性活跃期青壮年为主。

（二）结核病

高校学生集体居住，生源地广，是患结核病的高危人群，一旦发病极易造成结核病传播和流行。据报道我国大学生结核病患病率在 0.14%～1.52%之间，明显高于普通人群；爆发流行时罹患率可高达 2.89%～4.20%。相关研究表明，大学生结核病患者中，男性患者多于女性患者，城镇户口学生患病率高于农村户口，发病月份主要为 3 月、9 月、12 月。体育锻炼少、睡眠时间不足、新鲜蔬菜摄入不足、翻晒被褥频率低、结核病密切接触史等因素是大学生患结核病的影响因素。2017 年 7 月，我国对《学校结核病防控工作规范（试行）》（2010 年）进行了修订完善，制定了《学校结核病防控工作规范（2017 版）》，指出卫生计生和教育行政部门应当依法履行相应职责，遵循属地管理原则，建立联防联控工作机制。

（三）乙型病毒性肝炎

病毒性肝炎是由肝炎病毒引起的，以肝脏损害为主要特征的一组传染性疾病，包括甲型、乙型、丙型、丁型和戊型五型肝炎。肝炎呈世界范围流行，全世界约有 20 亿人感染乙肝病毒，其中 3.5 亿以上的人为慢性感染。而每年死于病毒性肝炎的患者达 140 多万，其中 50 至 70 万人死于乙肝相关疾病，而我国占近 50%。2016 年全国发病率为 89.1/10 万，在各类传染病中发病率最高。大学生是乙肝易感人群。学校是人群比较集中的场地，人与人之间交往密切，日常生活接触较为频繁，这导致了乙肝传染机会更大。据统计，当代中国大学新生的乙肝阳性率为 9.06%，男生与女生“乙肝两对半”5 项检测阳性率比较差异无统计学意义。

二、伤害

WHO 对于伤害的标准定义是：伤害是由于机械能、化学能、热能、电能以及电离辐射等引起的，因其以超过机体耐受总程度的速率或量急性作用于机体，在某些情况下（例如冻伤和溺水）也可以由于热能或氧气等生命基本物质的急性缺乏而引起。意外伤害事故的发生，严重影响了青少年的身心健康，给社会、家庭带来了巨大的经济损失和精神创伤，同时也成了一种不利于社会安定的因素。研究表明，我国大学生意外伤害的年发生率在 11.69%～52.62%之间。大学生伤害以跌落伤、交通伤及锐器伤居多。秋季最高，夏季最低，其中 10 月份最高，2 月份最低。发生场所主要在校园内，其次为家中。伤害发生时的活动类型以体育活动和骑车最多。以意外伤害为主，故意伤害很少，发生的形式以自伤居多。发生的部位以下肢最多，其次为上肢和头面部。以体表伤最多，其次为扭伤和皮下组织伤。女大学生的意外伤害发生率低于男大学生，意外伤害与吸烟、饮酒有关。大学生对跌伤、碰伤等急救知识掌握不够，基本急救技能操作正确率仅为 8.7%～43.5%。

三、不健康的生活方式

不健康的生活方式是导致学生体质健康下滑的主要因素。据介绍，我国大学生的肥胖率持续上升，每 5 年提高 2%～3%。目前大学生不健康的生活方式主要有户外活动少、网络成瘾、熬夜、吸烟、酗酒等。

四、心理健康状况

调查显示，无论国内还是国外，大学生都是心理障碍的高发人群，心理问题的发生率在 10%～30%之间。大学生因为各种心理问题或心理困扰而退学或休学的比例呈逐年上升的趋势。廖秋梅等调查发现："90 后"大学生的焦虑自评量表的异常检测率为 11.81%，人格问卷的问题学生达到了 14.9%，SCL－90 检测的强迫症状的阳性率更是达到了 33.4%，人际关系敏感 24.2%、偏执15.6%、焦虑 15.5%、抑郁 14.9%等。朱瑞作等调查发现：大学生有心理问题的学生比例占到 26.38%，特别是在强迫症状、人际关系敏感、抑郁、焦虑、敌对、偏执等这些因子上更为突出。美国大学心理健康中心的研究报告表明，有 75%的可诊断的心理障碍在 24 岁时变得明显。世界卫生组织甚至有研究表明，预计到 2030 年，发展中国家和发达国家的心理疾病，尤其是单向抑郁症将成为健康负担的主要原因。

第四节　健康教育与健康促进

一、健康教育

（一）健康教育的含义

健康教育是通过信息传播和行为干预，帮助个人和群体掌握卫生保健知识，树立健康观念，自愿采纳有利于健康行为和生活方式的教育活动与过程。

健康教育的概念是与医学模式的演变和对健康概念的界定相联系的。在生物医学模式下，健康教育只是一种传播医学卫生知识的手段，又叫作“卫生教育”或“卫生宣传工作”，因为当时人们对健康的理解仅在于预防和治疗疾病。进入20世纪后期，由于医学模式的转变，健康教育则成了连接宣传健康知识和建立健康行为的桥梁。曾任世界卫生组织健康教育处处长的慕沃勒菲博士1981年曾提出：“健康教育帮助并鼓励人们有达到健康状态的愿望，知道怎样做以达到这样的目的，每个人都尽力做好本身或集体应做的努力，并知道在必要时如何寻求适当的帮助。”我国有关专家一般都认为1988年第13次世界健康教育大会提出的关于健康教育的定义比较贴切，即健康教育是一门“研究传播健康知识和技术、影响个体和群体行为、预防疾病、消除危险因素、促进健康的科学”。

健康教育之所以越来越受到重视，是因为从20世纪六七十年代以来，疾病谱和死亡谱的变化使人们日益认识到，人的行为和生活方式是影响健康的重要因素。因此，迫切需要对人们进行以健康为目的，通过有计划、有组织、有步骤的教育活动，促使人们自觉地采取有利于健康的行为和生活方式，消除或降低影响健康的危害因素，以便预防疾病，提高生活质量。1988年和1990年召开的第13、14届国际健康教育大会上，100多个国家的有关专家和学者指出：健康教育不是一般的卫生知识的传播、宣传和动员，它的着眼点是行为问题，帮助人们建立与形成有益于健康的生活方式和行为。

从实施健康教育的角度来看，健康教育首先是健康与教育的有机结合，它的核心就是要教育人们树立正确的健康观，增强自我的和群体的保健意识及保健能力，营造一种全民范围的健康意识。因此，健康教育就必须为人们提供改变对健康有害的行为和生活方式所需的知识、技能与服务，并促使人们自觉地去应用这些知识和服务。其次，健康教育又是一种有目的的教育活动，它强调改变人们的行为，以提高生活质量。

（二）健康教育的目的和意义

针对不同的人群，健康教育的目的、意义是不同的。使不同人群自我保健意识能够得到增强，能自觉选择健康的生活和行为方式，尽可能地避免和消除危险因素的影响，促进身心健康。

1. 健康教育的目的

健康教育的目的是消除或减轻影响健康的危险因素，预防疾病，促进健康，提高生活质量。健康教育的教育活动是有计划、有组织、有系统和有评价的，它的核心是教育人们树立健康意识，养成良好的行为和生活方式。它与传统意义上的卫生宣传不同。卫生宣传是指卫生知识的单向传播，其受传对象比较泛化，不注重反馈信息和效果，往往带有“过分渲染”的色彩，常以生物医学模式的观念看问题。尽管卫生宣传也期望人们行为有所改变，但实践证明仅有卫生宣传难以达到行为改变的理想目的，卫生宣传的实际效果侧重于改变人们知识的结构和态度，是实现特定健康行为目标的一种重要手段。当然，在中国这样一个发展中国家，普及卫生知识的任务还相当繁重，卫生知识的传播活动，需要不断加强，但它不是健康教育的全部内容，也不是健康教育活动的终结。健康教育的实质是一种干预，它提供人们行为改变所必需的知识、技术与服务（如免疫接种，定期体检）等，使人们在面临促进健康、疾病的预防、治疗、康复等各个层次的健康问题时，有能力做出行为抉择。可以说，卫生宣传是健康教育的重要措施，而健康教育是整个卫生事业的组成部分，也是创造健康社会环境的“大卫生”系统工程的一部分。总之，根据 1988 年第 13 届世界健康大会提出的新概念，它重点研究知识传播和行为改变的理论、规律和方法，以及社区教育的组织、规划和评价的理论与实践。它的理论依据和专业技术，主要来源于医学、社会学、心理学、行为科学、传播学、科普学、统计学及美学等学科。通过传播和教育手段，向社会、家庭和个人传授卫生保健知识，提高自我保健能力，养成健康行为，纠正不良习惯，消除危险因素，防止疾病发生，促进人类健康和提高生活质量。

2. 健康教育的意义

健康教育可以通过多种多样的手段，有计划、有目的、有组织地使人们掌握健康知识，养成有益于个人、集体和社会的健康生活方式、行为方式，促进学生身心健康、道德健康和对社会适应能力的全面发展。

健康教育是一种有明确目标的教育活动，强调改变人们的行为，以提高生活质量为目的，它不同于传统的卫生宣传。传统的卫生宣传通常是指卫生知识的传播，是健康教育活动中的一个重要组成部分，是实现特定健康教育目的的一种手段，而不是健康的实质，健康教育的实质是一种干预措施。当今健康教育发展的趋势是：采用行政干预，促进健康教育达到预期效果。

二、健康促进

健康促进的概念比健康教育更为广义，它既包含了教育的意义，又有促进健康行为的内容。第一届国际健康促进会议是1986年11月21日在加拿大渥太华召开的，会议发表了著名的《渥太华宪章》。大会讨论的主题是关于发达国家公共卫生的需求，同时考虑其他地区的相似问题。本次会议的基本任务是通过世界卫生组织提出人人享有卫生保健的文件——《阿拉木图宣言》，并就世界大会在卫生领域中多部门合作行动所取得的进展进行讨论。这次会议的召开，表明健康促进在国际上正式开展起来。

（一）健康促进的含义

“健康促进”一词早在20世纪20年代就已见于公共卫生文献，近20年来更是受到广泛重视。由于健康促进在全球的迅速发展，其内容也在不断扩大，出现了许多不同的解释和理解。因此，有关健康促进的含义仍然在不断地发展和完善中。

1920年，温斯勒提出：“健康促进就是组织社区，努力针对各种危险因素，开展个人卫生教育，完善社会机构以保证有利于维持并增进健康的生活水准。”1979年，美国联邦办公署给出“健康促进包括健康教育及任何能促使行为和环境转变为有利于健康的有关组织、政策及经济干预的统一体”的定义；1986年，美国健康促进杂志认为：“健康促进是一门帮助人们改变生活方式，以达到理想健康状况的科学和艺术。”1988年，世界卫生组织曾经给健康促进作以下定义：“健康促进是促进人们维护和提高他们自身健康的过程，是协调人类与他们环境之间的战略，规定个人与社会对健康各自所负的责任。”美国健康教育学家格林1991年指出：“健康促进是指一切能促使行为和生活条件向有益于健康改变的教育与环境支持的综合体。”其中，环境包括社会的、政治的、经济的和自然的环境，而支持即指政策、立法、财政、组织和社会开发等各个系统。1995年，世界卫生组织西太平洋地区办事处发表了《健康新地平线》这一重要文献，对健康促进给出了“健康促进是指个人与其家庭、社区和国家一起采取措施，鼓励健康的行为，增强人们改进和处理自身健康问题的能力”的定义。

健康促进是现代世界上最推崇的、具有全新意义的提高健康水平的最佳过程与途径。它致力于使个人、集体乃至整个社会，在更大程度上主动参与修正不健康行为、优化生活方式、促进环境的改善，从而达到控制影响健康的各种危险因素、增进身心健康、提高生活适应状态的良好健康素质。

应该看到，健康促进不仅包含了增强个人提高健康水平的技巧和能力的过程，也包括改变社会环境、经济状况，以减轻对大众或个人健康影响的行动。健康促进是使人更能控制健康的影响因子，因而改善其健康的过程，主动参与是维持健康促进行动的根本。

综上所述，健康促进的概念包含了以下基本内容：

1. 健康不再仅仅由个人负责，社会对其负有不可推卸的责任。为此，在行为学的策略上应扩展到更大范围，包括在组织行为中占主导地位的“制定支持健康的公共政策”，以强有力的支持来促进个人与社会健康。

2. 健康促进不再仅仅是针对引发疾病的危险因素，而是包括个体、群体与社会生活的各个方面。这就是要求促进主动的健康行为，提高卫生知识水平，最大限度地动员、甚至强制人群自觉参与维护健康的活动。

3. 环境因素在人类促进健康的过程中占有重要地位，无论个人、集体还是社会，要获得健康，均要积极参与对环境的保护和改善，使环境成为人类获得健康的支持因素。这里的“环境”指的是具体的自然条件、空间、地域与设施，也包括抽象的精神、氛围和行为取向。良好的环境可陶冶高尚的情操，有助于塑造生理、心理和社会适应较为健全的人；反之，零乱、龌龊、条件低下与毫无约束的环境将难以规范人们的行动，也将无法达到健康的境界。由于内容的广泛性，就决定了健康促进理论是多学科知识组成的一门综合性理论。

根据国际上对健康促进理论内涵的解释，认为：

(1) 健康促进理论是系统的有组织的知识；

(2) 健康促进可应用于一个相对广泛的环境范围；

(3) 健康促进能帮助分析、预测或解释某些行为与行为趋向，并指导设计出一个控制系统；

(4) 健康促进是为促进健康工作的基础。

（二）健康促进的基本特征

健康促进与健康教育相比，有其自身的特性，它是集所有改善人们健康状况行为为一体的活动过程。归纳起来，具有以下主要特征：

1. 健康促进对行为改变的作用持久且具有约束性。它以社会人群自觉参与为前提，通过自身认知态度和价值观念的改变而达到自觉养成有益于健康的行为和生活方式的目的。因此，从原则上讲，健康教育最适于那些有改变自身行为愿望的人群。而健康促进是以政府行为为条件，在组织、政治、经济、法律上予以支持，它对行为改变的作用比较持久并且带有约束性。

2. 健康促进涉及所有人群和人们社会生活的方方面面，而不只对一部分人群起作用，也不仅仅针对个别疾病的危险因素。

3. 在疾病三级预防中，健康促进强调一级预防（病因预防）甚至更早阶段，即尽可能避免暴露于各种行为、心理、社会环境的致病因素，全面提高健康水平。

4. 人群的主动参与。人群的主动参与是巩固健康促进成果的基础，而人们所具备的健康知识和观念是主动参与的前提条件。因此，首先要通过健康教育激发领导者、社区和个人参与的意愿，营造健康促进的氛围。健康教育是健康促进的基础，健康促进如不以健康教育为先导，则是无源之水，无本之木，而健康教育如不向健康促进发展，仅仅停留在知识传播的层面上，其作用就会受到极大的限制。

5. 健康促进的又一特征是融客观的支持与主观的参与于一体。前者包括政策和环境的支持，后者则着重于个人与社会的参与意识和参与程度。因而健康促进不仅包括了健康教育的行为干预内容，同时，还强调行为改变所需的组织支持、政策支持、经济支持等环境改变的各项策略。这就表明健康促进不仅是卫生部门的事业，而且是要求全社会参与和多部门合作的社会工程。

（三）健康促进的社会作用

健康促进的社会作用是与健康教育分不开的，两者既有区别，又紧密联系，共同发挥对人类健康的重要作用。其主要社会作用可归纳如下：

1. 健康促进是实现初级卫生保健的保障

《阿拉木图宣言》把健康教育列为初级卫生保健 8 项任务之首，并指出健康教育是所有卫生问题、预防方法及控制措施中最为重要的。1983 年，第 36 届世界卫生大会和世界卫生组织委员会第68次会议根据初级卫生保健原则重新确定了健康教育的作用，提出“初级卫生保健中的健康教育新策略”，强调健康教育是策略而不是工具。1985年，第42届世界卫生大会通过了关于健康促进、公共信息和健康教育的决议，再次强调《阿拉木图宣言》的重要性，并紧急呼吁把健康促进和健康教育作为初级卫生保健的内容。实践证明，为了完成初级卫生保健其他7项任务，必须有健康教育作为基础和先导。同时，实现初级卫生保健的目标所需的基本条件，如领导重视、群众参与、部门协作均需有健康教育和健康促进的开发、动员、组织与协调。可以说，健康教育和健康促进是能否实现初级卫生保健任务的关键，健康教育和健康促进在实现所有健康目标、社会目标和经济目标中具有重要的地位和价值。

2. 健康促进是卫生保健事业发展的必然趋势

由于经济的发展，生活方式的改变，当今发达国家和我国的疾病谱、死亡谱已经发生了根本性的变化，传染性疾病和营养不良已不再是造成人们死亡的主要原因，而慢性的非传染性疾病，由不良生活方式引起的所谓生活方式病，则在人类疾病谱和死亡谱中占据日益重要的地位。其中，冠心病、肿瘤及中风等已成为这些国家人们的主要死因。调查研究证实不良行为和生活方式是导致这些慢性疾病的危险因素，甚至是直接因素。医药手段不能解决行为和生活方式问题，社会性措施的突破才是解决的根本途径。健康教育和健康促进的核心是促使人们建立新的、健康的行为和生活方式，制订一系列使行为和生活方式向有益于健康发展的策略，减少危险因素，预防各种生活方式病，这正是一种社会性的突破。

20世纪80年代以来，一些发达国家由于致力于健康教育和健康促进，使吸烟率每年以1%～1.5%的速度下降。冠心病与脑血管病死亡率分别下降了1/3和1/2。据我国有关专家预测，大力开展健康教育与健康促进，未来中国心脑血管疾病死亡率将能下降25%～50%。这说明把健康教育与健康促进放在各项措施的核心地位具有战略意义，同时也是卫生保健事业发展的必然趋势。正如世界卫生组织总干事于岛宏博士在第13届世界健康教育大会开幕式上所说：“我代表世界卫生组织向大家保证，健康教育的极端重要性将得到承认，我向你们保证，我们将给予你们的领域以优先权，给这种优先权的理由是十分充分的，而且也是全世界迫切需要的。”

3. 健康促进是低投入、高产出的高效益保健措施

健康教育和健康促进指导人们自愿放弃不良的行为和生活方式，减少自身制

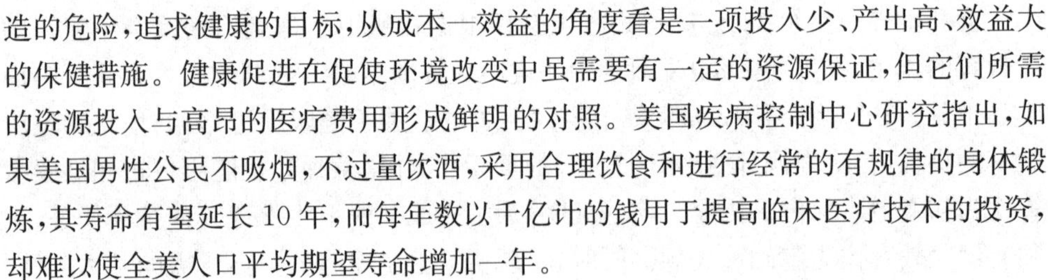

造的危险，追求健康的目标，从成本—效益的角度看是一项投入少、产出高、效益大的保健措施。健康促进在促使环境改变中虽需要有一定的资源保证，但它们所需的资源投入与高昂的医疗费用形成鲜明的对照。美国疾病控制中心研究指出，如果美国男性公民不吸烟，不过量饮酒，采用合理饮食和进行经常的有规律的身体锻炼，其寿命有望延长10年，而每年数以千亿计的钱用于提高临床医疗技术的投资，却难以使全美人口平均期望寿命增加一年。

4. 健康促进是提高广大群众自我保健意识的重要手段

自我保健是指人们为维护和增进健康，为预防、发现和治疗疾病，自己采取的卫生行为以及与健康有关的决策。自我保健包括了个人、家庭、社区、同事、团体和单位开展的以自助为特征(也包括互助)的保健活动。它是保健模式从“依赖型”向“自助型”发展的体现，它能发挥自身的健康潜能和个人的主观能动作用，提高人们对健康的责任感。综观世界潮流，如美国的“健康的国民”，英国的“预防和健康：人人的责任”，加拿大的“健康影响模式”，澳大利亚的“健康的澳洲人”，日本的“国民健康生活方式”“健康的钥匙在您手中”和我国的“全民健身活动”等，这些运动不仅体现了民众健康服务的目标和策略，更着眼于民众的自我保健意识、参与态度和实践。自我保健不能自发产生，只有通过健康教育和健康促进才能提高居民自我保健意识和能力，增强其自觉性和主动性，促使人们实行躯体上的自我保护，心理上的自我调节，行为生活方式上的自我控制和人际关系上的自我调整，提高整体医学和文化水平，提高人口健康素质。

第五节　提高大学生健康的措施

一、健康的主要影响因素

(一) 生活方式及行为

行为和生活方式因素是指因自身不良生活方式和行为，直接或间接给健康带来的不利影响。如高血压、冠心病、糖尿病、结肠癌、性传播疾病、重型精神病、自杀等均与不健康的生活方式和行为有关。

生活方式是一种特定的行为模式，这种行为模式受个体特征和社会关系所制约，是建立在社会经济、生活条件、文化继承、社会关系、个体特征等综合因素基础

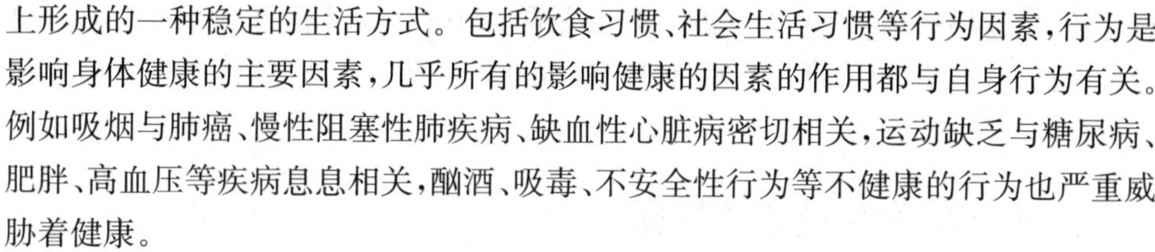

上形成的一种稳定的生活方式。包括饮食习惯、社会生活习惯等行为因素，行为是影响身体健康的主要因素，几乎所有的影响健康的因素的作用都与自身行为有关。例如吸烟与肺癌、慢性阻塞性肺疾病、缺血性心脏病密切相关，运动缺乏与糖尿病、肥胖、高血压等疾病息息相关，酗酒、吸毒、不安全性行为等不健康的行为也严重威胁着健康。

（二）环境因素

从健康的定义可以看出，健康是人体与自然环境和社会环境的统一。重在强调健康、环境是不可分割的。影响健康的环境又可以分为自然环境和社会环境。

自然环境：包括阳光、空气、水、气候等，是人类赖以生存和发展的物质基础，是人类健康的根本。保持自然环境与人类的和谐，对维护、促进健康有着十分重要的意义。有益于健康的生活环境比有效的医疗服务更能促进健康，近年来因环境的污染导致各种疾病的出现。

社会环境：包括社会制度、法律、经济、文化、教育、人口等。社会制度确定了与健康有关的政策和资源保障，法律法规的制定约束对人的健康权利的维护；经济决定着与健康密切相关的食物、衣着、住房、出行；文化决定着人的健康观以及与健康相关的风俗、道德、生活习惯等。

（三）生物学因素

遗传因素：目前已发现的遗传缺陷和遗传性疾病有近 3 000 种，据有关研究发现，目前全国出生缺陷总发生率为 13.7%，其中严重智力低下者有 200 多万人。此外，诸多严重影响人类健康的慢性疾病如：糖尿病、冠心病、高血压、肿瘤等都与遗传有关。

个人的生物学特征：包括年龄、性别、形态和健康状况等。

病原微生物：病原微生物引起的感染性疾病是人类死亡的主要原因，近年来随着全球公共卫生的发展，疫苗的大范围应用，多种传染病已被消灭或得到控制。而随着医学模式的改变，行为与生活方式对人类健康的影响日益显著。

（四）医疗服务因素

医疗卫生服务是指促进及维护人类健康的各类医疗、卫生活动。它既包括医疗机构所提供的诊断、治疗服务，也包括卫生保健机构提供的各种预防保健服务。

良好的卫生服务保障体系，对于及时消除或减少健康危险因素，维护健康有着重要意义。例如，定期进行体检、及时得到自我保健指导等卫生服务，是维护健康所不能缺少的。

二、提高大学生健康的措施

（一）提高大学生健康素养

建立健全高校健康促进与健康教育体系、健康素养和生活方式监测体系，提高高校健康教育与干预能力。推进大学生健康生活方式行动，强化高危个体健康生活方式指导，在校园内开展健康体重、健康口腔、健康骨骼等专项行动，建立健康知识和技能核心信息发布制度，普及健康科学知识，培育良好的生活习惯。

（二）塑造自主自律的健康行为

1. 引导合理膳食

制定高校大学生营养计划，深入开展食物营养功能评价研究，全面普及膳食营养知识，发布适合不同大学生群体特点的膳食指南，引导大学生形成科学的膳食习惯，推进健康饮食文化建设。建立健全大学生营养监测制度，对重点人群实施营养干预，逐步解决大学生营养不足与过剩并存问题。实施营养干预，加强对高校营养健康工作的指导，开展示范健康食堂和健康餐厅建设。

2. 开展控烟限酒

普通高校全面推进控烟履约，加大控烟力度，深入开展校园控烟宣传教育，积极推进无烟校园建设，逐步实现校园室内公共场所全面禁烟。教师职工要带头在公共场所禁烟，强化戒烟带头作用。加强大学生限酒健康教育，控制酒精过度使用，减少酗酒，加强大学生有害使用酒精监测。

3. 促进心理健康

加强普通高校心理健康服务体系建设和规范化管理。加大大学生心理健康科普宣传力度，提升大学生心理健康素养。加强大学生心理健康普查、建档，建立和完善心理咨询服务；加强抑郁、焦虑等常见心理问题和精神障碍的干预，加大对重点人群心理问题早期发现和及时干预。提升高校应对突发事件心理危机的综合能力。

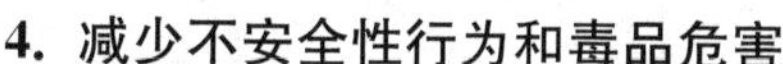

4. 减少不安全性行为和毒品危害

强化高校社会综合治理，开展大学生性道德、性健康和性安全宣传教育和干预，加强对性传播高危行为人群的综合干预，减少意外妊娠和性相关疾病传播。大力普及有关毒品危害、应对措施和治疗途径等知识。

（三）提高大学生身体素质

继续制定实施大学生健身计划，普及科学健身知识和健身方法，推动大学生健身生活化。广泛开展校园健身指导服务。实施国家体育锻炼标准，发展大学生健身休闲活动，丰富和完善高校健身体系。大力发展学生喜闻乐见的运动项目，鼓励开发适合不同人群、不同地域特点的特色运动项目，扶持推广太极拳、健身气功等民族民俗民间传统运动项目。确保学生校内每天体育活动时间不少于 1 小时。到 2030 年，学校体育场地设施与器材配置达标率达到 100%，青少年学生每周参与体育活动达到中等强度 3 次以上，国家学生体质健康标准达标优秀率 25%以上。

（四）提供优质高效的医疗服务

全面建成体系完整、分工明确、功能互补、密切协作、运行高效的整合型医疗卫生服务体系。实现大学生人人享有均等化的基本医疗卫生服务；分区域统筹配置，整合推进区域医疗资源共享，基本实现优质医疗卫生资源配置均衡化；加强大学生常见病、重点疾病监测及预防控制，不断提升服务能力；减少大学生因病致贫，因病退学的发生率。

第五章 体育锻炼对个体健康的影响

第一节 体育锻炼可促进个体生理健康

"生命在于运动",早在公元前300年,古希腊伟大思想家亚里士多德的这句名言,就深刻揭示了体育锻炼对身体健康所起的重要作用。后来医学和生理学关于"适者生存"的理论又明确指出:人的健康状态和工作效率,不仅取决于全身各器官、系统的功能和相互的协调,还有赖于使身体获得对自然和社会环境的适应能力。而这种能力的获得,除受制于不同的生活环境外,还在相当程度上与体育锻炼休戚相关。实践证明,科学地从事体育锻炼,由于中枢神经和内分泌系统产生的良好刺激,对促进人体新陈代谢、改善血液循环和呼吸功能,延缓有机体适应能力的降低,推迟生物体各组织器官结构、功能发生退行性变化都有明显的效果。"健康是人生最宝贵的财富""健康是人生最大的幸福",但健康是等不来的,"生命需要运动""生命在于运动"。

人体是一个结构十分复杂并具有多种机能的有机体,又是一个完整的统一的有机体。各个系统、组织、器官是相互作用、相互影响、相互促进的,无论做什么动作,一般都会对各个系统、器官产生影响。参加不同程度的体育活动,对有机体就有不同程度的影响。由于体育锻炼项目的特点不同,对有机体的影响也是不同的。总的来说,经常进行一定生理负荷量的体育锻炼,能促进人体各组织、器官的新陈代谢,使人体的结构和机能得到改善和提高,从而增强体质,促进健康。体育锻炼对人体的影响是多方面的。本章将主要介绍人体各器官系统的解剖学知识和体育锻炼对各器官系统生理机能的良好影响。

一、体育锻炼与神经系统

（一）神经系统的概貌

有人体指挥部之称的神经系统，是全身各器官系统生理活动的调节指挥者，是生理调控的指挥部。人体各器官系统的功能无一不在神经系统的调节下完成。人体在进行体育锻炼时，在神经系统及内分泌激素的协调调节下（神经—体液调节），使肌肉的锻炼方向、力度、身体姿势等协调完美，完成各类锻炼技术动作。同时，各内脏器官活动与肌肉活动协调配合，体内能量供应也和肌肉锻炼一致，保证了各种肌肉活动的完成。

神经系统是生物在长期进化中逐渐发展形成的。从单细胞生物在地球上出现到人脑的形成，大约经历了几十亿年；现在人脑的面积可达四分之一平方米，神经细胞数目达100亿以上，是人体内一个庞大的指挥中心。

神经系统分中枢神经系统和周围神经系统两大部分。中枢神经系统包括大脑、间脑、中脑、脑桥、延髓、小脑和脊髓，它们分别位于颅腔和脊椎骨椎管内。周围神经系统包括脑神经节、脊神经节及外周神经，外周神经就如同联系中枢指挥中心与全身各器官系统之间的专用电话线，遍布全身各器官。在外周神经中，一些专门负责将指挥中心的信息传向各器官、指挥各器官活动的称锻炼神经（或称传出神经）；而另一些专门负责将各器官系统的信息传入和报告中枢的称感觉神经（或称传入神经）。如果按神经的分布范围及功能的不同，又可将其分为躯体神经和植物性神经。躯体神经分布于皮肤、骨骼肌、关节等处，而植物性神经则分布在内脏器官和腺体等处。

人们对客观事物的认识，首先是从感受器接受内外环境刺激开始，内外环境的各种刺激如光、声、嗅、味、触、压、温度、痛觉等刺激人体感受器，感受器将刺激能量转变为神经冲动，经过传入神经（感觉神经）传入脊髓和大脑皮层感觉区，在这里对传入信息进行精细的分析综合，形成感觉。然后做出相应的反应，通过传出神经（锻炼神经）将中枢的指令传至有关器官，实现各器官系统的相互协调的活动。

中枢神经系统的基本活动方式是反射活动，它可以分为非条件反射和条件反射。非条件反射是人们生来就有的不需要特殊条件就可以发生的反射，如吮吸反射、防御反射等；条件反射则是后天获得的，在一定条件下形成的反射，著名的“望梅止渴”典故就是条件反射的好例子，人们并未吃到梅，只是从说话及想象中想到

梅的酸味，就会反射性引起唾液的分泌而达到止渴的目的。人类在劳动中学会的各种技能及体育锻炼时学会的各种锻炼技能（掌握的各项锻炼技术），生理本质上都是条件反射。

（二）体育锻炼对神经系统的良好影响

美国科学家在过去35年内对400名21～84岁的成年人进行了语言能力、感觉速度、空间定向及计算思维等方面的测试研究。结果表明，25％经常参加锻炼锻炼的人，在智力和反应方面明显高于未参加锻炼或极少参加锻炼的同龄人。体育锻炼何以有如此功效呢？

1. 体育锻炼能提高大脑皮层兴奋和抑制的过程

体育锻炼能提高大脑皮层兴奋和抑制过程的强度、灵活性、均衡性和综合分析能力。

神经传导过程的强度，是就细胞的工作能力和这种能力的极限而言的。例如：经过训练的举重锻炼员，比体质相同的一般人，能举起更重的物体，这是举重锻炼员神经冲动的强度、同步性比没有训练的人高的表现，也就是由于举重训练提高了大脑皮层细胞兴奋强度的缘故。

神经传导过程的灵活性，一般是指一个神经传导过程变为另一个神经传导过程的快速程度。转变快，说明灵活性高，反之，说明灵活性差（即惰性大）。如参加体育锻炼时，锻炼场上瞬息万变，中枢神经系统必须迅速做出分析和判断，并要快速协调身体各器官、各系统的机能及时完成复杂而多变的动作。这些快速变化的情况所形成的各种条件反射，不断刺激中枢神经系统，并在中枢神经系统中加以巩固，使中枢神经系统对刺激的反应能力明显提高。通过对反应时的测验，锻炼员和非锻炼员之间，不同锻炼项目的锻炼员之间，都有显著的差别。如乒乓球锻炼员反应时，只有120毫秒，一般锻炼员为200毫秒，非锻炼员平均反应时间为400毫秒，这就说明了锻炼训练大大缩短了神经传导在细胞质之间所延误的时间，加快了传递速度，也就是提高了神经活动的灵活性。

神经传导过程的均衡性，是指大脑皮质兴奋和抑制过程强度的对比关系。一般说来，兴奋过程强，抑制过程也相应强，这说明两个过程均衡。如果两个过程中的一个特别强，而另一个相对较弱，就说明两个过程不均衡。如失眠，就是兴奋过程强于抑制过程，是均衡性差的一个表现。由于体育锻炼具有较高的技巧性，就要求各部肌肉和有关器官能协调配合。经常参加体育锻炼，能使神经传导的准确性和协调性受到良好锻炼，也就提高了神经传导过程的均衡性。

2. 体育锻炼能丰富神经传递介质

体育锻炼能丰富神经细胞突触中传递神经冲动的介质(如乙酰胆碱或其他物质)，并在传递神经冲动时引起较多介质的释放，缩短神经冲动有突触延搁的时间，加快了突触传递过程。科学家做过试验，以看灯亮后按电钮测定不同人的反应时间，一般人的反应为 0.4 秒以上，锻炼员的反应为 0.333 2 秒。

3. 体育锻炼能改善脑血循环与供能条件

人的一切活动和思维，都离不开大脑，而大脑活动所需要的能量主要来源于糖，大脑的能量消耗占整个人体一天消耗量的 1/6～1/8。大脑本身储备糖很少，糖元主要是从血液中获得的，只有当人体血液每 100 毫升中血糖达 120 毫克时，脑功能活动才能正常，如血糖降至每 100 毫升 50 毫克左右时，人就会疲乏、思维迟钝、工作效率下降。体育锻炼能提高循环系统机能，加速血液循环，促使脑部毛细血管的增生，从而增加了流经脑部的血液量，为脑神经细胞提供充分养料，保证人体在从事复杂的脑力劳动和体力劳动中所需的能量供应。

此外，体育锻炼还可以提高对中枢神经的供氧量。一般人的脑重仅占体重的 1/47，但它的实际耗氧量却占人体吸氧量的 1/4，比肌肉的需氧量大 15～20 倍，占人体需氧量的第一位。在人体各器官和组织中，以大脑对氧的需求最为敏感，肌肉在短暂缺氧的情况下，尚能工作一段时间，而大脑缺氧 6 秒钟就要“死亡”。通常从事脑力劳动的人在学习思维过程中，人脑新陈代谢不断加速，而身体的其他器官、系统都处于相对静止状态，其机能往往跟不上大脑紧张活动的需要，因而容易导致大脑供氧不足而出现养料危机，使人感到头昏脑涨、精力分散，必然会降低学习和工作效率。体育锻炼能增强循环系统和呼吸系统的机能，给大脑运送充足的氧气和养料，以满足大脑细胞紧张工作时的消耗，为脑神经的活动提供了良好的条件。因此，经常参加体育锻炼的人，能持续较长时间的工作和学习，并保持头脑清醒，思维敏捷。

4. 体育锻炼能消除大脑疲劳，起积极性休息的作用

大脑皮层活动的基本过程，就是兴奋和抑制的过程，而兴奋和抑制又是两个相互制约又互相协同的过程。大脑皮层的活动就是依靠细胞的兴奋和抑制这两种功能不断的相互转化，相互平衡来实现的。某一反射中枢兴奋，通过诱导作用，使其他反射中枢处于抑制状态。例如一个人在看书学习，集中精力思考问题时，正是主管思考和记忆的反射中枢的脑细胞活动在兴奋，主管其他反射中枢的脑细胞则暂时处于抑制状态；当人们从事体育锻炼时，则是主管肌肉活动的反射中枢的脑细胞在兴奋，而另一些反射中枢暂时处于抑制。大脑皮层由于兴奋活动时间过长，就会产生疲劳。当人们学习，思考时间过久，便会感到头昏脑涨，注意力分散，记忆力下降，甚至感到头痛，这就是兴奋过程减弱，抑制过程加强的表现。如果我们不去适应这一生理规律，及时地加以调整，而是不断地加强对已处于疲劳状态有关脑细胞的刺激，勉强维持它的兴奋，就必然导致兴奋和抑制的紊乱，长期下去就会使神经细胞功能衰竭。神经衰弱症多数是由此所致。

疲劳是大脑的一种保护反应，抑制是大脑的一种保护性机能。我们要爱护自己的大脑，更重要的是要善于使用大脑，就必须适应兴奋和抑制这一大脑活动的规律。因此，当从事一些脑力劳动出现疲劳之后，再参加体育锻炼，可以使大脑得到积极性休息，从某种意义上说，积极性休息比睡眠更重要。有人做过实验：思考的神经连续工作 2 小时，然后停下来休息，至少需要 20 分钟才能消除疲劳，而用锻炼方式则只需 5 分钟疲劳就消除了，这是因为在体育活动时，有关大脑皮层锻炼区域的神经细胞兴奋，由于“负诱导”的作用，加强已经疲劳的神经细胞的抑制活动，使疲劳尽快消除。另外，由于锻炼，静脉血液回流增多，心跳加强，血液循环加快，在单位时间内脑血流量增多，使脑细胞得到更多的养料和氧气供应，并能促进新陈代谢，使代谢物迅速排出，加速了神经细胞疲劳的消除。

5. 体育锻炼能促进智力的发展

人的聪明才智主要是由大脑的突质及内部结构的精细和完善程度而定的，也就是取决于脑细胞的素质。脑细胞的素质又与对大脑的利用和训练有着密切的关系。在体育锻炼时，往往要求人们去完成一些比日常生活更为复杂和艰巨的任务，大脑的调节功能，活动的强度，反应的灵活性、精确性和均衡性等都得到了锻炼和有效地提高，从而大脑的功能得到改善，智力也就得到了发展。

另外，体育锻炼还能促进大脑释放脑啡肽和内啡肽等特殊的生化物质，这些物质能起到促进智力发展和帮助记忆的作用。

二、体育锻炼与运动系统

（一）运动系统概貌

运动系统由骨、骨连结和骨骼肌三部分组成。骨是锻炼的杠杆，骨连结起枢纽作用，骨骼肌则是锻炼的动力部分，三者密切联系。

运动系统的主要功能是使人体在空间移动及使身体各部分相互关系发生变动、维持身体各部分以及整体的姿势和位置。此外，还有支持体重、构成人体基本外形、保护脑髓和内部脏器、协助内部脏器进行活动等功能。

1. 骨

活体中的每块骨都是一个器官，主要由骨组织组成，并有血管、神经分布。具有生长发育及损伤后修复愈合的能力。全身骨的数目，成人有 206 块；青少年在骨化完成以前，骨的数目多于成人。骨骼极为坚硬，能承受很大压力，根据科学家的测定：每平方厘米骨骼可承受二千一百千克的压力强度（花岗石能承受一千三百五十千克，松木能承受四百二十千克）。骨骼之所以这样坚硬，是由骨的构造决定的：活体的骨都由骨膜、骨质和骨髓三部分构成，并有神经和血管分布。

2. 骨连结

全身骨与骨之间凭借一定的结构相连，称为骨连结。骨连结分为直接连结和间接连结两种。

（1）直接连结，其间不具间隙，根据连结的组织不同，可分为纤维连结和软骨连结。

（2）间接连结，又称滑膜关节，简称关节。其特点是两骨或两块以上骨的相对骨面借膜性囊互相连结，中间有腔隙，以利于活动。关节的基本结构包括关节面及关节软骨、关节囊和关节腔；关节的辅助结构包括韧带、关节内软骨、关节唇、滑液囊和滑膜襞。

3. 骨骼肌

人体内骨骼肌分布广、数量多，全身 400 多块。总重量占体重的比例因性别、年龄等不同而有差异。一般成年男性约占 40%，女性约占 35%，经系统体育训练的人可达 50%左右。每一块肌内部有一定的形态、构造、位置和辅助结构，血管多并受一定的神经支配。人体的骨骼肌主要分布在躯干和四肢，一般附着于骨，故称骨骼肌。它可随人的意志而收缩，故又称随意肌。骨骼肌除锻炼功能外，还具有储存能量物质和产生热量以维持体温等重要功能。

（二）体育锻炼对运动系统的良好影响

1. 体育锻炼对骨骼的影响

（1）体育锻炼能促进骨骼的生长

身材的高矮是由骨骼发育增长决定的，人从婴儿到成年身高要增加几倍，成年以后，由于骺软骨完全骨化成骨，骺骨和骨干就融合在一起，骨的生长也就停止了。一般人到25岁左右骺骨完全骨化，因此身高也就不再增加了。

青少年时期，经常参加有规律的体育锻炼，可以直接使骨骼受到良性刺激而促进骨骼生长。同时，又可以通过锻炼对内分泌系统功能的影响而促进骨骼的生长。据统计：经常锻炼的青少年，比同年龄人的身高平均高出4～7厘米。

(2) 体育锻炼能改善骨骼结构，增强骨骼的坚固度

经常参加体育锻炼，促进了血液循环，加强了新陈代谢，骨的结构及性能发生了变化。实践证明，重体力劳动者和锻炼员骨骼显得粗大结实，而一般人骨骼往往显得格外纤细、脆弱、而易折。从X光照片比较中，就会发现经常锻炼的人比一般人的骨密质更厚更密，骨松质的骨小梁分布排列，更加整齐而有规律，骨髓腔也小，这些结构的改善，使骨骼更加坚固而能经受更大的负荷。因此，提高了骨骼对扭转、弯曲、拉长和压缩等外力的抵抗能力。

2. 体育锻炼能增强关节的稳定性和灵活性

由于体育锻炼中的许多动作要求关节具有很大活动幅度才能完成，因此体育锻炼不仅能加强关节周围肌肉的力量，提高关节周围韧带、肌肉的伸展性，而且能使关节囊和韧带增厚、增粗，更富有弹性，从而扩大关节锻炼幅度和提高关节的灵活性，同时也加强了关节的稳定性。

3. 体育锻炼对肌肉结构和形态的影响

(1) 体育锻炼能使肌肉的横断面增大，收缩力增强：人体在安静时，肌肉每立方毫米内，开放的毛细血管只不过80条左右，因此肌肉中能源物质的含量较少。当肌肉经过较大负荷的锻炼后，不仅毛细血管的口径增大，而且“备用”的毛细血管也大量开放。这时每立方毫米肌肉内开放的毛细血管可达2 000～3 000条，比安静时增大30倍，因此，血流量增大，使肌肉血液供应良好，新陈代谢旺盛。同时，在锻炼过程中，机体内产生一系列的生化反应，肌肉中的水分减少，蛋白质和糖原等物质增多，这就使肌肉得到更多、更充分的营养物质供应，使得肌纤维变粗，肌肉体积增大，横断面增大，从而增加了肌肉的收缩力量。

此外，体育锻炼能使肌肉中的蛋白质和肌红蛋白的含量增加。肌红蛋白结合氧的能力比血红蛋白强12倍，因此大大提高了肌肉中的贮氧能力。由于体育锻炼促进了肌糖原增加，并使肌肉中的毛细血管增生和血管增粗，改善肌肉的供能条件和能量储备能力，从而提高了肌肉活动的耐久力和力量，改善了肌肉活动的能力。

(2) 体育锻炼能提高神经系统对肌肉活动的控制能力:体育锻炼形式多样,动作复杂多变,技巧性又强,经常从事体育锻炼,一方面能提高神经系统对肌肉的控制能力,另一方面又能促进神经和肌肉的密切联系,使肌肉对神经冲动反应的速度、准确性和动作过程中的主动肌、对抗肌、协同肌之间互相协同配合的能力得到改进和提高,“熟能生巧”就是这个道理。因此,机体在进行复杂困难的动作时就能协调自如,有条不紊,用较小的力量消耗发挥出较大的锻炼效能,从而提高对肌肉活动的控制能力。

另外,经常锻炼能防止因体内脂肪堆积而使身体发胖和肌肉松弛无力的情况;还可以推迟老年性的肌肉萎缩和骨质退化;保持良好的肌力和正常的脊柱外形和体态。

三、体育锻炼与氧运输系统

(一) 氧运输系统概貌

人体的呼吸系统、血液与心血管系统组成了人体的氧运输系统。氧运输系统对人的健康及生命活动有十分重要的作用,它把氧气从体外吸入体内并运送到各器官组织,供人体生命活动的需要。呼吸系统把氧气从体外吸入体内,氧气进入血液与血液中的血红蛋白结合,由心脏这个血液循环的“动力站”不停地推动。使血液流遍全身,将氧气送到各组织器官。

1. 呼吸系统

人体通过肺的呼吸锻炼,实现肺与外界环境的气体交换及肺泡与肺毛细血管血液间的气体交换。前者称肺通气,后者称肺换气。我们在体格检查时,常用肺活量指标来衡量肺通气功能。肺活量是指尽最大可能深吸气后再尽最大可能作呼气时,所呼出的气体体积。健康成年男性肺活量值大约为 3 500～4 000 毫升,女性约为 2 500～3 500 毫升。

2. 血液与心血管系统

血液之所以能在血管中流动,运送氧气,是由于心脏这个推动血液不断流动的动力站的作用。心脏在整个氧运输系统中是至关重要的,心脏的健康与人体健康关系至为密切,联合国“世界卫生日”曾经用“您的心脏就是您的健康”的口号来提醒人们注意保护好心脏的健康。心脏通过舒缩活动将血液不停地射入血管,使血管内的血液不停地流动,以保证全身各组织器官代谢的需要。健康成年人每分钟心跳约 75 次左右，心脏脉搏动一次大约向血管射血 70 毫升(称脉搏输出量)，每分钟心脏大约向血管射血 5 升左右(称每分输出量)。心脏射出的血液在血管内流动时对血管壁有一定侧压力，这就是血压。在一个心动周期中，血压随心室的收缩与舒张而有所升降。心室收缩时，血液大量射入血管，主动脉压力急剧升高，这时的压力称收缩压；心室舒张时压力降低，称舒张压；收缩压与舒张压之差称脉压。我国健康成年人安静时收缩压约为 13.3～16.0 千帕，舒张压为 8.0～10.7 千帕，脉压为 4.0～5.3 千帕。血压可随年龄、性别和体内生理状况的变化而有所变动。

正是上述的心肺功能保证了人体生命活动对氧的需要，而在锻炼时人体对氧的需要将大大增加，就更需要心肺功能的保证。因此，人体心肺功能的强弱，既是人体健康水平的标志，也是人体锻炼能力的重要基础。

（二）体育锻炼对呼吸系统的良好影响

1. 增强呼吸肌的力量

在从事体育锻炼的过程中，需消耗大量的能量，当体内营养物质通过氧化分解，释放出能量供给肌肉活动时，就要吸入大量的氧气和排出大量的二氧化碳。这就要求呼吸器官加强工作，提高换气效率，以满足肌肉活动的需要。随着呼吸锻炼的加强，呼吸变得主动和加深，有关呼吸肌的活动也必然加强，其收缩和舒张的能力随之提高。经常进行体育锻炼，就能增加呼吸肌的力量和耐久力。由于肋骨的活动性增加，胸廓活动范围也扩大，胸腔的形状和容积的改善，使呼吸有力，胸围、呼吸差(深吸气时与深呼气时胸围之差)增大。一般人呼吸差只有 5～7 厘米，而经常锻炼的人则为 5～11 厘米。锻炼员多达 9～16 厘米。由于胸腔扩大，肺泡内所容的空气就多。譬如，横膈肌上下活动一厘米就有 250～350 毫米气体进出。这就提高了肺的换气效率，进而提高了整个呼吸系统的功能。

2. 肺活量的增大，能提高肺通气量

在日常生活中，安静的时候每分需氧量约为 0.25～0.3 公升，每分钟通气量只有 6～8 公升，因此只需极少一部分(约 1/20)肺泡参加工作，即可满足生命的需要。一般性工作时只需 1/7 的肺泡参加工作，并且这部分经常参加工作的肺泡又主要集中在肺门部位。而肺边沿区的肺泡，极少有活动的机会。因而这些不能经常活动的肺泡，往往处于萎缩或为黏液所阻塞状态。当参加体育锻炼时，才能使大部分或全部肺泡获得活动的机会而提高换气功能，从而提高肺的通气量。据调查，一般人在锻炼时每分钟最大肺通气量为 80 公升左右，最大吸氧量为 2.5～3.5 公升，只

比安静时大10倍。而经常锻炼的人在锻炼时，每分通气量可达100～120公升，最大吸氧量可达4.5～5.5公升，比安静时大20倍。这就使更多的肺泡得到活动从而提高肺的功能。肺活量和肺通气量的增大，反映了肺贮备能力和适应能力的增强。

3. 呼吸频率的改变

每分钟吸气和呼气的周期次数称呼吸频率。安静时一般成年男性的呼吸频率每分钟为16～20次，女性比男性快1～2次。青少年呼吸频率较快。正常人在安静时呼出和吸入的气体总量基本相等，约在500毫升左右。经常参加锻炼的人，在安静时的呼吸是深而慢的，每分钟约8～12次。这种深而慢的呼吸，具有很多优越性，在每次呼吸后有较长时间的休息，因而不易疲劳。在轻度劳动和参加一般体育锻炼时也不致出现呼吸急促胸闷等现象。一般缺乏锻炼的人，因为肺活量小、换气率低、最大的吸气量小，所以在锻炼和劳动时，容易因缺乏氧气而产生过多的酸性代谢物(乳酸)，即使呼吸频率加快，也不能满足机体的需要，其结果是呼吸肌过度紧张，呼吸浅而快，产生胸闷、气喘等现象。特别是成天伏案学习和工作的脑力劳动者，在学习和思维时，大脑皮层神经细胞耗氧更多。在获得更多氧供应的情况下，不会或很少因缺氧产生头昏、疲劳等，从而提高了学习和工作效率。

4. 体育锻炼对呼吸系统疾病的预防和治疗作用

呼吸是人体生命的重要标志之一，在吸入的空气里既有人体赖以生存的氧气，也含有各种细菌、病毒、尘埃以及有害气体，在被污染的环境里则更甚。呼吸系统虽具有完整的物理、生物、免疫等防御功能，可以抵抗各种疾病物质的侵袭，保护呼吸系统和人体的健康。但当体质下降，免疫力和抗感染力降低时，病菌就会乘虚而入。感冒就是一种由呼吸道感染引起的一种常见病，还有咽炎、支气管炎、肺炎等多发病。体育锻炼可以使新陈代谢旺盛，心肺功能增强，提高身体的抗御能力。同时，还可以促使呼吸道毛细血管更加密实，肺内的吞噬能力得到加强。这样就能及时消除进入呼吸道的病毒，减少感染和发病的机会。

另外，气管和支气管哮喘也是呼吸系统的一种常见病。这种疾病除了进行药物治疗外，适当的体育锻炼，增进身体健康，改善呼吸系统的功能是可以减轻自觉症状和预防病变的继续发展。

（三）体育锻炼对心血管系统的良好影响

1. 体育锻炼对心脏的影响

(1) 体育锻炼能促使心肌发达和增大心脏容量:经常进行体育锻炼能使心肌中的毛细血管大量增生,心肌纤维变粗,使心肌肥大。这种增大称为锻炼性心脏肥大,或称为心肌营养性肥大。锻炼性心脏重量、容量以及心脏的直径增大,是心脏对剧烈的血液循环与大量输氧的形体性与功能性的适应。一般人心脏重量约为300克。锻炼员的心脏重量达到400～500克;一般人的心脏横径是11～12厘米,锻炼员的心脏横径可达13～15厘米;一般人的心脏容量是765～785毫升,锻炼员心脏容量可达1 015～1 027毫升。心脏锻炼性肥大的原因,是在锻炼时心肌经常进行强烈的收缩,同时由于血压升高,冠状动脉(供应心脏本身血液的血管)舒张,增加了冠状循环的血流量,使心脏的氧气和营养物质得到充分供应。例如:平时冠状动脉的血流量约占心输出总量的8%～10%。在锻炼时心输血量增加,冠状动脉的血流量随之增加,可达安静时的10倍左右。体育锻炼使心肌纤维变粗,心容积增大,收缩力加强,这些对维持心脏的高度功能有很大的作用。

(2) 体育锻炼能提高心脏的功能:体育锻炼能提高心肌的活动能力、心脏持久的工作能力以及对紧张工作的适应能力,对心脏病有防治作用。体育锻炼不仅能增强心脏的机能,而且对很多心血管疾病,如冠心病、心肌梗死、高血压、低血压、动脉硬化症等,能起防治作用。因为体育锻炼能使心肌兴奋性提高,心肌收缩力增强,冠状动脉扩张,血流改善,心肌能量利用增加,从而促进心肌代谢。对已患有心脏病的人,适当的锻炼,能起到改善心脏功能和进一步发展心脏功能的代偿作用。锻炼还有稳压降压的作用,并能提高高密度脂胆固醇的含量,缓解动脉硬化,并且能使血液中纤维溶解的蛋白酶的活动提高,减少血小板黏结能力,因而能减少冠状动脉血栓的形成等。故合理的锻炼,能防治心血管系统的疾病,已为世界各国医务界所公认。

2. 体育锻炼对血管的影响

血管是供血液流通的道路。在血液循环过程中,除心脏是一个动力外,还必须由血管联成循环路径来实现其功能。血管分动脉血管、静脉血管和毛细血管,它遍布全身。其基本功能是分配和输送血液到全身各组织,并通过组织使血液与组织细胞进行物质交换。

体育锻炼使血管壁肌层增厚,提高血管壁的弹性,增大管径,能改善微循环。

体育锻炼还可以防止动脉硬化。美国波士顿大学的科学家做了这样一个试验，将27只猴子分成三组，第一组吃普通食物，不锻炼；第二组吃高脂肪食物，也不锻炼；第三组也吃高脂肪食物，但定期进行适量的锻炼(每周跑三次，每次一小时)。三年后测定，结果发现第一组和第二组猴子的动脉血管中有60%的脂肪堆积，而第三组仅有15%的脂肪堆积。脂肪堆积是造成血管硬化的主要原因，可见经常进行体育锻炼能防止血管硬化。由于人体内有一种高密度脂蛋白，它担负着清洁任务，能够使已沉积在动脉管壁上的胆固醇逐渐消退。由于体育锻炼能使高密度脂蛋白浓度上升，使胆固醇降低，因而有防止动脉硬化的作用。

第二节　体育锻炼可促进个体心理健康

一、心理健康的标准

人们对心理健康的理解存在一定的差异，并且他们对心理健康的评价规范也受社会风俗习惯的影响，因此，心理健康标准也迥然不一。著名的美国心理学家马斯洛等人提出了10条心理健康的标准：

1. 有充分的安全感。
2. 充分了解自己，并能对自己的能力作出恰当的估计。
3. 生活目标、理想的确定切合实际。
4. 与现实环境保持接触。
5. 能保持个性的完整和谐。
6. 具有从经验中学习的能力。
7. 能保持良好的人际关系。
8. 适度的情绪控制和表达。
9. 在不违背集体利益的前提下，有限度地发展个性。
10. 在不违背道德规范的情况下，适当满足个人的基本需要。

我国心理学工作者刘协和(1993)也提出了5条心理健康的标准：

1. 没有心理异常；
2. 正常发育的智力；
3. 健全的人格；
4. 充沛的精力；

5. 丰富的情感生活。

综合国内外专家的观点，我们认为大学生心理健康的标准主要包括以下几个方面：

（一）智力正常

智力是人的各种能力的总和，包括观察力、记忆力、思维能力、想象力和实际操作能力，不仅是人进行生活、学习和工作的最基本的心理条件，也是一个人与周围环境取得动态平衡最重要的心理保证。智力正常的人才能有望取得成绩，并从中得到满足和快乐。

同样，智力正常者可挖掘潜能，充分实现自我。智力正常与否可通过智力测验来判定，若智商在60以下即属于智力低下。

（二）适当的情绪控制能力

人们的情绪是所有心理活动的背景条件和伴随其他心理过程的体验。正如体温可作为生理健康与否的标志之一，情绪也是反映人的心理健康与否的晴雨表。心理健康的大学生能经常保持愉快、开朗乐观、满足的心境，对生活和未来充满希望。虽然也有悲伤、哀愁等消极体验，但能主动调节，同时能适度地表达和控制情绪。

（三）对自己能作出恰当的评价

正确认识和客观评价自己，是对目前自我所处状态和环境、自我未来的发展方向有一个清醒的认识，摆正自我的位置，自信、自觉地发展自我。如果一个人没有发展目标，整天浑浑噩噩，或妄自尊大、好高骛远，或自轻自贱、悲观厌世，自然不能算心理健康。

（四）能保持良好的人际关系

人际关系最能体现和反映人的心理健康状况。心理健康的学生乐于与他人交往，能用尊重、信任、友爱、宽容、理解的态度与人相处，能接受、给予爱和友谊，与集体保持协调的关系，能与他人同心协力，合作共事，乐于助人。

（五）心理行为符合年龄特征

在人的生命发展的不同年龄阶段，都有相应的心理行为表现。心理健康的人，其认识、情感、言行、举止都符合他所处的年龄段。心理健康的大学生应该是精力充沛、勤学好问、反应敏捷、喜欢探索的。过于老成、过于幼稚、过于依赖等都是心理不健康的表现。

二、体育锻炼对心理健康的积极影响

（一）改善情绪状态

情绪状态是衡量体育锻炼对心理健康影响的最主要的指标。人生活在错综复杂的社会中，经常会产生忧愁、紧张、压抑等情绪反应，体育锻炼则可以转移个体不愉快的意识、情绪和行为，使人从烦恼和痛苦中摆脱出来。大学生常因名目繁多的考试、相互间的竞争以及对未来工作分配的担忧而产生持续的焦虑反应，经常参与体育锻炼可使自己的焦虑反应降低。

（二）提高智力水平

经常参加体育锻炼可以提高自己的智力水平，不仅使锻炼者的注意力、记忆、反应、思维和想象力等能力得到提高；还可以使其情绪稳定、性格开朗、疲劳感下降，这些非智力成分对人的智力具有促进作用。

（三）确立良好的自我概念

自我概念是个体主观上对自己的身体、思想和情感等的整体评价，它是由许许多多的自我认识所组成的，包括“我是什么人”“我主张什么”“我喜欢什么”“我不喜欢什么”，等等。由于坚持体育锻炼可使体格强健、精力充沛，因而体育锻炼对于改善人的身体表象和身体自尊至关重要。

身体表象是指头脑中形成的身体图像。身体表象障碍在正常人群中是普遍存在的，据相关报告显示，54％的大学生对他们的体重不甚满意。与男性相比，女性倾向于高估她们的身高和低估她们的体重，而且，身体肥胖的个体更可能出现身体表象和身体自尊方面的障碍。身体自尊主要包括一个人对自己运动能力的评价，对自己身体外貌（吸引力）的评价，以及对自己身体的抵抗力和健康状况的评价。身体表象和身体自尊与整体自我概念有关（见图 5-1），无论男性还是女性，对身体表象的不满会使个体自尊变低（自尊指自我概念的积极程度），并产生不安全感和抑郁症状。有研究表明，肌肉力量与身体自尊、情绪稳定性、外向性格和自信心呈正相关，并且加强力量训练会使个体的自我概念显著增强。

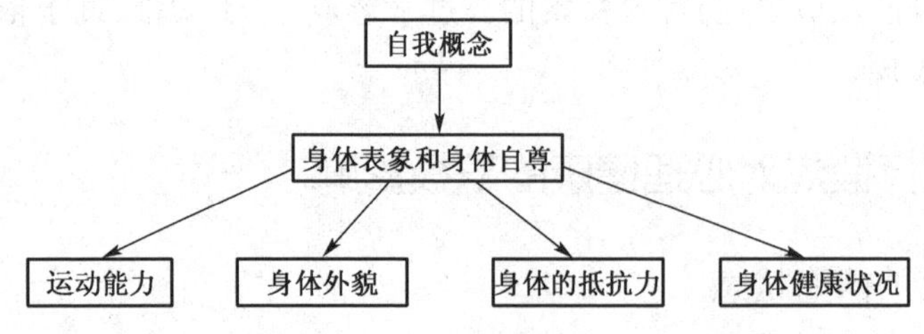

图 5-1　身体表象和身体自尊与整体自我概念的关系

(四) 培养坚强的意志品质

意志品质指一个人的果断性、坚韧性、自制力以及勇敢顽强和主动独立的精神，意志品质既是在克服困难的过程中表现出来的，又是在克服困难的过程中培养起来的。在体育锻炼中要不断克服客观困难(如气候条件的变化、动作的难度或意外的障碍等)和主观困难(如胆怯和畏惧心理、疲劳和运动损伤等)，锻炼者越能努力克服主客观方面的困难，也就越能培养良好的意志品质。从锻炼中培养起来的坚强意志品质能够迁移到日常的学习、生活和工作中去。

(五) 消除疲劳

疲劳是一种综合性症状，与人的生理和心理因素有关，当一个人的情绪消极，或任务超出个人能力时，生理和心理都会很快地产生疲劳。大学生持续紧张的学习压力极易造成身心疲劳和神经衰弱，保持良好的情绪状态和参加中等强度的体育锻炼则可以使他们身心得到放松。

(六) 治疗心理疾病

体育锻炼被公认为是一种心理治疗方法。美国的一项调查显示，在抽查的1 750名心理医生中，80%的人认为体育锻炼是治疗抑郁症的有效手段之一，60%的人认为应将体育锻炼作为一种治疗方法来消除焦虑症。在大学生中，有不少人由于学习和其他方面的挫折而产生焦虑症和抑郁症，通过体育锻炼可以减缓或消除这些心理疾病。

三、决定体育锻炼产生良好心理效应的因素

决定体育锻炼产生良好心理效应的因素很多，主要有以下几点：

1. 喜爱体育锻炼并从中获得乐趣

这是体育锻炼产生良好心理效应的最重要因素，如果不喜爱或者不能从中获得乐趣，就不可能产生满足感和良好的情绪体验。

2. 体育锻炼应以有氧活动为主，避免激烈的竞争

有氧活动包括散步、跑步、游泳、骑自行车、跳绳、健美操等。当然，对于年轻人或大学生来说，从事自己所喜欢的球类运动也是很有益的。

3. 运动量应以中等强度为宜

研究表明，在体育锻炼过程中，心率最好控制在60％～80％之间，每次活动时间不少于20～30分钟，每周3次或3次以上，这样才有利于心理健康。

4. 持之以恒地进行体育锻炼

体育锻炼对心理健康的积极效应只有在有规律的锻炼的基础上才能显示出来。有人在查阅了80篇研究报告后指出，随着身体练习总时间的增加，体育锻炼所产生的良好心理效应就会随之得到增强。

第三节　体育锻炼可促进个体社会健康

一、社会健康的概念与标准

社会健康也称社会适应，是指个体与他人及社会环境相互作用、具有良好的人际关系和实现社会角色的能力。有此能力的个体在交往中有自信感和安全感，与人友好相处，心情舒畅，少生烦恼，他知道如何结交朋友、维持友谊，知道如何帮助他人和求助他人，能聆听他人意见、表达自己思想，能以负责的态度行事并在社会中找到自己合适的位置。

社会健康不像生理健康那样有客观的评价标准，但也有主观的评价方法。综合国内外的一些研究成果，可以从以下几个方面对一个人的社会健康状况做出评价：

1. 能接受与他人的差异。
2. 与家庭成员和睦相处。
3. 有1到2个亲密的朋友。
4. 共同工作时,能接受他人的思想与建议。
5. 能与同性、异性交朋友。
6. 当自己的意见与多数人的意见不同时,能保留意见,继续工作。
7. 主动与人交往,有稳定而广泛的人际关系。
8. 交往中客观评价他人,取人之长,补己之短。

社会健康水平低的个体与他人交流时往往只倾诉自己的不满,没有耐心听取他人的劝告或建议,拒绝从另一角度考虑问题。也有社会健康水平低的个体,其行为指向内部,如避免与他人接触、具有社交焦虑情绪等。

二、社会健康对身心健康的影响

社会健康水平低会对人的身心健康产生消极的影响。社会健康水平低的人常因人际关系的矛盾而产生心理上的烦恼,并持续地出现焦虑、压抑、愤怒等不良情绪反应,而不良的情绪反应可使人的免疫能力下降,进而使生理疾病发生的可能性大大增加。我国著名的医学心理学家丁瓒教授说:“人类的心理适应,最主要的就是对于人际关系的适应,所以人类的心理病态,主要是由于人际关系的失调而来。”另外,研究表明,交际越广泛,寿命也越长。在美国,有一项调查对6 900名成人进行了为期9年的观察,结果发现,社会交往少的人死亡比例大(占总人数的30.8%),而社会交往多者的死亡率只有9.6%。调查结果还表明,社会交往频繁与否,对男子死亡率的影响要比女子大。

因此,为了保持身心健康,人们既需要营养、体育锻炼、休息和其他生理方面的满足,也需要安全、友谊、爱情、亲情、支持、了解、归属和尊重等通过人际关系所获得的心理方面的满足。从一定意义上讲,良好的人际关系是人的生命所需的非常宝贵的滋补剂,善与人相处是一个人诸多能力中最重要的、不可缺少的能力之一。因此,为了学习进步、为了家庭幸福、为了事业成功、为了健康长寿,应该努力培养和提高与人相处的能力。

三、体育锻炼对促进社会健康的作用

体育锻炼对于提高人的社会健康水平具有重要的促进作用,这是由体育活动的社会特性所决定的。人在体育锻炼时，既有交往与合作，又存在相互竞争的现象。这种在体育锻炼过程中形成的交往、合作和竞争的意识和行为会迁移到日常的生活、学习和工作中去。

（一）体育锻炼有助于人际交往

人际交往是指在社会活动中人与人之间进行信息交流和情感沟通的联系过程。体育锻炼能增加人与人接触和交往的机会。通过参与体育活动，你可以忘却烦恼和痛苦，消除孤独感，并逐渐形成与人交往的意识和习惯。有研究表明，外向性格者比内向性格者的社会交往需要更强烈，这种社交需要通过集体性的体育活动得到满足。性格内向者更应该参与集体性的体育活动，使个性逐步得到改变。

研究表明，个体坚持体育锻炼的一个重要原因是为了与他人交往或参与群体活动。

布拉尼（Brawley）认为个体参与群体活动可增加群体认同感、社会强化、刺激性及参与活动的机会。参与体育活动者要比中途退出者更能与他人形成亲密的关系。

女性坚持体育锻炼似乎更与体育活动的社会特性有关。美国有一项研究显示，62%的女性喜欢与朋友一起进行锻炼，而男性只有26%。25%的女性和18%的男性认为，与同伴一起练习是自己坚持体育锻炼重要原因之一。斯蒂芬（Stephen）等人研究指出，在他们所调查的加拿大被试者中，18%的女性和12%的男性认为，不与他人一起练习就会阻碍自己继续参加活动。此外，35%的女性和24%的男性将社会交往看成是坚持体育锻炼的重要原因。

一些研究认为，青少年参与运动的程度与家庭成员、好朋友的参与运动程度紧密相关；好朋友比家庭成员更能影响青少年参与运动的程度；对个体参与运动程度而言，同性别家庭成员要比异性成员更能影响青少年的运动参与程度；家庭、好朋友喜欢体育锻炼的青少年更易形成朋友支持网络，并形成良好的人际关系。

由此可见，体育锻炼不仅能促进人的社会交往活动，而且体育活动的社会交往特性又会吸引人参与和坚持体育锻炼。

（二）体育锻炼有助于培养合作精神

合作是建立在团体成员对团体目标的认识相同的基础上的。在合作的社会情景中，个人所得有助于团体所得。合作的优越性体现在个人与他人一起工作时所获得的社会效益，如增加交流、相互信任等。在一些相互依赖性的任务（如篮球运动等）中，合作会使活动变得更为有效，因为团体要获得成功，团体成员就必须相互协作、共同努力。

现代社会需要合作精神，一个人的力量微不足道，一个人要想在社会中取得成功和成就，就需要与他人合作，需要得到他人的帮助，孤军奋战，难成大业。

合作能力既是体育活动参与者必备的素质，也是通过体育活动需要发展的一种能力。从事体育活动，特别是从事集体性的体育活动，需要你与他人通力合作，这不但能使集体的目标得以实现，而且个人的作用也能充分地得到发挥。经常性参与体育活动，特别是参与集体性的体育活动，有助于加强合作意识、培养团队精神。

（三）体育锻炼有助于形成竞争意识

竞争是指为了自己的利益和需要而同他人争胜的行为。在竞争的社会情景中，一方的得益会引起另一方利益的损失，而且个人对个体目标的追求程度高于对集体目标的追求程度。一般而言，在独立性的任务中，竞争有优越性，因为在这样的任务中，对成员间相互协作的要求不是很高，个体的活动目标不是击败他人，而是指向任务的成功。现代社会竞争日趋激烈，努力培养竞争意识和能力有助于个人在走出校门后能更好地适应社会。竞争是体育运动的主要特性之一，在体育运动过程中，时时处处都充斥着竞争，既有对自己运动能力的挑战，也有与他人的争胜；既有人与人之间的竞争，也有团体与团体之间的竞争。需注意的是，在运动中与他人竞争时，要有良好的体育道德，打败对手主要是靠自己的能力，而不是不择手段地通过伤害他人来达到目的，要通过竞争来培养自己积极进取、顽强拼搏的精神。

第六章 体育锻炼的卫生保健

第一节 体育锻炼的卫生常识

一、体育锻炼前的卫生常识

（一）选择适当的锻炼环境

1. 在户外进行体育活动时

在户外进行体育活动时，尽可能选择环境优雅、空气新鲜且又安全的地方。室外进行篮、排、网球活动时，应该选择平坦、结实，没有石块、树枝、铁钉、玻璃等杂物的，较为干净、无浮土的场地。足球场最好是草坪的，田径场应选择平整、结实而富有弹性，并保持一定的干湿度的跑道。

2. 在室内进行体育活动时

在室内进行体育活动时，应选择有完好的通风和照明设施的室内，并经常开窗通风换气、保持清洁卫生。无论在室内或室外进行锻炼，运动器材的安装都要牢固、美观合理，运动场周围应保持一定空余区域，没有障碍物。

3. 游泳健身时

应该选择在正规的、有安全保障的游泳场所进行。在天然水域游泳，必须先做好调查工作，要查清水质、水深、流速、水底、水中生物等情况；在海滨游泳时，要注意海浪和涨潮、落潮情况，还要注意有无伤害人的鱼类；在游泳池游泳时，要注意池边标注的深、浅水区域，注意池水的透明度是否达到水静止时任何地方都可看到池底，以便救生员或教练员能看到练习者在水中的情景。再者，应根据运动项目自身的特点，选择有利于该运动开展、适于提高运动情绪和锻炼效果的合适环境。

（二）选择适当的锻炼时间

每天参加适当的体育活动，是为了使人们能够持续保持良好的身体和精神状态。因此，体育锻炼时间的选择，要根据个人的工作、学习、作息、饮食等情况统筹考虑，科学安排。根据人们正常的作息习惯和生理特点，一般运动的时间段如下：

早晨时间段：晨起～早餐前

上午时间段：早餐后两小时～午餐前

下午时间段：午餐后两小时～晚餐前

晚间时间段：晚餐后两小时～睡前

以上各时间段都有其特点及不利点，例如早晨时间段，人体进行激烈运动时，可促使交感神经兴奋起来，这种急速变化可使机体产生一系列的变化并影响全天精神状态，对健康有害。另外这个时间内血糖正处于低水平，运动会消耗大量的血糖，容易导致低血糖症状发生。而在下午时间段运动时，则又受上班、工作、家务等客观方面的影响，况且，夏季里这些时间段最热。因此也应按实际情况进行安排。现代运动生理学的研究表明，人体体力的最高点和最低点受机体“生物钟”的控制，一般在傍晚达到高峰。比如，最大摄氧量的极点在下午6时，心脏跳动和血压的调节以下午5～6时最为平衡，而机体嗅觉、触觉、视觉等也在下午5～7时最敏感。因此，傍晚锻炼的效果较好。另外，人体在下午4～7时体内激素调整和酶的活性也处于良好状态，机体适应能力和神经的敏感性也最好。所以，专家们提倡在傍晚锻炼，但在晚间时间段内，如进行高强度运动时，也会使交感神经兴奋，会妨碍入睡等。因此选择哪个时间段进行何种运动项目，以每个人的具体情况及生活习惯等进行合理安排为宜。

（三）选择适当的锻炼情绪

体育锻炼内容的选择和安排还应该考虑情绪和心境两个因素。体育锻炼本身强调身心的和谐统一。在身体活动的同时，使心理获得最大的满足。在欠佳的情绪状态下进行体育锻炼，特别是参加对抗性的体育运动，有时还会对自己和他人造成负面的影响，甚至成为破坏团结的隐患。如在情绪表现较为激动、易怒的情况下，最好远离那些对抗性、接触性较强的运动项目，如篮球、足球、拳击、搏击健身等。此时，最好进行一些较为轻松愉快的、容易平抑情绪的活动内容。在情绪表现较为沮丧、冷漠时，应该选择一些生动活泼，娱乐性、群体性强的体育活动，如登山、

远足、野营等，这样可使人的情绪提高、精神振奋，以缓解不良的情绪，愉悦心情。

（四）选择适当的锻炼项目

选择适当的锻炼项目，首先要考虑安全问题。既要避免到喧闹、噪声较大、交通拥挤的地方去锻炼，也不要到自己不熟悉、人迹稀少的地方去锻炼。最好选择户外环境优雅、空气新鲜且又安全的地方进行锻炼，其次，应根据运动项目的自身特点，选择有利于该运动开展、适于提高运动情绪和锻炼效果的合适环境。

1. 跑可选择在地面平整的操场、公园、河边的人行道进行。如果不得已要到公路上跑步的话，也要找人车稀少的时段，靠人行道右边进行，最好身着鲜艳醒目的服装，避免穿越公路时发生交通事故。

2. 从事自行车、远足等运动，目的地最好选择在自然景点，行动路线尽量选择自然景色美、树木较多、地面较平坦的地段。

3. 体操、武术、气功等运动，可在空气新鲜、环境优美、噪声小的公园空地、树林、河边以及家庭庭院里进行。

4. 跳绳、踢毽、羽毛球等运动可选择在地势平坦的空地上进行。

5. 艺术体操、健美操、游戏等可选择在草地上进行。

选择体育环境锻炼，还要注意不同季节气候条件的变化。夏天天气炎热，阳光中的紫外线强烈，要避免长时间在户外阳光直射的地方运动，以免对身体造成伤害或中暑；冬季早晨有雾，能见度低，且雾中带有有害物质会给锻炼者带来不利影响，所以要避免在雾中运动。为了使身体锻炼活动顺利开展，并能安全进行，我们必须选择合适的环境，让体育锻炼收到理想的效果。

二、体育锻炼中的卫生常识

（一）积极的思想

体育锻炼中发生的损伤很多是锻炼者思想上大意造成的。有的练习者对体育运动中可能出现的损伤认识不足，没有做好充分的思想准备，以致造成不必要的安全事故。实际上，只要我们在参加体育活动前，加强安全教育，采取积极的预防措施，运动中的损伤是可以减少甚至避免的。思想上的重视，是预防运动损伤的重要一环。除了教师的因素，学生的因素也占一定的比例，学生认真学习教师传授的知识和技能，克服种种情绪因素的影响，量力而行，积极完成技术动作，就能减少锻炼中的运动损伤。当然，课外也应当主动学习运动卫生及安全的有关理论知识，提高在运动中的安全防护意识。

（二）积极的热身

在体育锻炼中，不少运动损伤都是由于准备不足造成的，因此，认真做好准备活动是十分必要的。准备活动一般采用快走、慢跑及原地连续性徒手体操等全身性活动的形式。这些活动能使四肢关节活动度加强，有助于一般性运动能力得到提高。在此活动之后，最好再做一些与主项运动内容有关的模仿练习动作，这样可促使大脑皮质中的运动中枢兴奋性达到适宜水平，身体状态做好充分的准备，从而提高运动效果。准备活动持续时间的长短、强度的大小，应根据运动者年龄、身体情况、训练水平而有所差异。在夏季时，准备活动就不要练得太久，以免引起疲劳。与正式运动之间有1～3分钟的间隔较为适宜，也可不休息直接进行锻炼，切忌准备活动后休息时间过长而失去作用。准备活动也不应该是千篇一律，应根据天气情况和运动项目的难易而定，一般夏季或技术动作简单的项目，时间可以短些，量可以小一些；冬季或技术复杂的项目活动时间应长些，量也要大一些。总之，只有准备活动充分，才能提高动作的协调性和身体的灵敏反应，防止运动损伤的发生。

（三）正确的技术动作

我们在体育活动中常看到有的同学在没有掌握动作要领、没有形成自动化动作时，就产生了动作的“冲动”，从而导致安全事故。斯特伯格认为“我们的意识可以在身体动作执行以前预见到它”，但必须在动作熟练之后，在“我们的意识首先接触到刺激，然后接触到对于动作过程的知觉。这种动作感觉逐渐与印象产生联想，以后印象就能在活动之前唤起动作感觉的再现”之后。所以我们的教学就应该让学生掌握这种过程，在这种心理成熟之后，再让学生实地操纵，提高学生运动的预判性。

（四）和谐的对抗

为了提高体育运动的乐趣，生活中人们往往采用游戏对抗或模仿竞赛的方法来检验自身的运动能力，以及从中感受体育的对抗性和娱乐功能。因为比赛性游戏中大多有明显的身体对抗，由于情绪的因素或技术上的误差常常导致运动损伤的发生。为了强调对抗游戏的公平竞争，通常的运动项目都以它的竞赛规则和要求来做保障,使得比赛顺利进行。所以我们在提高自我保护能力的同时,还应当注意对抗性游戏项目规则的严肃性。

三、体育锻炼后的卫生常识

(一) 整理活动

运动锻炼后的整理活动是加速代谢产物的清除、加快体力恢复及防止运动锻炼后昏厥,甚至是预防死亡事故发生的重要措施,因而要认真对待整理活动,不可不做。一般人都会有这样的体验:当急速地停止激烈的运动时,会产生恶心呕吐、头晕眼花等症状,或产生严重的疲劳感。其原因主要是运动中持续亢奋的机体生理功能不可能一下子恢复到正常水准,而是需要一段时间。突然停止运动时,各器官功能间失去平衡,特别是自主神经功能就会紊乱,所以会产生上述症状。国外有这样一个实验:让 100 名健康男子在活动平板上做极限强度运动,完成规定运动后一下跑台就让他们站立不动,结果当即就有 17 人昏倒在地。这是因为,在剧烈运动时,大部分血液集中到下肢,骤然停止运动时,下肢肌肉中会有大量血液淤滞,也就是说,大量血液没有回到心脏参加循环,导致了心脏和大脑暂时性缺血,即发生"重力性休克"的一系列症状。为了预防这种不良症状的发生,应当注意在剧烈运动后不可立即进入安静状态,而要继续进行一段时间的轻量运动,使亢进的功能逐渐恢复到基础水准。这种在高强度运动之后的轻量运动,称为整理体操或整理活动,通常可采用以下几种整理活动进行运动后调整:(1) 1~2 分钟的缓步慢跑或步行;(2) 下肢的柔软体操和全身的伸展体操;(3) 上肢肌肉群的按摩(特别要针对运动后容易痉挛的肌肉群)或自我抖动肌肉的放松动作。

(二) 水浴和洗澡

在运动后进行淋浴,可使身心放松,尽快消除疲劳。特别是在大量出汗后,沐浴更是必要的。洗澡不仅可以清洁皮肤,还可促进血液循环,加速体内废物的排出和促进疲劳的消除。洗澡有如下几方面作用:(1) 促进皮肤和肌肉的血液循环;(2) 镇痛;(3) 加强新陈代谢;(4) 使肌肉放松,肌张力下降;(5) 可消除精神紧张,解除疲劳。

但是,剧烈运动后立即进行冷水或热水浴的做法是应该慎用的。一方面,在运动后的较长一段时间内,皮肤血管一直处于显著的扩张状态,皮肤血流量比较多,

此时机体血压比较低。在这种状况下，若用冷水冲浴，可引起皮肤血管急剧收缩，进而导致血压升高，给心血管系统增加负担，有一定危险性。另一方面，立即用热水沐浴，会对人体起刺激作用，导致皮肤血管进一步扩张，使血压降低，严重时可以引起脑缺血，因而也是不利于健康的。所以，运动后不要马上洗热水澡，而应该在运动后心率恢复稳定、发汗停止后洗澡；水温以微热为好，特别是老年人及血压高的人更应注意水温。池浴比沐浴的效果更好，因为能使身心放松的效果更为显著，无条件时可在家里简单擦一擦，但要注意保暖，防止感冒。水浴的温度有如下几种：热水浴 42℃～45℃；温水浴 36℃～39℃；低温浴 15℃～20℃；冷水浴 20℃以下。

（三）睡眠

睡眠是消除疲劳最有效的方法之一。睡眠不足，会加重疲劳的积累，延缓身体的恢复，甚至次日运动时发生事故。因此，每个参加运动的人都应注意提高睡眠的质量，促进疲劳的消除和体力恢复。更重要的是，按时睡眠，养成良好习惯，并保证有 7～8 小时的睡眠时间。

（四）饮食营养

我们通常吃的食物有淀粉类（糖）、脂肪和蛋白质三大类，每个追求健康者都应科学饮食。营养不良和营养过剩，均不利于健康。在运动之后，饮食和营养更应注意搭配与调整，特别是大运动量后的水分补充。水分是维持生命最重要的营养元素，水约占人体体重的 60%。体内水分最重要的功能是为各组织运送氧气和养分，运走代谢中产生的废物，调节体温，并维持正常的心血管功能，在运动或进行体力活动后，人体代谢消耗的能量与休息时比较，可增加 5～20 倍，体内产生大量的“热”，为了散热就会出汗。大量出汗会使体内水分和电解质流失，要及时补充。否则就会影响正常的生理功能和健康。体内缺水、缺糖、缺盐也可称为“体渴”，所谓“体渴”，就是身体对水分、糖分、盐分产生渴求时的一种状态，体渴不及时解决会导致脱水，当出汗量达到体重的 1%～2% 时，即会损害体力、运动能力和认知能力。夏季运动每小时出汗 1～1.5 公升是很常见的。

人在感到口渴时，往往已经发生轻度的脱水。所以我们不能等到口渴时才喝水，尤其在运动训练或比赛时，人对口渴的敏感性降低，不及时补水，可能会发展为严重的脱水。国外研究报告表明，靠主动自发的饮水要求来补充运动中汗液丢失，

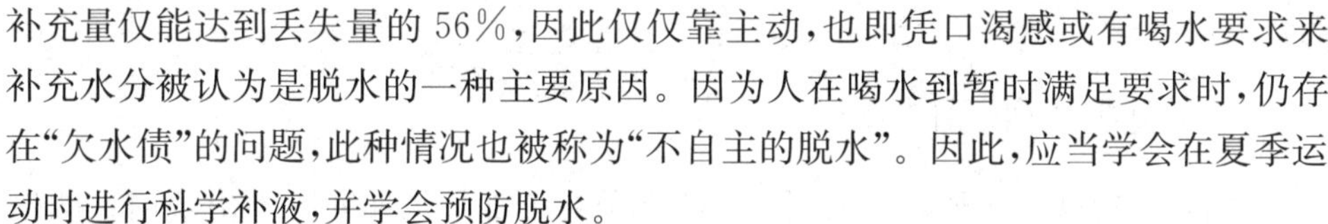

补充量仅能达到丢失量的 56%，因此仅仅靠主动，也即凭口渴感或有喝水要求来补充水分被认为是脱水的一种主要原因。因为人在喝水到暂时满足要求时，仍存在“欠水债”的问题，此种情况也被称为“不自主的脱水”。因此，应当学会在夏季运动时进行科学补液，并学会预防脱水。

四、女生体育卫生

女生经常参加体育锻炼，不仅可以促进生长发育，增进健康，提高各器官、系统的功能水平，使之能更好地胜任对身体要求较高的工作，还可以使身体各部的肌肉得到均衡的发展。女生在解剖生理方面与男生有许多差异。因此，在体育锻炼时应考虑到其特点，合理地安排，才能达到预期的效果。

（一）女子身体发育的特点

女子一生可分为六个时期，即新生儿期（从初生～1 岁）、幼儿期（2～3 岁）、青春期（10～20 岁）、生育期（18～48 岁）、更年期（45～55 岁）及老年期（60 岁以上）。

青春期以前，男女形态指标差异不大，多数指标男略大于女。女子进入青春期的时间一般比男子早两年，结束也早两年。11～12 岁女子的多数指标超过男子。13 岁后，男子开始迅速发育，其身高、体重、肌肉力量和运动能力等又超过同龄女孩。此后，女子除骨盆较宽、坐高和大腿围较大，皮下脂肪较多，体重占身高比例较大外，其余多项形态、机能指标均落后于同龄男子。这种性别差异在 18 岁以后更加突出。

在体形方面，女子肩胸部较窄，臂肌肉力量弱。女子体型为上窄下宽，不易承受较大重力。但骨盆较宽，躯干相对较长，下肢短，所以女子重心较低，稳定性高，有利保持平衡，对进行艺术体操、高低杠、平衡木、自由体操、滑冰、花样滑冰等要求下肢支撑平衡能力较高的运动项目有利。由于女子下肢短、步幅小、易出现疲劳，对跳跃及速度的发挥不利。

女子全身脂肪约占体重的 28%（男子约占 18%），女子皮下脂肪较多，且多集在臀部和下肢，使体态显得丰满，并且有较好的保温作用，有利于进行游泳、滑冰和滑雪等运动。女子皮下脂肪虽厚，但下腹部对寒冷刺激很敏感，故在寒冷季节锻炼及月经期要注意下腹部的保暖。

女子在青春发育期间，每月均有一次月经，同时伴有局部和全身性变化。在进行体育锻炼时，应注意区别对待和向她们介绍女子的生理卫生知识，使其提高锻炼

的自觉性与科学性。

（二）女生体育卫生要求

青春期发育后，女子月经来潮。一般女子在正常月经期间并不出现明显的生理机能变化，例如血液循环、呼吸、代谢、肌力等。因此，无理由禁止她们在月经期参加一些健身活动，如早操、散步、郊游等不太剧烈的体育活动。但是，在进行体育教学和运动训练时，应根据女子身体的解剖生理特点，予以区别对待。

1. 女生的一般体育卫生要求

（1）大学体育教学课，男女生应分组教学，体育锻炼标准女生低于男生。由于女生肌肉力量较差，因而使用的运动器械如铁饼、标枪、铅球等要比男生轻；因女生心肺功能较差，故运动量要小。女生肩窄，臂力弱，做悬垂、支撑、摆动动作较困难，应注意发展上肢力量；从高处落下时，地面要铺一定厚度的有弹性的垫子，以免身体受到过分震动，影响骨盆的正常发育；多做些仰卧起坐、踢腿等练习，以增强腹肌和盆底肌的力量，避免在跑、跳练习中因剧烈的震动而引起子宫位置的改变。

（2）根据女生的体形、心理、生理等特点，如身体重心低、平衡能力强、柔韧性好等特点，适宜进行艺术体操、平衡木、高低杠、自由体操、健美操、滑冰、花样滑冰、轮滑等项目。又如女生肩窄、体内脂肪贮存较多，优点是阻力小、浮力好、耐冷，热能供给较充足，故在长距离游泳项目方面占优势。因此，应在有条件的地区和季节上游泳课，游泳项目的开展对女生心肺功能的提高有很大的促进作用。另外，在体育教学与运动训练中，应注意有目的、有步骤地加强肩带肌、腰背肌、腹肌和盆底肌的力量练习。平时要启发和引导她们参加体育锻炼的自觉性和积极性，通过体育活动，不仅可提高她们的身体素质，还可促进身体正常发育和机能能力的提高，并对她们今后参加工作，体育运动成绩的提高均有很大帮助。

2. 女生月经期的体育卫生要求

女子月经属正常的生理现象，应鼓励她们在月经期参加一些力所能及的体育活动，像散步、郊游等，可调节大脑皮层的兴奋与抑制过程，改善盆腔的血液循环，并可使腹肌和盆底肌进行轻度收缩与放松，有利于月经排出，减轻腹部不适感。但是，月经期子宫内膜脱落、出血、加之生殖器官抗菌力弱会导致感染，全身神经体液方面也有较大的变化，故应注意下列卫生要求。

（1）适当减少运动量和运动时间，特别是月经初潮的女生，由于她们的月经周期尚不稳定，要循序渐进，区别对待，逐步养成经期锻炼的习惯。特别是月经第 1、

2 天内应减少运动量和运动时间。

(2) 月经期要避免过冷、过热的刺激，如冷水浴和阳光下曝晒等，特别是下腹部不要着凉，以免引起卵巢功能紊乱而导致月经失调和痛经的发生。

(3) 月经期不宜游泳，以免病菌侵入内生殖器引起炎症。

(4) 月经期不宜从事剧烈运动，尤其是震动强烈、腹压过大的运动和后蹬跑，高抬腿跑、跳跃、打球、投篮动作和力量性练习等，以免子宫异位和经血过多。

(5) 有痛经和月经紊乱的女生，月经期不宜进行体育活动，应积极治疗。

第二节　体育锻炼的自我医务监督

一、身体适应性诊断与处置

在锻炼的过程中，由于每个人的身体情况、学习负担及机体承受能力存在差异，因此当运动负荷超越身体承受能力时，就会产生由身体不适应而引起的不良反应。为了免于出现伤病而使身体健康受损，有必要通过自身感觉和对客观指标的检查，得出反映身体状况的客观材料和数据，以判定运动负荷与自身承受力之间的合理界限，并最终达到正确指导体育锻炼的目的。

(一) 日常精神情绪变化

影响精神情绪变化的因素有很多，既有生理原因又受社会制约。但鉴于由它反映的生理过程，都与机体的健康有着密切的联系，因此，就保证运动适度和维护身体健康的意义而言，有必要向大家提供一种既简便又实用的评定方法。

1. 一般精神感觉

一般精神感觉是指体内感觉信息的一种表现方式，它由体育运动产生的负荷刺激所引起。通常认为，当运动负荷适宜时，人的精神感觉总是良好的，它表现为体力充沛、活泼愉快及精神饱满。如果身体患病或锻炼过度，则会出现身体软弱无力、倦怠或容易激动、精神萎靡不振等不良反应。必须指出，当把各种精神感觉作为评价体育锻炼是否适度的指标时，还应考虑日常学习与生活中出现的其他因素。如学习顺利、考试成绩优秀时，也可能导致精神异常兴奋，使之造成虽身体状况不佳，但感觉仍十分良好的感觉。而与此相反，由不愉快因素造成的原因，即使身体的感觉不良，只要机体状况正常，也不见得会出现什么问题。

2. 参加锻炼的愿望

锻炼愿望和精神情绪是密切相关的，有无参加锻炼的愿望，是衡量日常状态是否健康的重要标志。因此，当一个心情愉快、乐意参加体育锻炼的人，一旦对体育运动不感兴趣，且表示冷淡厌倦时，就应该考虑这是否是锻炼方法不当，或疲劳未及时消除而引起的，有时甚至可能是锻炼过度的一种早期征象。当然，由其他诸如身体疾病、学习负担过重、生活作息不规律、营养补充不充分等因素造成的锻炼积极性下降也是不容忽视的，但这些可作为附加因素考虑，在自我监督日记备注栏中标明。通常情况下，根据个人参加体育锻炼的愿望，分别用“对锻炼有积极愿望”“有一般锻炼愿望”“不想参加体育锻炼”“冷淡或厌倦”等文字记录。

（二）日常睡眠食欲情况

睡眠被认为是恢复体力的最佳方式。实践证明，即使极短暂的睡眠，对机体也会产生良好的影响。因此，对睡眠情况的诊断，可以帮助确定体育锻炼的合理性程度，并有利于检查身体健康与体力恢复的状况。

1. 睡眠情况的诊断

为了保证机体的健康发育与生长，每天应有8～9小时的睡眠时间。正常睡眠的表现是入睡快、睡得沉、少梦或无梦、晨起后身体感觉爽快、精神振奋且体力充沛。通常认为，合理的体育锻炼和生活作息能改善睡眠状态。但只要身体状况稍有变化，正常睡眠又极易受到影响。因此，睡眠作为一种身体适应性诊断指标，可以为正确选用体育锻炼方法，合理安排运动负荷及判断身体疾病提供依据。譬如，在体育锻炼之后，出现嗜睡、易醒、失眠、多梦或入睡迟等现象，以及晨起感到头晕或精神疲惫，即表明正常睡眠状态已受到破坏。

2. 食欲变化的诊断

食欲是反映机体状况十分敏感的一项适应性诊断指标。体育锻炼不正常、身体不适或睡眠不足，均可在食欲上反映出来。如果体育锻炼过度，使身体健康状况受到影响，不仅食欲会减退，甚至还容易出现口渴现象，但这必须和锻炼刚结束产生的暂时性食欲减退有所区别。通常认为，早晨的食欲感觉特别重要，若睡醒后，30～45分钟就有进食的欲望，表明身体状况良好；如果起床后2～3小时仍无进食要求，则被认为是一种不正常现象。

（三）体重增减规律

体重作为人体肌肉发育和营养状况的客观指标，受年龄、性别、生活条件和体育锻炼等各种因素的影响。合理的体育锻炼能使体重保持在相应水平，并促进体质增强。如果锻炼违反客观规律，不注意合理安排运动负荷，可能会越练越瘦。因此，了解体重增减的变化规律，掌握正确测定体重的方法，将有助于体育锻炼过程的自我监督。

1. 体重增减的变化规律

每次体育锻炼之后，由于机体多余水分和脂肪的消耗，体重常略有下降，特别是初锻炼者和身体较为肥胖的人，这种现象尤为明显。有时运动强度越大，锻炼持续时间越长，体重下降的趋势也会随之增加。因此，在合理范围内的体重下降是一种正常现象。通常认为，开始运动时体重下降持续 3～4 周，体重下降范围为 2～3 千克，基本比例应控制在自身总重量的 3%～4%。在之后的 5～6 周，体重处于相对稳定状态。随着体育锻炼继续进行，由机体内部产生的一系列适应性变化，还会使骨的长度和直径增长、变粗，骨密质增厚，肌肉肥大，肌腱和韧带的抵抗力增强，从而形成体脂比例减少，瘦体重却相应增加的合理体重结构。

2. 体重检查的注意事项

测量体重，最好在清晨起床或午饭前空腹时进行。刚开始参加体育锻炼的人，最好每周测一次。以后随着锻炼时间的延长及运动负荷的增加，每周可测 2 次。若有条件者，体育锻炼开始之前和结束时，都应测量体重，以便做更精确的比较。特别当锻炼负荷较大时，由于能量消耗较多，就更有必要随时测定锻炼后的体重，以便通过体重变化，达到判断运动负荷适宜程度、避免锻炼过度的目的。

（四）日常心率检查

心率随年龄、性别、身体姿势和体质强弱不同而有明显的差异，健康成年人安静时每分钟心率的变动范围在 60～100 次，平均为 70～75 次。

1. 基础脉搏的测定诊断

基础脉搏是指清晨起床前的卧位脉率。由于基础脉搏所具有的相对稳定性（平均 65～70 次/分钟），故在自我监督中，常以此作为评定锻炼水平和身体功能状况的客观指标。通常认为，经体育锻炼后，基础脉搏稳定或逐渐下降，说明机体机

能状态良好，对运动量适应。但负荷逐渐加大之后，机体往往会有一个逐步适应的过程，此时的基础脉搏一般都略有加快，但大致不超过 6 次/分钟。在未受其他因素影响的情况下，基础脉搏波动幅度若超过 12 次/分钟，应考虑是否负荷安排不当或过大。由于基础脉搏与自我感觉有关，当基础脉搏持续上升并伴有疲劳感时，则可能说明锻炼过度或身体患有某种疾病，据此估计运动负荷，然后通过测定运动和恢复期的心率，来判断自己的机能水平。据生理学研究表明，心率恢复快慢和运动负荷大小成正比，运动负荷越大，恢复时间越长。如果在运动后 5～10 分钟测定恢复期心率，小运动负荷心率可恢复到运动前水平，中等运动负荷的心率恢复一般较运动前快 2～5 次/10 秒，大运动负荷心率一般可恢复到比运动前快 5～10 次/10 秒。在通常情况下，体育锻炼后 20 分钟，脉率应逐渐恢复到正常水平，若 30 分钟仍未恢复，则表明还要经常参加锻炼，以继续提高心脏功能水平。

2. 运动脉搏的测定诊断

一般认为，运动后即刻心率达 180 次/分钟以上为大运动强度，150 次/分钟左右为中等运动强度，140 次/分钟以下为小强度运动。这样在体育锻炼中，就可以根据上述参数估计运动负荷，然后通过测定运动和恢复期的心率，进而判断自己的机能水平。在通常情况下，体育锻炼后 20 分钟，脉搏应逐渐恢复到正常水平，若 30 分钟仍未恢复，则表明还要经常参加锻炼，以继续提高心脏功能水平。

二、身体应急性诊断与处置

身体应急性诊断指标是指在体育锻炼过程中，反映身体突然出现异样感觉的指标运动中出现的异样身体感觉有的是正常现象，有的则属于运动性病理状态。它们往往由准备活动不充分、运动方法不正确、锻炼水平不高或运动负荷超出机体承受能力等原因所致。由于这种现象具有突发性特点，因此有必要运用医学知识，甚至采取力所能及的医疗手段进行自我诊断并及时加以处理，以避免不必要的精神紧张或防止更严重的身体损伤现象。

（一）长跑极点和第二次呼吸

1. 长跑极点现象

在长跑时，能量消耗大，特别是下肢回流血量减少，加剧了大脑氧债的积累，当达到一定程度时，就会出现暂时性的呼吸急促、胸闷难忍、下肢沉重、动作不协调，

并有恶心现象，甚至想退场，这在运动生理学上称为“极点”。

2. 第二次呼吸

当长跑极点出现后，情绪要稳定，并适当减慢跑速，加深呼吸，坚持一段时间，上述生理现象将会逐步消失，也就闯过难关。这是由于一方面氧供给逐步得到增加，另一方面机体的适应性使内脏器官功能重新得到调节与改善，从而使运动能力提高，动作重新变得协调有力。这标志着“极点”已经过去，生理过程出现新的平衡。这种现象在运动生理学上称为“第二次呼吸”。

极点与第二次呼吸是中长跑运动中的正常生理现象，无须疑虑和恐惧，即使是一位优秀的中长跑运动员，也会出现“极点”现象，但随着训练水平的提高，上述生理反应将逐步缩短和减轻。

（二）运动中腹痛

1. 发病机制与症状

运动中腹痛常在中长跑和剧烈运动时发生，主要是运动前准备活动不充分，或者因运动前吃得太饱，饮水过多或者腹部受凉，致使脏腑功能失调，引起腹痛。也有的因运动时间过长或过于剧烈，使下腔静脉压力上升，引起血液回流受阻。也有的因呼吸节奏紊乱，引起运动异常，或者肝脾积气瘀血，导致两肋部胀痛等。

2. 处置与预防

处置：如果没有器质性疾病，一般采用减慢运动速度，进行腹式呼吸，按压疼痛部位等方法，短时间内即可减轻疼痛，直至消失。数分钟后，如果疼痛仍不减轻，甚至加重，就应停止运动。必要时可服十滴水或普鲁苯辛，或揉按内关、大肠俞等穴位，如仍不见效，应送医院诊治。

预防：运动前避免吃食物或饮水过多，充分作好准备活动（特别是腹部按摩），坚持循序渐进，注意呼吸节奏，夏季运动要适当补充盐分。

（三）运动性昏厥

1. 发病机制与症状

由于脑部突然供血不足或者因脑血管发生痉挛，而出现一时性知觉丧失的现象，称之为运动性昏厥。

导致运动性昏厥的原因，主要是由于长时间运动或剧烈运动，大量血液聚集在下肢，回心血流量减少，因而心血输出量也减少，致使脑部缺血而引起昏厥。在日常生活中，因长时间站立，过久下蹲后骤然起立，情绪过分紧张激动，病后体弱参加剧烈运动等情况，都可能发生类似的昏厥现象。

昏厥前，患者感到全身软弱，头昏眼花，面色发白；昏倒后，面色苍白，手足发凉，出冷汗，脉搏减弱，血压下降，呼吸缓慢。

2. 处置与预防

处置：发病后，立即让患者平卧，松解衣领，抬高下肢，按压人中与合谷穴，并从小腿向内做推摩和揉捏。如果有昏迷现象，可嗅氨水或静脉注射25%～50%葡萄糖40～60毫升，在知觉未恢复前禁止喝饮料或吃其他药物。如有呕吐，应让患者的头偏向一侧。如停止呼吸，应立即进行人工呼吸抢救。

预防：坚持经常性锻炼，以增强体质。剧烈运动后不要立即停下来，而应继续慢跑缓冲，并做深呼吸，有饥饿情况不要参加剧烈运动。

（四）运动中暑

1. 发病机制与症状

“中暑”是长时间受高温或热辐射引起的一种高温疾病，特别是在气温高、通风不良或头部缺乏保护被烈日直接照射等情况下，引起体温调节功能发生障碍而导致中暑。

症状：中暑早期有头晕、头痛、呕吐等症状，严重时体温升高，皮肤灼热干燥，甚至出现精神失常、抽搐、心律失常、血压下降，直到昏迷危及生命的情况。

2. 处置与预防

处置：首先将患者安静护送至阴凉、通风处平卧休息，并采取降温措施，如解开衣领、服饮清凉饮料或人丹、十滴水等，也可补充葡萄糖水。情况严重患者经临时处理后，应立即护送医院诊治。

预防：在高温炎热环境下锻炼时，应适当减少运动量和锻炼时间，尽量避免在烈日下锻炼。夏天在室内锻炼时，注意良好的通风，并备有低糖含盐的饮料。室外锻炼时，应戴白色凉帽，穿宽松浅色运动服。

（五）运动过敏性反应

1. 发病机制与症状

运动过敏，是指在运动后出现皮肤瘙痒、荨麻疹、血管性水肿、腹部疼痛和腹泻等过敏反应。这种综合征的临床症状与食物、药品和昆虫叮咬所致的过敏反应极为相似。但从发生运动过敏反应的病例中，却极少找到典型的引起过敏的物质。因此，目前对运动过敏反应的原因尚不清楚。据估计，这可能是一种免疫与非免疫因子的共同作用，促使组织胺释放而引起的。由运动引起的过敏反应一般持续30分钟～4小时，其表现特征先从搔痒和荨麻疹开始，继而发展到手、足和面部肿胀。严重病例可出现呼吸困难、精神错乱、知觉丧失和低血压症状。据某些病例报道，临床也有胃痉挛、腹泻、呕吐和头痛等表现，持续时间可长达72小时。

2. 处置与预防

处置：过敏反应较为严重者，可用皮质激素、肾上腺素、氨茶碱治疗，有些抗组织胺药物对治疗也有一定疗效。

预防：迄今为止，对运动引起的过敏反应的预防，还只限于重视前期症状的诊断，一旦出现则应立即停止锻炼。

（六）肌肉痉挛

1. 发病机制与症状

在对抗性激烈或游泳等运动项目中，有时会突然发生肌肉不听指挥的现象，特别是小腿腓肠肌、脚前掌和脚趾部位，有既酸又痛的感觉，继而不能活动。这种肌肉的强直性收缩就是肌肉痉挛，俗称抽筋。肌肉痉挛对身体没有什么直接危害，在几秒钟或几分钟之内即可消失。但在游泳时发生肌肉痉挛，如不及时采取措施，往往就会引起意外事故。

因此，懂得如何防治肌肉痉挛的方法是十分重要的。发生肌肉痉挛前，一般都伴有肌肉乏力，出现轻微的酸痛，并感到肌肉硬度增加，弹性减少。这一方面是因为运动时间过长，强度过大，或由于大量出汗带走许多盐分，致使身体失去钠、氯等矿物质，从而改变了肌肉的内环境；另一方面则可能是受较大的寒冷刺激，人体温度发生突然变化所致。有时身体非常疲劳时，支配肌肉活动的神经刺激机能失调，而使肌肉发生挛缩，也有可能产生上述先兆现象。

2. 处置与预防

处置：如已经发生肌肉痉挛，可以牵拉或重按正在挛缩的肌肉，促使其放松和伸长。如小腿后部肌肉或脚底抽筋时，只要脚趾背屈，脚跟用力前蹬，并施以局部按摩，肌肉痉挛现象一般即可消除。

预防：首先，在体育锻炼中，要经常注意自己肌肉的不良反应，这将有助于防止肌肉痉挛现象的发生。另外，要充分做好准备活动，冬季锻炼加强保暖，运动不要过于疲劳，游泳注意体温变化等，也都是积极的预防措施。特别当大量出汗，感觉肌肉有紧张感时，就应及时喝些淡盐水来适当进行补充。

三、身体医检性诊断与处置

体育锻炼时，有时靠自我感觉难以作出准确判断的运动性疾病，就需要采取医务检查的方法来处置。但为了防止延误病情，科学的自我监督既可以帮助分析疾病产生的原因，又可以达到配合医检准确判断疾病的目的。

（一）低血糖症

若平时缺乏系统锻炼，或在患病期体力不佳，身体处于空腹饥饿状况下，从事强度过大，时间持续太长的体育锻炼，往往会因血糖大量消耗而导致头晕、心悸等不良感觉。特别是参加长距离比赛，因靠个人意志强迫动员消耗有限的肝糖原储备，还会产生神志感觉模糊、呼吸短促、面色苍白、冷汗淋漓及四肢发抖等严重症状。通常认为，这种症状的产生是由低血糖所引起的，应及时停止运动并补充含糖物质。运动中的低血糖症，需要进行血糖检查才能确定，如血糖浓度低于 55 毫克时，就应该对运动量适当控制或暂停一段时间锻炼。

（二）运动性贫血

产生运动性贫血的原因比较复杂，在医检中发现血液的红细胞及血红蛋白含量低于正常生理数值，如男性血红蛋白含量每 100 毫升低于 12 克，女性每 100 毫升低于 10.5 克，则可视为贫血；但是否由运动过度或运动后营养不良所引起，那还必须在锻炼中经常注意有无头晕、乏力、食欲下降或运动后恢复状况不佳等现象发生。如长期有这种不良感觉就应适当休息，补充蛋白质和铁质等物品，并配合医检确诊和治疗。

（三）运动性血尿

运动性血尿产生的原因至今尚未完全明确。如无其他原发病灶，凡在自我监督中发现肉眼可见的血尿，则应停止运动并到医院做进一步检查。通常认为，出现运动性血尿的明显程度与运动负荷大小有关，其症状一般不超过三天即可迅速消失。

（四）游泳性中耳炎

这种疾病是因不洁水质进入中耳，产生细菌感染而引起的。患者在未经医检之前，会感到耳内疼痛剧烈，并伴有听力减退、发烧、恶心、呕吐、食欲不佳及便秘等症状，此时就必须立即到医院检查，确诊后应及时采取抗菌疗法。如鼓膜已破裂，可用双氧水洗涤，外用消毒剂或抗生素溶液滴耳，然后用消毒棉条填塞外耳，并可在乳突部做热敷及红外线治疗。

凡水经常易进入耳道的游泳者，为了防止中耳炎的发生，可用凡士林棉球或橡皮耳塞将耳朵堵住。外耳道一旦进水，上岸后可采取以下方法进行处置：

1. 同侧单足跳

如右耳道存水，头偏向右侧，左腿弯曲提起，用右腿单脚原地跳几次，水即流出；左耳道内有水，头偏向左，用左脚跳。

2. 吸引法

应把头偏向积水的耳朵一侧，用手掌紧压在这个耳朵的耳孔上，屏住呼吸然后迅速提起手掌，即可将水吸出。

第三节　常见病的体育保健方法

体育疗法或称体疗，又称医疗体育，是一种医疗性的体育活动，通过特定的体育活动的方法来治疗疾病和恢复机体功能，在预防医学、临床医学和康复治疗中占有很重要的地位。

实践证明，很多疾病在临床上虽然已经治愈，可是，整个人体或局部系统的功能仍然处在恢复状态，体疗能有效地缩短康复期，使患者早日恢复学习和工作能力。

体育疗法的内容有：医疗体操、医疗步行、健身跑、气功、太极拳、按摩、器械作业和自然力锻炼等。

一、体育疗法的基本原理

（一）改善机体血液循环和新陈代谢状态

患者由于疾病引起血液循环障碍，新陈代谢降低。通过体疗，可以调整人体的神经系统，改善呼吸及血液循环状况，消除局部的血液瘀滞，通过增加血流量，能将局部的代谢产物运送到体外，患处得到更多的营养，有利于健康的恢复。

（二）维持和改善组织器官的正常形态和功能

患者伤病后由于机体某些器官组织长期运动不足，肌肉、关节就会出现退行性变化，如肌肉萎缩、骨质增生、关节粘连等现象。有的还会出现肌肉痉挛、抽搐，或者产生关节活动受限。通过体育疗法，加强机体的功能锻炼，能够维持组织和器官的正常形态，缓解肌肉痉挛，松解肌肉粘连，松解关节囊和韧带的粘连挛缩，增加关节的活动幅度，维持和改善组织器官的正常形态和功能。

（三）促进和加强机体的代偿功能

疾病和损伤可使身体的功能活动发生障碍，但身体对这种损害的反应绝不是被动的，依靠代偿作用，可以使机体的功能得以恢复。体疗可以促进和加强机体的代偿功能，使残疾人逐渐恢复健康，或减轻残疾的程度，同时能改善人的精神面貌，消除心理障碍。

（四）增强内脏器官功能状态，改善机体病理生理过程

体育疗法不仅直接作用于运动器官，同时反射性地影响了内脏器官的功能。正确适量的主动锻炼所引发的神经冲动，可不断向中枢神经传导，对中枢神经系统是一种良性刺激，起着调节神经系统功能的作用。同时通过神经、体液传导，神经冲动可以影响内脏器官，改善机体病理生理过程，提高器官的功能。

（五）增强体质，提高抗病能力

运动是人体不可缺少的生理性刺激，可提高大脑皮质的兴奋性，活跃全身各系统的功能。适量的运动也活跃了内分泌系统和网状内皮系统的功能，增强网状内皮系统的吞噬能力，提高身体非特异性免疫功能，从而提高身体抵抗外邪侵袭的能力和内因的干扰，达到防病治病的目的。

二、几种常见病的体育保健方法

（一）感冒

感冒是一种最常见的传染病，以发热、怕冷、鼻塞、流涕、咳嗽、头痛为主要症

状。四季均易发病，冬春或秋冬之交发病率最高，严重时可并发肺炎或引发心肌炎。因此，对感冒不能掉以轻心。

1. 感冒的体育疗法

（1）按摩法。坐姿或站立，全身放松，用中指贴鼻翼两侧向上搓擦至前额发际，然后两手掌由发际向下摩擦，如此反复按摩。随后按摩迎香穴、揉按风池穴，用力以酸胀感为度。

（2）起落呼吸操。全身放松，两脚齐肩宽站立，两臂自然下垂。吸气时屈肘两小臂平行举至身前与胸平，呼气时两腿下蹲，两臂下落至髋部两侧，同时发出"乌——""依——""啊——"等元音字母，如此反复进行。开始发音时间轻而短，以后逐步延长。此法是利用呼气时发音刺激增强肺换气功能，这对治疗咳嗽、头痛、咽痛、鼻塞等病症有较好的效果。

（3）医疗步行。宜在清晨或傍晚空气新鲜、清静的地方进行，并实行定时定量锻炼。

（4）气功、太极拳锻炼。对治疗感冒配合医药治疗有积极康复作用。

2. 注意事项

（1）感冒常与气候变化有关，因此应随时注意增减衣服。

（2）经常参加体育锻炼，以增强对感冒病毒的抵抗力。

（3）养成四季用凉水洗脸和擦身的习惯，特别是用湿毛巾搓擦鼻翼两侧和风池穴，对预防感冒具有积极效果。

（4）进行体育疗法时（起落呼吸操、医疗步行等）要量力而行，做呼吸操时注意用鼻吸气，口呼气，多练腹式呼吸。

（二）神经衰弱

神经衰弱是一种常见的神经官能症，它是神经机能（尤其是大脑皮层的机能）暂时性失调，不属于器质性疾病。其发病原因常与用脑过度，长期精神负担过重，生活制度无规律或过于疲劳有关，也与意志薄弱等因素有关，特别是受不良情绪刺激，导致大脑皮层神经中枢兴奋与抑制功能失调。其症状表现很复杂，有的患者情绪不易控制，易激动，烦躁，注意力不易集中，睡眠浅；有的则表现为衰竭症状，嗜睡、易疲劳，全身酸软无力，食欲减退，孤僻、寡言、忧郁、情绪低下等。

1. 神经衰弱体育疗法

（1）对容易激动、情绪控制差的患者，宜采用柔和平静的体疗法，如步行、气功、太极拳以及各种柔和轻松的保健体操，运动量宜偏小，也可配合手法相宜的医疗按摩。

(2) 对精神不振、孤僻寡言的忧郁者，宜采用生动活泼的体疗法，如参加游戏性和竞赛性的球类活动，野营、远足，观赏趣味性强、情绪激昂、节奏性强的舞蹈、健美操等。体育锻炼的运动量宜适中，心率在 130～140 次/分。对体力尚好者，可进行游泳、划船、爬山等锻炼。

(3) 不论何种神经衰弱患者，在健康状况较好的情况下，均可采用冷水浴锻炼或经常用冷水毛巾擦身、洗头，这对调节中枢神经系统的功能颇有益处。

(4) 自我按摩法：头痛、失眠者，可揉按天柱穴和太阳穴、头昏目眩者，可加练鸣天鼓，即掩住两耳，用指弹击玉枕穴。如遇有心悸和情绪不稳定者，可搓擦涌泉穴、百合穴以及推摩印堂穴。

2. 注意事项

(1) 根据不同类型的神经衰弱症状，采用不同的内容和方法进行锻炼。

(2) 遵循合理的生活制度，保持乐观情绪。

(3) 体疗宜在空气新鲜、清静的地方进行。

(4) 保持适宜的运动量，如果锻炼后大量出汗，失眠加重，食欲减退，运动后数小时心跳仍不恢复者，应及时调整体疗内容与方法。

(三) 高血压

舒张压持续超过 90 mm 汞柱，不论其收缩压如何，均列为高血压。约 80%～90%的高血压是原发性高血压，其余 10%～20%是症状性高血压。高血压早期多数无症状，检查时有头昏、头痛、失眠、乏力、记忆力下降等表现，还有些表现为头胀、头部有压迫感，注意力不集中等，到后期则并发其他疾病。老年人的高血压病以并发脑血管病变为最多，其次是心脏和肾脏病。高血压是全身性血管疾病。

1. 康复锻炼的方法

每天步行 1～2 次，每次 20～30 分钟，按平时走路速度行进，步行中可适当结合一些扭腰、甩臂的动作。经常用 37℃～38℃的温水泡脚。卧式或坐式放松气功，每日 2 次，每次 20～30 分钟。练太极拳，每日 2 次。还可长期坚持自我按摩：两手掌从前额经头顶至后枕，再从耳后向前压耳廓，向下摩至颈前两侧之颈动脉，止于胸前，如此反复 120～200 次。还可揉按两足底的涌泉穴，各 100 次。避免做

过度的弯腰、甩头和憋气动作。

2. 注意事项

高血压患者进行康复锻炼时，体力负荷应平均地分配到全身各肌群。运动要量力而行，动作要轻松、自然，多与呼吸、放松运动交替进行。禁作头部的用力动作，不做头低过肩的运动，有头晕、恶心、平衡功能障碍者，均应停止运动。每次运动后应测量脉率，以 5 分钟后恢复到运动前水平为宜。

（四）高脂血症

人体血浆中所含的全部脂质，即胆固醇、磷脂、甘油三酯和游离脂肪酸，高于正常值时，称为高脂血症。高脂血症与心血管疾病关系密切，尤其是过多的胆固醇，可以导致老年人动脉硬化、冠心病、心肌梗死等疾病。

1. 康复锻炼的方法

康复锻炼从步行开始，慢步走与快步走交替进行，用 10 分钟走完 1 200 米，再加速尝试用 10 分钟走完 1 300 米。运动时心率控制在 120～130 次/分之间，每天 1～2 次，每次 30 分钟。体质较好者可以慢跑，速度开始由 130～150 米/分，逐渐增至 150～180 米/分，运动时心率控制在 40 岁 140 次/分、50 岁 130 次/分、60 岁以上 120 次/分以内为宜，每日 1 次，每次 30 分钟左右，每周 3～5 次。肥胖者应配合基础力量练习，将肥胖者脂肪蓄积处作为主要锻炼部位。例如，脂肪积蓄在腹部，可以进行仰卧起坐、双腿直腿上抬及抗阻抬腿练习，脂肪积蓄在腰部，可做各种髋部摆动动作及中老年韵律操运动，脂肪蓄积在肩、臂，可做各种俯卧撑、立卧撑，也可借助拉力器和哑铃进行练习，等等。太极拳、乒乓球、羽毛球、网球、门球、自行车都可以作为高脂血症的治疗手段。

2. 注意事项

锻炼前要做医学检查，判断心功能状况，了解有无其他的并发症，要在心血管系统没有医疗病理的情况下进行。锻炼时一方面要控制高脂、高糖及膳食量；另一方面不能过分疲劳，要在轻松愉快的心态下进行锻炼。

（五）冠心病

冠心病是冠状动脉粥样硬化心脏病的简称。40 岁以上从事脑力劳动者尤为多见。由于胆固醇在血管内的沉积，引起管腔狭窄或闭塞，致使冠状动脉血液循环障碍，心肌供血不足。冠心病往往在劳累、寒冷和情绪激动的情况下发生。如果心脏长期处于供血不足的情况，则会导致心肌营养不良、萎缩，纤维结缔组织增生，心脏收缩力减退，最后发展为心力衰竭。冠心病有五种类型：心绞痛、心肌梗死、心律失常、心力衰弱和原发性心脏骤停。

1. 康复锻炼的方法

主要有步行、走跑交替、太极拳、气功等方法。

(1) 隐性冠心病康复方法

• 长期坚持练习太极拳，中速步行或慢跑，每日 1～2 次，距离 3 000 米左右，时间 20～30 分钟，注意迈步与呼吸相结合。

• 心电图有了好转之后，每次练习不少于 1 小时，中间要有 10～20 分钟使心率维持在 110～120 次/分。

• 长期练习气功，如放松功和其他功法。

(2) 心绞痛康复方法

• 取卧位或坐位，作肢体远端小关节的主动运动，并配合呼吸、放松运动，或练习放松功。

• 全身情况好转后，可作户外散步和练习间歇性步行。

• 作上下肢大幅度的缓慢放松运动。

• 逐步增加全身性的体力锻炼，练习医疗步行，配合呼吸练习。

(3) 急性心肌梗死康复方法

• 早期取卧位作四肢中、小关节的被动运动和轻按摩。5～6 天后，取坐位作四肢的主动运动，逐渐从散步到步行。

• 继续练习间歇性步行，距离逐步增加，并过渡至慢跑，每天一次。

• 逐渐增加耐力练习，延长步行路程，不要以增加速度或难度来提高运动量。随着运动时间的延续，强度可相对降低。

2. 注意事项

锻炼过程中如发现气促、轻度眩晕感者，应延长休息时间，减少运动负荷。密切观察患者的心率，不能超过本人最高心率的 60%。心电图 ST-S 改变，有多源性室性早搏等现象出现，应暂停体疗。心肌梗死病人，一般在发病一个月后，严重者在 2～3 月后，待心肌梗塞病灶已有修复时方可进行康复锻炼。

（六）慢性支气管炎

这种疾病是常见病，多由大气污染、吸烟、反复的呼吸道感染、过敏因素和气候条件的变化所引起。发病初期症状一般较轻，只有咳嗽、咳痰；重者伴有呼吸困难。此病可发展成阻塞性肺气肿，并发肺炎、支气管扩张等，使肺功能受到损害，影响健康和劳动能力。

1. 康复锻炼的方法

症状较轻、体力条件允许者可进行一般性的体育活动，如慢跑、打乒乓球、做广播操等，一般每日锻炼 20～30 分钟。症状较重者可练习内养功或放松功，每天 1～2 次，每次 20～30 分钟。呼吸体操对治疗慢性气管炎有良好的效果。可进行屈体呼吸、展体呼吸、展臂呼吸、调理性呼吸、行走呼吸。可以学习简化太极拳，每天练习 2 次。

2. 注意事项

进行锻炼活动时，要注意呼吸动作，用鼻吸气，用口呼气；多锻炼腹式呼吸，吸气短、呼气长。要在温暖、空气新鲜的环境中锻炼。平时注意预防感冒。若有急性感染、发热、发寒或心肺功能不正常时，都不宜进行锻炼。应尽量避免咳嗽中的憋气动作。

（七）消化道溃疡病

这种疾病主要是由于胃的分泌功能异常以及保护胃黏膜的屏障作用降低，胃酸和胃蛋白酶对胃肠黏膜的自身消化作用造成的。由于溃疡主要发生在胃及十二指肠部位，故又称为胃十二指肠溃疡。发病时伴随有规律性疼痛，甚至出血、穿孔而累及邻近脏器，进而出现心力衰竭和心绞痛等症状。

1. 康复锻炼的方法

溃疡病康复锻炼的最好方法是气功，内养功效果最佳。在卧床练功时，可用装有热水的热水袋，再加 1～2 公斤重的沙袋压于上腹部，随着适应性的提高，逐渐增加沙袋重量。用这种方法可以止痛，锻炼腹肌，诱导意念集中。有胃酸过多或有其他功能亢进症状者，可增加相应的思维控制活动，以及从事球类、器械运动。锻炼中要配合腹式呼吸、脊柱两旁的按摩和可能的自我腹部按摩。运动中最高心率掌握在 180 减去年龄的范围以内。

2. 注意事项

养成良好的生活习惯，定时定量进餐，避免进食刺激性过大的食物。平时注意调节和控制情绪。运动中，尽量避免引起肠管的激烈震动，但被动的移动与挤压是必要的。病情严重，近期内曾有大出血或出血倾向者，在尚未得到有效控制前，应暂停锻炼。

（八）慢性腰腿痛

腰腿痛多由不同原因引起骨骼、肌肉、韧带、椎间盘、关节、神经等组织的损伤或退行性病变所致。表现为腰部活动受限、慢性骨关节的骨质增生或脊柱、下肢的骨折病变。

1. 康复锻炼的方法

此病的康复锻炼可视其不同病因、症状，采用不同的方法。

(1) 按摩和自我按摩。一般取俯卧位，先在腰部做放松手法的按摩，而后若是腰臀部肌肉筋膜炎等软组织损伤，可用推、擦、揉、拔、刮、叩打等手法。若是腰椎间盘髓核突出症，可做腰部的屈伸、侧扳、牵拉等。每次按摩 15 分钟左右，每日 1 次。

(2) 医疗体操。做医疗体操可以发展腰臀部肌肉力量，改善腰部及髋关节的运动功能。在出现关节变形时可进行牵伸体操或矫正姿势练习。

(3) 腰部牵引。牵引一般都是与按摩和理疗相配合使用，常用悬挂和牵引床进行锻炼治疗。

(4) 各类体操和健康拳、功。常用的有简化太极拳、八段锦、内养功等。可任选其中适合自己情况的形式进行练习。

2. 注意事项

除加强患部肌肉、关节和神经的锻炼外，还要进行体能方面的锻炼。根据不同病因，采取不同的锻炼方法。对伴有高血压、冠心病或牵引中有不良反应者，选择牵引应慎重。症状消失后，应长期坚持康复锻炼，以防复发。平时应注意腰部和腿部的保暖，防止受凉。此病症有少数是由于椎管内原发性或转移性肿瘤、占位性病变或其他慢性病变所引起，因而要在明确诊断后，再进行康复锻炼，以免延误其他疾病的诊治。

（九）糖尿病

糖尿病主要是血糖过高和尿糖。基本病理为绝对或相对的胰岛素不足，引起

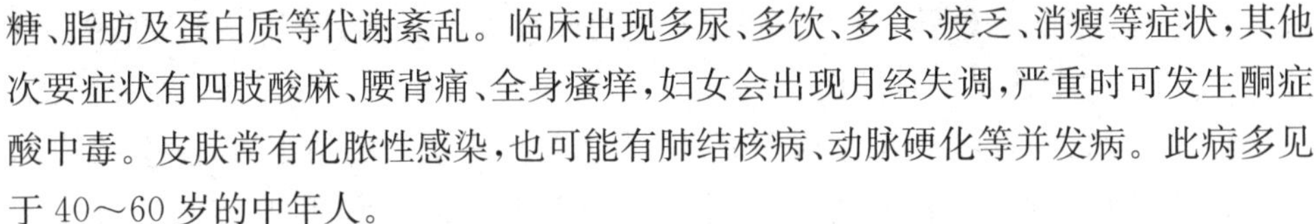

糖、脂肪及蛋白质等代谢紊乱。临床出现多尿、多饮、多食、疲乏、消瘦等症状，其他次要症状有四肢酸麻、腰背痛、全身瘙痒，妇女会出现月经失调，严重时可发生酮症酸中毒。皮肤常有化脓性感染，也可能有肺结核病、动脉硬化等并发病。此病多见于 40～60 岁的中年人。

1. 康复锻炼的方法

(1) 经常练习太极拳、太极剑、气功和医疗步行。后者可以每日 2 次，每次 2 000～3 000 米，或者进行慢跑。

(2) 在做好准备活动之后，给肌肉一定量负重练习，注意与呼吸运动交替进行。要求严格控制运动负荷，以中、小负荷为宜。

(3) 体力练习后，最好进行擦澡和淋浴，以增强代谢的氧化过程。

(4) 适当参加一些较为缓和的全身肌肉都参与运动的锻炼项目，如羽毛球、乒乓球、医疗体操等活动。

2. 注意事项

此病患者要掌握运动负荷，运动最好在饭后 1 小时进行，每次不少于 25 分钟，保持在中等强度，不要引起疲劳。定期检查血糖和尿糖，密切观察机体对运动的反应。对胰岛素依赖的患者，运动中可能产生低血糖，如果需要补充胰岛素，应注射在远离运动的部位。

第四节　运动损伤的预防与处置

一、运动损伤产生的原因

在运动中所发生的损伤，统称为运动损伤。造成运动损伤的原因是多方面的，既与锻炼者的运动基础、体质水平有关，也与运动项目的特点、技术难度、运动环境以及安全意识等因素有关，其主要原因有以下七点：

1. 思想麻痹大意是所有运动损伤因素中最主要的因素。其中包括运动前不检查器械、预防措施不得力、争强好胜，常在盲目和冒失行动中受伤。

2. 运动前准备活动不充分，特别是缺乏针对性的准备活动，使运动器官、内脏器官机能没有达到运动状态，易造成损伤。

3. 运动情绪低下，容易在畏难、恐惧、害羞、犹豫以及过分紧张时发生伤害事

故。有时因缺乏运动经验,缺乏自我保护能力致使受伤。如摔倒时用肘部或直臂撑地,造成肘关节或尺桡骨损伤。

4. 内容组合不科学,方法不合理,纪律松散及技术上的错误等,都会造成损伤。如投掷手榴弹时上臂外展,屈肘小于90度,肘部低于肩部时,容易造成肌肉拉伤。

5. 好高骛远。超出技术能力所及的范围做动作,产生不适应性损伤。

6. 运动场地狭窄,地面不平坦,器械安装不当或不牢固,锻炼者拥挤或多项混在一起活动,容易相互冲撞致伤。

7. 空气污浊、噪音、光线暗淡、气温过高或过低,以及运动服装不符合要求等原因,都会直接或间接造成伤害事故。

二、运动损伤的预防

1. 加强运动时的安全教育,克服麻痹思想,提高预防损伤意识。

2. 认真做好准备活动,对可能发生的运动损伤的环节和易伤部位,要切实做好预防措施。

3. 合理组织安排锻炼,合理安排运动量,防止局部运动器官负担过重。

4. 加强保护与帮助,特别要提高自我保护能力。如摔倒时,立即屈肘低头,团身滚动,切不可直臂或肘部撑地;由高处跳下时,要用前脚掌着地,注意屈膝、弯腰、两臂自然张开,以利缓冲和保持身体平衡。

三、常见运动损伤的处置

(一) 软组织损伤

这类损伤可分为开放性损伤和闭合性损伤两类。前者有擦伤、撕裂、刺伤等;后者有挫伤、肌肉拉伤、肌腱腱鞘炎等。

1. 擦伤

原因与症状:运动时皮肤受挫致伤。如跑步时摔倒,体操运动时身体擦磨器械受伤。擦伤后皮肤出血或组织液渗出。

处置:小面积擦伤,可用红药水涂抹伤口或用创可贴盖上即可。大面积擦伤,先用生理盐水洗净,后涂抹红药水,再用消毒布覆盖,最后用纱布包扎。

2. 撕裂伤

原因与症状：在剧烈、紧张运动时，突然感受到强烈牵拉、撞击，造成肌肉撕裂，其中包括开放伤和闭合伤两种。常见有局部撕裂、跟腱撕裂等。开放伤顿时出血，周围肿胀。闭合伤触摸伤处时有凹陷感和剧烈疼痛。

处置：轻度开放伤，用红药水涂抹伤口即可；裂口大时，则需止血，送医务室缝合伤口，必要时注射破伤风抗毒血清，以防破伤风症。如肌腱撕裂，则需手术缝合。

3. 挫伤

原因与症状：因撞击器械或练习者之间相互碰撞而造成挫伤。单纯挫伤在损伤处出现红肿、皮下出血，并有疼痛。内脏器官损伤时，则出现头晕、脸色苍白、心慌气短、出虚汗、四肢发凉、烦躁不安甚至休克。

处置：在 24 小时内冷敷或加压包扎，抬高患肢或外敷中药，24 小时后可以按摩和治疗。进入恢复期可进行一些功能性锻炼，如果怀疑内脏损伤，则作临时性处理后，送医院检查和治疗。

4. 肌肉拉伤

原因与症状：通常在外力直接或间接作用下，使肌肉过度主动收缩或被动拉长时引起肌肉拉伤，特别是由于准备活动不充分、动作不协调以及肌肉弹性、伸展性、肌力差者更容易拉伤。损伤后伤处肿胀、压痛、肌肉痉挛，触诊时可摸到硬块，严重的肌肉拉伤是肌肉撕裂。

处置：轻者可即刻冷敷，局部加压包扎，抬高患肢。24 小时后可施行按摩或理疗。如果肌肉已大部分或完全撕裂者，在加压包扎急救后，应立即送医院手术治疗。

（二）关节、韧带扭伤

1. 肩关节扭伤

原因与症状：一般因肩关节用力过猛以及肩部疲劳所致，也有因技术错误、违反解剖学原理而造成损伤。如投掷、排球扣球和大力发球时常出现这类损伤。其症状有压痛、疼痛。急性期有肿胀，慢性期三角肌可能出现萎缩，肩关节活动受限。

处置：单纯韧带扭伤，可用冷敷，加压包扎。24 小时后可采取理疗、按摩和针灸治疗。出现韧带断裂时，应立刻送医院缝合和固定处理。当肩关节肿胀和疼痛减轻后，可适当施行功能性锻炼，但不宜过早活动，以防推迟治愈时间。

2. 髌骨损伤

原因与症状：髌骨具有保护膝关节面，维护关节外形，传递股四头肌力量的作用，是维护关节正常功能的主要结构。髌骨劳损是膝关节长期负担过重或反复损伤累积而成的，也可因一次直接外力撞击致伤。如篮球滑步急停，跳高和跳远时踏跳不合理或摔倒撞击，都可导致这种损伤。

处置：采用中药外敷、针灸、按摩等。平时加强膝关节肌肉群力量练习。如采用高位静力半蹲，每次保持3～5分钟即可。病情好转时，可逐渐增加时间，每日进行1～2次。

3. 踝关节扭伤

原因与症状：运动中跳起落地失去平衡，使踝关节过度内收或外翻致伤。在准备活动不充分，场地不平坦的情况下，更易造成这种损伤。主要症状为伤处疼痛、肿胀，韧带损伤处有明显压痛，皮下淤血。

处置：受伤后应立刻冷敷，用绷带固定包扎，并抬高伤肢。24小时后根据伤情采取综合治疗，如外敷伤药、理疗、按摩等。必要时作封闭疗法，待病情好转后，施行功能性练习，对严重患者，可用石膏固定。

4. 急性腰伤

原因与症状：运动时，身体重心不稳定或肌肉收缩不协调，突然用力过猛，引起腰部扭伤。多数因腰部受力过重，或脊柱运动时超过了正常生理范围。例如：挺身式跳远中，展体过大；举重上挺时，过分挺胸塌腰；跳水时，下肢后摆过大，都有可能造成腰部扭伤。损伤后，当场疼痛，有时听到瞬间的“格格”响声，有时出现腰部肌肉痉挛、运动受限或直立困难。

处置：腰部急性扭伤后，让患者平卧，一般不应立即扶动。如果剧烈疼痛，则用担架抬送医院诊治。处理后，应卧硬板床或腰后垫一枕头，使肌肉韧带处于放松状态，也可针灸、外敷伤药或按摩。

（三）骨折

原因与症状：运动中，身体某部位受到直接或间接的暴力撞击时，造成骨折。例如：在踢球时，小腿被踢，造成胫骨骨折；摔倒时手臂直接撑地引起尺骨或桡骨骨折；跪倒地时可造成髌骨骨折等。

骨折是比较严重的损伤，但发病率很低。骨折分为完全性骨折和非完全性骨折两种，常见骨折有肱骨骨折、前臂骨骨折、掌骨骨折、大腿骨折、小腿骨折、肘骨骨折、脊柱骨骨折和头部骨折等。骨折发生后，患处立即出现肿胀，皮下淤血，并有剧烈疼痛（活动时加剧），肢体失去正常功能，肌肉发生痉挛，有时骨折部位发生变形，移动时可听到骨摩擦声。严重骨折时，伴有出血和神经损伤、发烧、口渴、直至休克等全身性症状。

处置：若出现休克时，应先进行处理，即点按人中穴，并进行对口人工呼吸或心脏胸外按压。若伴有伤口出血，应同时实施止血和包扎。骨折后切勿移动患肢，应用夹板或其他代用品固定伤肢，及时护送至医院检查和治疗。

（四）关节脱位（脱臼）

原因与症状：因受外力作用，使关节面失去正常连接关系，叫关节脱位，亦称脱臼。关节脱位可分为完全脱位和半脱位（或称错位）两种。严重的关节脱位，伴有关节囊撕裂，甚至损伤神经。运动中发生的关节脱位，都是间接外力撞击所致。如摔倒时，用手撑地，引起肘关节或肩关节脱位。关节脱位后，常出现畸形，与健康肢对比不对称，因软组织损伤而出现炎症反应，局部疼痛、压痛和关节肿胀，并失去正常活动功能，甚至发生肌肉痉挛等现象。

处置：用长度和宽度相称的夹板固定伤肢，如果没有夹板，可将伤肢固定在自己的躯干和健肢上，防止震动，随后及时送医院治疗。必须指出，如果没有把握时，切不可随意做复位手术，以免再度增加伤害。

（五）脑震荡

原因与症状：脑震荡是指头部受到外力冲击后，使大脑管理平衡的膜半规管、椭圆囊等感受器机能失调，引起意识和机能的一时性障碍。在体育锻炼时，两人头部相撞，或撞击硬物，或从高处跌下时头部撞地都可能造成脑震荡。致伤时，神志昏迷，脉搏徐缓，肌肉松弛，瞳孔稍大但能对称，神经反射减弱或消失；清醒后，患者常有头痛、头晕、恶心呕吐等症状，平时情绪烦躁、注意力不集中、耳鸣、心悸、多汗、失眠、记忆力减退等。脑震荡后的处置：立即让患者平卧，头部冷敷，若有昏迷，即指压人中、内关、合谷穴，若呼吸发生障碍，立即进行人工呼吸。上述处理后，出现反复昏迷或耳鼻口出血，两眼瞳孔放大还不对称时，表明病情严重，应立即护送至医院治疗。在运送途中，要让患者平卧，头部固定，避免颠簸。轻微脑震荡一般可自愈，无须住院治疗，但要注意休息和必要的药物治疗，保持情绪稳定，减少脑力劳动。

在恢复过程中，可定期做脑震荡痊愈平衡试验，以检查病况进展。其方法是：闭目、单腿站立、两臂平举，如果能保持一定的平衡，表明脑震荡已基本治愈。这时，可适当参加体育锻炼，但要避免滚翻和旋转性动作。

第四节　现场急救的方法

一、现场急救的意义

现场急救是指对运动中突然出现的严重损伤进行紧急、初步和临时性处理，以减轻患者痛苦，预防并发症，为转送医院进行治疗创造条件。这对保护患者生命安全具有十分重要的意义。

运动损伤的现场急救是一项极其重要的工作。如果处理不当，轻则加重损伤，导致感染，加重患者痛苦；重则致残，甚至危及生命。因此，急救者必须及时、准确、有效地进行急救。

二、现场急救的原则

运动损伤的现场急救是一项十分复杂的技术。急救者要充分发挥救死扶伤的精神，既要临危不惧，又要正确判断，其急救原则为：

1. 抓住主要矛盾

现场急救比较复杂，如果同时出现多种损伤，必须抓住主要矛盾进行急救。如发现休克，应先防止休克，以针刺人中、内关穴，然后再作其他损伤的处理。

2. 分工明确、判断准确

急救人员必须分工明确，并具有高度的责任感和救死扶伤的崇高品德，有条不紊地实施抢救；要有熟练、正确的救治技术和丰富的临场经验。

3. 快抢、快救、快运转

发扬救死扶伤精神，急救时必须分秒必争，当机立断，切勿犹豫，延误时机。待抢救有效后，尽快转送医院，做进一步治疗。运送途中，应保持患者身体平稳，消除其紧张情绪,必要时进行人工呼吸。

三、现场急救的方法

(一) 止血法

1. 冷敷法

冷敷可以使血管收缩,减少局部充血,降低组织温度,抑制神经感觉,从而有止血、止痛和减轻局部肿胀的作用。冷敷止血法常用于急性闭合性软组织损伤。最简单的方法是用冷水冲洗或用毛巾敷于伤处,有条件的可使用复方氯乙烷气雾剂喷射。

2. 抬高伤肢法

抬高伤肢,可使伤处血压降低,血流量减少,以起到减少出血的作用。采用加压包扎后,仍应注意抬高伤肢。

3. 压迫法

压迫法可分为指压法、止血带法、包扎法等。

(1) 指压法包括直接指压法和间接指压法两种。

直接指压法,即用指腹直接压迫出血位置。但由于直接触及伤口,容易引起感染,所以最好敷上消毒纱布后进行指压。注意应压迫在出血动脉靠近心脏的血管处,以阻断血流。

间接指压法,即用拇指或其余四指将出血血管近端压在骨面上,达到止血目的。

【例 1】 锁骨下动脉压迫法

可使臂的上部及肩部止血(见图 6-1)。

【例 2】 肱动脉压迫止血法

进行时,将伤臂外展,用大拇指将上臂中部的肱动脉压迫至肱骨上。此法适用于前臂和手部出血的止血(见图 6-2)。

【例 3】 股动脉压迫止血法

将伤员仰卧,大腿外展,在腹股沟中点下方摸到搏动后,用双手拇指将股动脉压迫在趾骨或股骨上端。此法适用于大腿或小腿出血的止血(见图 6-3)。

【例 4】 胫前或胫后动脉压迫止血法

进行时，在踝关节背侧，于胫骨远端将胫前动脉压向胫骨，或在内踝后方将胫后动脉压向胫骨。此法适用于足部出血的止血（见图 6-4）。

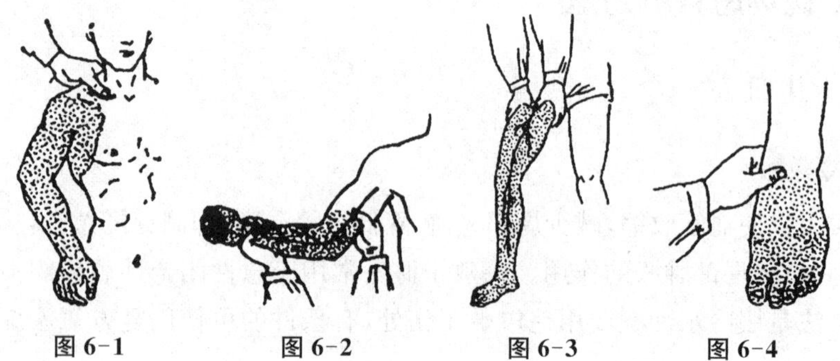
图 6-1　　图 6-2　　图 6-3　　图 6-4

（2）止血带法。临时止血常用的止血带有皮管、皮带、布条、毛巾等。进行时，先将患肢抬高，然后在患处上方敷扎止血。敷扎时最好加垫，以防敷扎太紧，造成肢体组织坏死。

（3）包扎法。主要有绑带包扎法，如环形包扎法、螺旋形包扎法、反折螺旋形包扎法、“8”字形包扎法（见图 6-5、图 6-6、图 6-7、图 6-8），另外还有三角巾包扎法等。

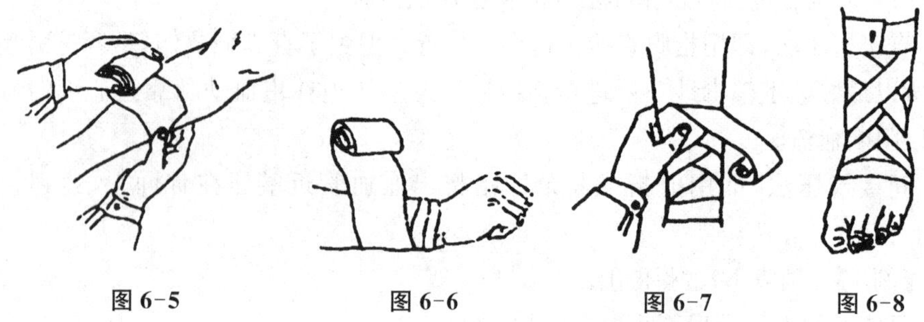
图 6-5　　图 6-6　　图 6-7　　图 6-8

（二）搬运法

伤员经过现场急救处理后，应将其迅速和安全地送到宿舍休息或医院治疗。搬运方法很多，归纳起来有以下几种：

1. 扶持法

急救者让伤员的一臂搭扶在自己的颈肩上，并拉握其手部，另一只手扶挽住伤员腰部。此法适用于神志清醒、伤情较轻、自己基本能步行的伤员（见图 6-9）。

2. 抱托法

急救者一手抱托住伤员的背部，另一只手托住其大腿及膝窝处，将伤员抱起，伤员的一臂搭扶在急救者肩上。此法适用于神志清醒，但身体虚弱的伤员（见图6-10）。

3. 椅托法

两名急救者相对，用同侧的手相互握住对方的前臂，另一只手相互搭在对方的肩上，像一把椅子，让伤员坐在“椅架”上，伤员的两臂分别搭在急救者的肩上（见图 6-11）。

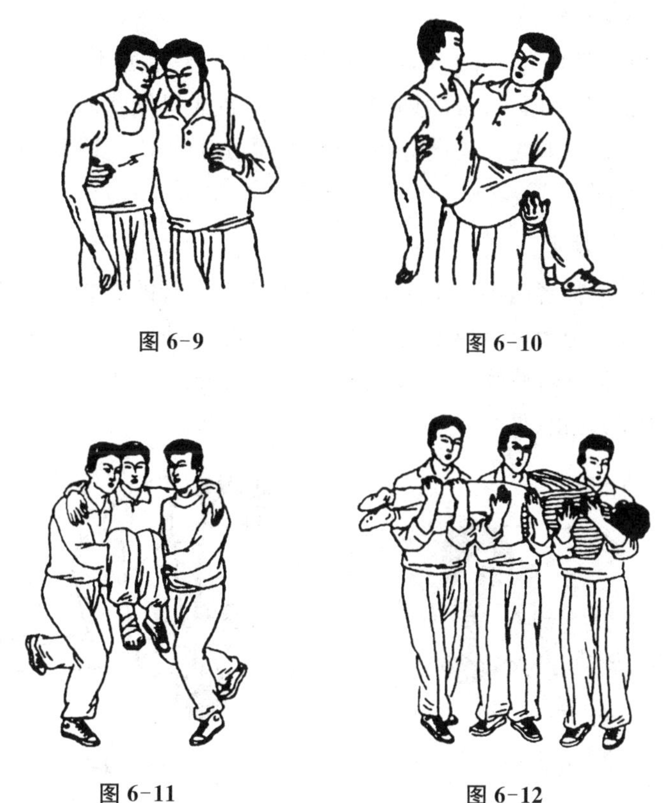

图 6-9

图 6-10

图 6-11

图 6-12

4. 三人抱法

3 人站在同一方向，将伤员托抱起来，并协调地行走，此法适用于体力严重衰弱和神志不清的伤员（见图 6-12）。

5. 担架法

可用特制担架或门板、凳子作为代用品。

6. 车辆运送法

在运送途中应防止震动和颠簸。

（三）人工呼吸法

人工呼吸法有举臂压胸法、仰卧心脏胸外挤压法、俯卧压背法、口对口人工呼吸法等。其中以口对口人工呼吸法和仰卧心脏胸外挤压法效果最好。

1. 口对口人工呼吸法

进行时将患者仰卧，头部后仰，托起下颌，捏住鼻孔，压住环状软骨（即食道管），防止空气吹入胃中，急救者随即深吸一口气，将大口气吹入患者口中，吹气后将捏住鼻子的手松开，如此反复进行，吹气频率每分钟约16～18次，直至患者自主恢复呼吸为止（见图6-13）。

2. 心脏胸外挤压法

将患者仰卧，急救者两手上下重叠，用掌根置于患者的胸骨下半段处，借助于体重和肩臂力量，均匀而有节律地向下施加压力，将胸壁下压3～4厘米为度，然后迅速地将手松开，胸壁自然弹回。如此反复进行，每分钟以60～80次的节律进行，直至恢复心脏跳动为止（见图6-14）。

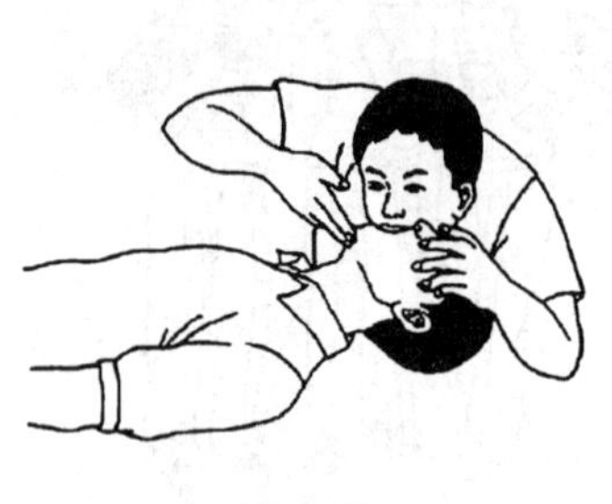

图6-13

图6-14

（四）溺水及其急救

1. 原因与症状

在游泳时，因肌肉痉挛或技术上的原因导致溺水。溺水时，水经过口鼻进入肺部，造成呼吸道阻塞，或者因吸水的刺激，引起喉部肌肉痉挛，使气体不能进入，导致窒息和昏迷。如果时间稍长，会因缺氧而危及生命。窒息后，脸色苍白、面部肿胀、眼睛充血、口鼻充满泡沫、四肢冰冷、神志昏迷、胃腹吸满水而鼓起，甚至呼吸、心跳停止。

2. 急救步骤

（1）将溺水者救上岸后，清除口腔中的分泌物和其他异物，并迅速进行倒水，但不要过分强调倒水而延误了宝贵的抢救时间（见图 6-15）。

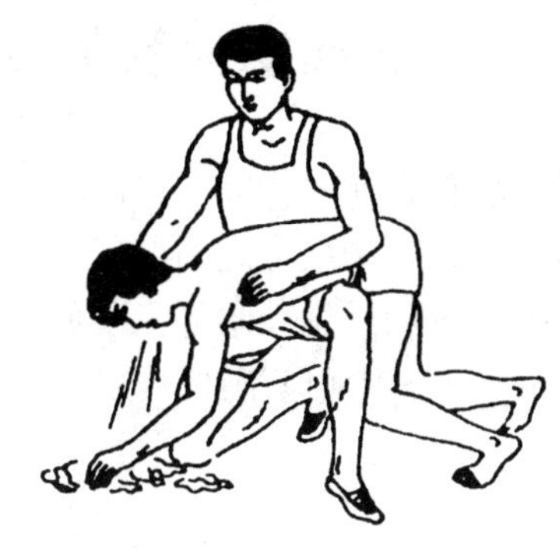

图 6-15

（2）立即进行人工呼吸。若心脏已停止跳动，应同时实施心脏胸外挤压法。人工呼吸和心脏胸外挤压以 1∶4 的频率交替进行，急救者之间应密切配合，进行积极而耐心的抢救，直至溺水者自主恢复呼吸为止。

（3）苏醒后，立即送往医院，做进一步检查和治疗。在运送途中，必要时继续进行人工呼吸。对溺水者，常常需要对真死和假死进行判断。真死一般具有以下 4 个特征：

① 呼吸停止。既看不见又摸不到呼吸运动，即使将细毛或发丝放在鼻腔前，也不见飘动。

② 心跳停止，脉搏消失。将耳朵贴在患者胸壁外或用听诊器也听不到心音。

③ 瞳孔对光反射消失。亮光不能使瞳孔缩小，不出现眨眼反应。

④ 角膜反射消失。用手指或细毛触及角膜，不出现眨眼反应。

若溺水者只出现 1～2 个征象时，则并非为真死，称为假死。若 4 个征象都存在，且用手指从两侧挤压眼球，瞳孔变成椭圆形时，则可判为真死。必须记住，急救者切不可轻易判断为真死，在尚未完全出现真死征象之前，要刻不容缓地坚持抢救。

第七章 体育锻炼的科学营养

第一节 人体必需的营养素

机体为了维持生命和健康，保证生长发育、生活和生产劳动的需要，必须从食物中获得必要的营养物质，这些营养物质称之为营养素，包括蛋白质、糖(或称碳水化合物)、脂类、维生素、矿物质、食物纤维和水等。下面将对这些营养素的组成、分类、营养功用，以及供给量与来源分别加以阐述。

一、蛋白质

(一) 组成与分类

蛋白质是一种化学结构非常复杂的化合物，主要由碳、氢、氧、氮四种元素构成(有的还含硫、磷等元素)。当蛋白质在酸、碱或酶的作用下进行水解时，其最终产物是一种含有氨基酸的羧基，称作氨基酸，它是构成蛋白质的基本单位。

(二) 营养功用

1. 构成机体组织

蛋白质是一切细胞和组织结构的重要成分，是生命的物质基础，占细胞内固体成分的80%以上，占体重的18%。

2. 调节生理机能

蛋白质在体内构成许多机能物质，具有多种生理功能，如酶的催化作用，激素的生理调节作用。

3. 供给热能

蛋白质的主要功用不是供给热能，当碳水化合物和脂肪供给的热能不足，或摄

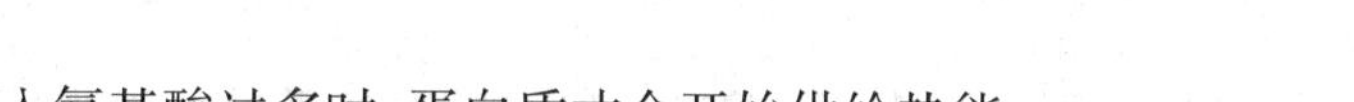

入氨基酸过多时，蛋白质才会开始供给热能。

（三）供给量与来源

蛋白质需求量受两方面因素的影响：一是人体的生理状况，如儿童、孕妇、疾病康复者和重体力劳动者等对蛋白质的需要量较多；二是蛋白质的质量，摄入生物价高的蛋白质时，需要量较少，反之需要较多。

我国目前膳食中的蛋白质以植物性蛋白质为主，生物价较低，成年人的供给量为每日每千克体重1～1.5克。蛋白质供给的热能，平均应占一日膳食总热能的10%～14%，其中儿童为12%～14%，成人为10%～12%。

蛋白质广泛存在于动物性食物和植物性食物中的豆类、谷类和坚果类食物中。鸡蛋是最好的食物蛋白质来源，生物价高达94%。植物性食物蛋白质的营养价值虽然低于动物性食物，但是由于食用量大，目前仍然是我国居民膳食中蛋白质的主要来源。

（四）蛋白质营养失调对人体的影响

蛋白质营养失调包括蛋白质不足与蛋白质过剩，它们都对人体健康有不良影响。蛋白质缺乏，会导致机体生理功能下降、抵抗力降低、消化功能出现障碍、伤口愈合缓慢、精神不振，并出现贫血、脂肪肝、组织中酶活力下降等；同样，摄入蛋白质过多，也对人体有害，如容易患肾脏疾病、诱发心血管疾病、导致骨质疏松等。

二、糖（碳水化合物）

（一）组成与分类

糖由碳、氢、氧三种元素组成，因其每两个氢原子有一个氧原子，这个比例与水相同，故又称碳水化合物。依其分子结构的简繁，糖可分为单糖（包括葡萄糖、半乳糖、果糖）、双糖（包括蔗糖、麦芽糖、乳糖）与多糖（包括淀粉、糖原、纤维素与果胶）。

（二）营养功用

1. 供给能量

糖是人体主要的能源物质，1克葡萄糖在体内完全氧化成二氧化碳和水时，可以产生17千焦耳的能量。糖在供给热能上有许多优点：比脂肪和蛋白质易消化吸

收,产热快,耗氧少,对运动有利;在无氧情况下也能分解产热,这对于进行大强度运动有特殊意义。

2. 维持中枢神经机能

糖是大脑的主要能量来源。血糖水平正常,才能保证大脑的功能;血糖降低,脑的功能就会受影响,如出现头晕、昏厥等低血糖症。

3. 维持脂肪正常代谢

4. 降低蛋白质的分解

5. 保护肝脏

碳水化合物可增加肝糖原的储存,保护肝脏免受某些有毒物质(如酒精、细菌毒素等)的损害。

6. 糖是构成机体的重要物质

(三)供给量与来源

糖的供给量依饮食习惯、生活水平和劳动性质等因素而定。目前我国成年人糖的供给量以占总热能的50%~70%为宜。糖在自然界中分布很广,主要在植物性食物中,粮食和根茎类植物含糖量很丰富。动物性食物中只有肝脏含有糖原、奶中含有乳糖,但数量不多。

三、脂类

(一)组成与分类

脂类包括脂肪和类脂,由碳、氢、氧三种元素组成。有的类脂还含有磷和氮。脂肪由甘油和脂肪酸组成,脂肪酸的种类很多,按分子结构分为饱和脂酸与不饱和脂酸两类,不饱和脂酸又可分为单不饱和脂酸与多不饱和脂酸。通常把维持人体正常生长所需而体内又不能合成的脂肪酸称为必需脂肪酸。亚油酸和亚麻酸是人体所需的两种重要的必需脂肪酸。

(二)营养功用

1. 供给热能

脂肪是高热能物质,每克脂肪可供热38千焦耳。沉积在体内的脂肪是机体的

“燃料库”。

2. 构成机体组织

类脂质是构成细胞的基本原料。体内脂肪组织有保护和固定器官的作用，皮下脂肪有保温作用。一般成年男性的脂肪占体重的10%～25%，女性的脂肪含量更高。

3. 供给必需脂肪酸

4. 是脂溶性维生素的携带者，并促进其吸收利用

5. 增加食物香味与饱腹感

（三）供给量与来源

一般来说，脂肪供给的能量占总能量的百分比，青少年以25%～30%为宜，成年人以20%～25%为宜。饱和脂肪酸、单不饱和脂肪酸、多不饱和脂肪酸的比例以1∶1∶1为宜。必需脂肪酸供能应达到总能量的1%～2%。

膳食中脂肪的主要来源是烹调油，以及各种食物中所含的脂肪。目前我们食用的一些烹调油是按1∶1∶1的比例对脂肪酸进行过调配的调和油。

（四）脂肪营养失调对人体的影响

由于人体对脂肪的实际需要量不高，因而脂肪营养失调的主要问题是摄入脂肪过多，膳食中脂肪总摄入量与动脉粥样硬化症发病率、死亡率和乳腺癌的发病率成正相关。摄入脂肪过多，还会引起大量脂肪在肝脏存积而形成脂肪肝。脂肪肝可引起肝细胞纤维性病变，最后造成肝硬化，损害肝脏的正常功能。此外，由于脂肪是高热能物质，摄入过多会导致体内热量过剩。过剩的热能转化为脂肪存于体内，使机体肥胖，容易产生心血管疾病。

四、维生素

维生素是维护身体健康、促进生长发育和调节生理机能所必需的一类（低分子）有机化合物，其种类较多，化学性质不同，生理功能各异，虽不参与构成组织，也不供给热能，却对体内生物氧化等代谢过程有着重要的作用。它能促进机体吸收大量能源物质，调节物质代谢和能量转化等。通常按溶解性质将维生素分为两大类：一类是脂溶性维生素，另一类是水溶性维生素。脂溶性维生素包括维生素A

(视黄醇)、维生素D(钙化醇)、维生素E(生育酚)和维生素K(凝血维生素);水溶性维生素包括维生素B复合物和维生素C(抗坏血酸)。

人体所需的维生素有十多种。维生素大多不能在体内合成或合成量甚微,在体内的储存量一般很少,必须从食物中摄取。因此,合理地选择、正确地加工和烹调食物,对保证人体必需的维生素很重要。维生素摄入不足会影响正常代谢和生理机能,严重的会产生维生素缺乏症。维生素对于运动十分重要,而且有些维生素可以直接影响人体的运动能力。

摄入维生素必须适量,少了会引起缺乏病,多了对机体不仅无益反而有害。如维生素A、维生素D摄入过多,会蓄积于体内而致中毒;过量摄入维生素B和维生素C会引起代谢紊乱和产生对其他维生素的抵抗作用,导致不良反应。人体主要通过食物摄取维生素,且不会过量。所以在食物供给充分的情况下,一般不必另外补充维生素制剂。

五、矿物质

人体内所含矿物质元素的种类很多,总量占体重的5%～6%。其中含量较多的是钙、磷、钠、钾、氯、硫、镁七种,被称为常量元素;含量较少的是铁、碘、氟、硒、锌、铜等,被称为微量元素。

矿物质对人体十分重要,各种元素都有其独特的功能,对人体的功用可概括为:构成机体组织,调节生理机能,维持正常代谢。

人体在新陈代谢中每天都有一定量的矿物质排出体外,因此必须从食物中补充矿物质,以保持体内的动态平衡。若不能补充,体内的代谢和生理机能就会受影响,甚至产生疾病。但摄入过多也会对人体有害,因此必须适量。人体所需的矿物质,多数在正常膳食下都能获得,但有的容易缺乏,有的微量元素受地质化学状况的影响会发生地区性的缺乏。

六、食物纤维

食物纤维是可食植物的细胞壁间质的组成成分,不被人体内消化酶分解消化,在维护健康、预防某些疾病方面有一定作用,是维持人体正常生理机能不可缺少的,因而也是膳食中的重要营养素之一。它的生理作用是:降低血浆中的胆固醇;降低餐后血糖升高的幅度;改善大肠的功能,预防便秘,加快有毒物质的排出;改善大肠代谢。

食物纤维，成人的供给量为每天 4～12 克，适量食用粗杂粮和蔬菜水果，不吃过分精制的食物，一般均能满足机体需要。含食物纤维较多的食物有：麦麸、鲜豆荚、嫩玉米莓、菠萝、花生、核桃等。蔬菜生吃可增加摄入食物纤维的量。需要注意的是，食物纤维摄入过多，会影响钙、镁、锌、铁等无机盐和某些维生素的吸收，还会引起刺激性腹泻。

七、水

水是人体除氧以外赖以生存的最重要物质。人体在缺食但不缺水的情况下，可维持生命数十天；若是缺水，则仅能生存几天，由此可见水的重要性。

水的营养功用有：机体的重要组成成分，水是机体中含量最多的组成成分，约占成人体重的 60%；保证和参与物质代谢过程，机体内的代谢过程是在体液环境中进行的，而体液由水、电解质、低分子有机化合物和蛋白质等物质组成；水是良好的溶剂，营养物质的消化、吸收、生物氧化以及代谢物的排泄都离不开水；调节体温，水的比热容大，体温易保持稳定，水的蒸发散热（排汗）是体温调节的一种重要方式；促进体内物质的运输，水的流动性大，在体内形成体液，循环运输物质；保持腺体正常分泌，各种腺体分泌物均是液体。

人体的需水量取决于排出的水量，每日摄入的水量应与机体经过各种途径排出的水量保持动态平衡。1 500 毫升是成年人一般情况下每天对水的最低生理需要量。为保证安全，每日每千克体重供水 40 毫升为宜；高温、运动等出汗多时，供水量应相应增加。

水的来源包括直接饮入的水、食物中含有的水，以及蛋白质、脂肪和碳水化合物在体内代谢产生的水分。在摄取水时，除考虑水量需满足机体需要外，还应注意水的卫生状况，必须饮用清洁卫生的水，以保证身体健康，减少毒素和致癌物质的产生。

在开始进行运动前 10～15 分钟，可适量饮水，以增加体内的临时储备，对维护运动时的正常生理机能有良好作用。运动中每 15～20 分钟饮水 150～200 毫升，这样既可及时保持体内水的平衡，又不增加心脏和胃的负担。体育锻炼后的补水可以在运动后每 20～30 分钟补水一次，每次饮水量在 250 毫升左右。夏季运动补水的水温应在 10 摄氏度左右为宜，其他季节最好补充温水。

第二节　大学生的生长发育与营养

一、大学生的生长发育特征

大学生处于生长发育期，身体的可塑性很强，经常参加健身锻炼，使之形成健壮匀称的体格、端正健美的姿态是非常必要的。而且，在健身锻炼时，主管身体运动的大脑细胞和神经常常处于兴奋与抑制交替转换的过程中，可使大脑的调节功能、反应速度等方面得到良好的发展，改善大脑皮层的工作能力，如思维敏捷、判断能力强等，真正使大学生成为德、智、体全面发展的有用人才。

（一）大学生的体形特征

低年级大学生已经经历了人生最后一个快速发育的高峰期，身高、体重、胸围、肩宽、头围、骨盆等外部形态已逐渐转入缓慢发展阶段。骨骼已基本骨化并坚固，但其发育尚未完全停止，骨化过程也尚未彻底结束。如有适当的体力劳动，良好的卫生习惯，规律的生活，合适的营养，就能更好地促进骨骼的生长。

在此年龄阶段，肌肉的生理特点也由肌肉纤维纵向发展，中枢神经系统对肌肉的调节不完善、肌群活动不协调、肌肉力量差的情况转向肌纤维纵向发展基本结束而向横向发展，肌群活动逐渐协调，肌肉中的水分逐渐减少，而肌肉收缩的有效成分蛋白质以及脂肪、糖和无机盐的含量增加，肌肉的重量已接近成年人的水平。

男女学生在外部形态上出现了明显的差异，男生变得喉结突出，声带加宽，发音低沉，肩部增宽，胸部呈现前后扁平，须毛丛生，显得壮实；女生乳房突出，声带变长，嗓音尖细，臀部增大，肢体柔而丰满。这些第二性征的出现，表明生理发育已逐渐成熟，能承受较大的负荷，为担负繁重的脑力和体力劳动，适应各种困难的环境变化，为心理素质的健康发展，奠定了物质基础。

（二）大学生的体机能特点

大学生的心脏在形态结构和功能作用上均已达到成人水平。心脏重量为300～400克，心脏容积达到240～250毫升，心跳频率每分钟65～75次，血液量占体重的7%～8%，脉搏输出血液量约为60毫升。

对绝大多数男女生来说，心脏系统是可以承受各项激烈的体育锻炼活动的。

个别人出现高血压现象，那是由于青年期之前，心脏发育速度加快，血管发育处于相对落后的状态，加之内分泌的影响，有的收缩压接近 20 千帕，而且有起伏状况，舒张压则保持在正常范围，这种现象称为青春期高血压。出现青春期高血压的人，如果过去一向有体育锻炼的习惯，且运动后无不良反应，只要适当注意运动量和医务监督可正常从事体育锻炼和体力劳动。随着年龄的增长和身体内环境的协调平衡，这种现象会自然消失。

大学生的呼吸系统已接近和达到成人水平。青年初期心肺的结构和机能迅速生长发育，呼吸频率逐渐减慢，呼吸深度相应增加。有资料表明，青年中期呼吸频率每分钟约 16 次左右，男女大学生平均肺活量分别是 4 124±552 毫升和 2 871 ±390 毫升。心脏和肺是人体血液循环和气体交换的动力器官。从生理学角度看，大学生这些器官已达到健全程度，可以进行旺盛的新陈代谢，以保证繁重的脑力劳动和剧烈的体育运动中能量的消耗与补充。

（三）大学生神经系统特征

神经系统是人体发育最早、最快，成熟最早的系统。中枢神经系统由脑和脊髓组成，是指挥整个机体活动的“司令部”。周围神经系统散布于机体各处，上连中枢神经，下连各器官系统，把人体的各种刺激传给中枢神经，也把中枢神经系统的冲动传到人体各部分。人体任何一个器官、系统的活动，都是在神经系统的调节、控制下完成的。如运动时心跳加快加强、呼吸加快加深、胃肠活动减弱等反应，都是在神经系统调节下，使各器官、系统的活动迅速协调统一起来，以满足机体运动的需要而产生的。

大学生处于脑细胞建立联系的上升期，大脑神经细胞的分化机能迅速发展，达到成人水平。在神经系统的发展上，特别是在大脑皮质的结构和功能上发生了巨大变化。虽然大脑基本成熟，体积和重量不再增加，但在学习、生活等复杂环境条件的影响下，皮层细胞活动数量迅速增加，大脑两半球各个部分之间的联络神经纤维也大量增加。神经元联系扩大，脑回深化，第二信号系统最高调节能力大大增强，第一和第二信号系统的联系完善起来，为思维发展创造了良好的物质条件。

人体中枢神经系统的活动有兴奋和抑制两个过程，二者相互影响、相互加强。兴奋和抑制过程经常不断地运动变化着，它的活动规律包括扩散、集中及相互诱导等。人的一切功能活动都是兴奋和抑制的不同表现形式。脑力劳动的思维、推理、分析、综合等都是在大脑高度兴奋中进行的。大学生长时间的学习，单调重复的刺

激使大脑皮层产生抑制和疲劳状态。运动生理学研究证明，神经系统的疲劳比肌肉和内脏的疲劳更难恢复。如不及时采取措施调节，就会导致疲劳过度，产生神经衰弱，严重影响大学生的身体健康和正常的学习生活。

二、健康膳食原则

（一）各种营养素的供给平衡

供给足够的热能，满足生理、生活、劳动的需要；供给充足的蛋白质，全面平衡人体的8种氨基酸，以满足机体的生长发育、组织修补和更新的需要；供给各种无机盐，以满足构成机体组织和调节生理功能的需要；供给足够的维生素，以满足调节生理功能，维持正常新陈代谢，增进机体健康的需要；供给适量的食物纤维，以维持正常的排泄及预防某疾病的需要。同时，要保持能量摄入与消耗的平衡。现代社会热量摄入过多是普遍存在的问题，因此在膳食中应注意少油、少糖、限量、多食。

（二）三大热能营养素的配比平衡

蛋白质、脂肪和糖是人体三大能源物质，在膳食中含量最多，它们在人体代谢过程中关系密切，其中最主要的是糖和脂肪对蛋白质的节省作用，即足够的糖和脂肪可减少蛋白质作为能源的消耗。但蛋白质供给量不足，单纯提高糖和脂肪的供给量，也不能维持正常的氮平衡。所以，只有蛋白质的供给量达到最低需要的量以上，碳水化合物和脂肪才能充分发挥它们对蛋白质的节约作用。也只有糖和脂肪达到最低需要的量以上，蛋白质才能发挥作用。此外，热量摄入应适应性别、年龄、劳动强度及生理需要，摄入与消耗呈动态平衡。通常认为蛋白质、脂肪、碳水化合物供给量的比例分别占总热能的10％～15％、20％～25％、60％～70％。

（三）氨基酸平衡

食物中蛋白质所含的色氨酸、苯丙氨酸、赖氨酸、苏氨酸、蛋氨酸、亮氨酸、异亮氨酸、缬氨酸为人体所必需的8种氨基酸，应种类齐全，数量充足，比例适当，而且还应有一定比例的非必需氨基酸。一般来说，必需氨基酸和非必需氨基酸的比值为4∶6。一般在肉、蛋、奶等动物性食品和豆类食品中含量充足、比例恰当，故肉、蛋、奶和豆类食品的营养价值较高，而粮食等植物性食品中则常有几种氨基酸缺

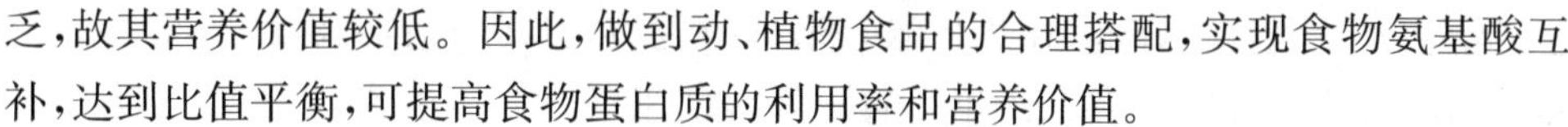

乏，故其营养价值较低。因此，做到动、植物食品的合理搭配，实现食物氨基酸互补，达到比值平衡，可提高食物蛋白质的利用率和营养价值。

（四）脂肪酸平衡

脂肪可来自动物性食品、粮食、坚果及食用油等多种食品。脂肪由甘油和脂肪酸组成。平衡膳食除了维持脂肪功能的比例，还应维持饱和脂肪酸与不饱和脂肪酸的平衡。

膳食中饱和脂肪酸在动物性油脂中含量较高，如猪油、牛油、奶油等，过多摄入会导致高血脂、动脉粥样硬化，故应控制其摄入量。而多不饱和脂肪酸一般在植物性油脂中的含量较高，如豆油、葵花子油、芝麻油、花生油等，其中有的多不饱和脂肪酸如亚油酸，是人体不能合成必须由食物提供的必需脂肪酸，故通常认为植物油的营养价值较高。因此，应尽量控制动物油的摄入量，适当增加植物油摄入量，对老年人更应如此。当然，植物油摄入也不是多多益善，因为多不饱和脂肪酸在体内氧化易产生过氧化物，具有促进衰老作用。所以食用油脂还应做到适量，一般以食用油脂加上其他食物脂肪不超过总热能的25％为宜，在这个前提下尽量多采用植物油作为烹调用油，其用量一般应占全日用油量至少一半以上。

（五）酸碱平衡

人体在正常情况下血液酸碱处于平衡状态，PH酸碱度稳定在7.3～7.4之间。食品中，含磷、硫、氯等非金属元素较多的，在机体内经代谢后可生成酸根，称为酸性食品，如米、面粉、肉、鱼、蛋等；而含钠、钾、镁、钙等金属元素较多的，则在体内氧化，产生带阳离子的碱性氧化物，称为碱性食品，如大多数蔬菜、水果、黄豆等。膳食中酸性食品和碱性食品应搭配适当，否则一日超过机体缓冲系统代偿能力，就会导致酸碱失衡。如酸性食品摄入过多可使血液偏酸性，严重时还可导致酸中毒。

（六）维生素平衡

脂溶性维生素摄入过多，在体内易造成蓄积，引起中毒，这在食用强化食品或口服鱼肝油丸等制剂时应予注意；在我国膳食结构中，维生素A、D膳食来源不充分，应注意动物肝脏等食品摄入。水溶性维生素如维生素B1、维生素B2、烟酸、维生素C等，体内储备少且烹调加工及贮存过程中易损失破坏，因而易产生供给不足的问题，应注意膳食补充。维生素B1、维生素B2、烟酸等，还参与体内生物氧化过

程，同能量代谢有关，因此，在热量摄入增加时也应相应增加这几种维生素的供给量。各种维生素之间也存在互相影响问题，如维生素B1、维生素B2可促进维生素C的合成；维生素B1与维生素B2之间也存在相互影响的问题，缺乏维生素B1，影响维生素B2在体内的利用；维生素C能促进铁的吸收和利用；维生素E能促进维生素C在肝内的存储；缺乏生物素会引起泛酸的缺乏。

（七）无机盐平衡

膳食中如果磷酸盐过多，会与食物中的钙结合，使其溶解度降低，影响钙的吸收。因此膳食中钙、磷的比例恰当，才能有利于两者的消化吸收。成年人膳食中钙、磷之比为1∶1.5，儿童为1∶10。过量的铜、钙和亚铁离子可抑制锌的吸收。铁与铜在造血过程中起协同作用，铜是合成血红蛋白的催化剂，缺铜也如同缺铁一样会导致贫血。膳食中膳食纤维过多或脂肪过高或蛋白质缺乏也会影响钙的吸收。食物中含草酸、植酸较高时能与某些元素结合生成难溶物质，也会影响钙、铁、锌等的吸收。

三、健康膳食制度

健康的膳食制度，即合理地安排一日的餐次、两餐之间的间隔时间、每餐的数量与质量，使进餐与日常作息制度及生理状况相适应，与消化规律相协调，从而提高对食物的消化、吸收和利用程度，提高劳动者的工作效率，并有利于人体健康。

（一）两餐间隔的时间

两餐间隔的时间要适宜，间隔时间过长会引起明显的饥饿感甚至胃痛，血糖下降，工作能力也随之下降，长期的长时间空腹还会导致胃炎或胃溃疡。间隔时间太短则无良好的食欲，会使进食和消化液分泌都减少，影响食物的消化与吸收。通常两餐间隔以4～5小时为宜，一日进食四餐比三餐好。按我国人民的作息制度和习惯，一日进食三餐，两餐间隔5～6小时，也比较合理。

（二）食物的分配

一日食物的分配应与作息时间相适应。中国民间流传“早餐要吃好，午餐要吃饱，晚餐要吃少”，西方国家流传“早餐吃得像皇帝，午餐吃得像伯爵，晚餐吃得像乞丐”，都生动浅显地揭示了这个道理。三餐热能的合理分配是：

1. 早餐

占全天总摄入量的30%，以蛋白质、脂肪食物为主，辅以维生素，以满足上午工作的需要。我国部分地区的早餐以清淡的白粥加咸菜为主，热能分配偏低，有的仅占全日总热能的10%～15%，这与上午长达4～5小时的工作消耗是很不适应的。而西式早餐以牛奶、面包为主，辅以煎鸡蛋、新鲜水果或鲜榨果汁，含较高的热能营养素和维生素，值得我们借鉴。

2. 午餐

占全天总摄入量的40%，糖、蛋白质和脂肪的供给均应增加。因为午餐在三餐中的作用是承上启下，既要补偿饭前的热能消耗，又要贮备饭后工作需要的热能，所以在全天各餐中应占热能总摄入量最多，加之上午工作的消耗，通常食用者进食量较大，食物供给量也要相应增加。

3. 晚餐

占全天总摄入量的30%，应多供给含糖多的食物及谷类、蔬菜等易消化的食物，而富含蛋白质、脂肪的食物应少吃。因蛋白质和脂肪提供热能多，且较难消化，晚餐后的热能消耗又大大降低，易使热能积累而致肥胖，同时影响睡眠。

四、四季膳食的调配

一年分四季，春温、夏热、秋凉、冬寒。在四季中应根据气温和人体的变化，合理调配膳食，做到四季膳食平衡。

（一）春季

气温由寒转暖，阳气上升，人应适应季节调养生气，使机体与外界协调统一。在饮食上应由冬天的膏粱厚味转变为清温平淡。主食可多选用大米、小米、红小豆等，而羊肉、牛肉、鸡肉等温热副食品不宜过多食用。冬季蔬菜较少，人体摄入的维生素往往不足，春季蔬菜品种增加，应多选择各种绿叶蔬菜，如小白菜、油菜、菠菜、芹菜、水萝卜等，以补充维生素的不足。另外，应少吃高脂肪的食物及刺激性强的辛辣食物，更不要喝浓度高的烈性酒。

（二）夏季

气候炎热，胃肠功能差，加之出汗较多，膳食应清淡可口，并注意补充液体。应

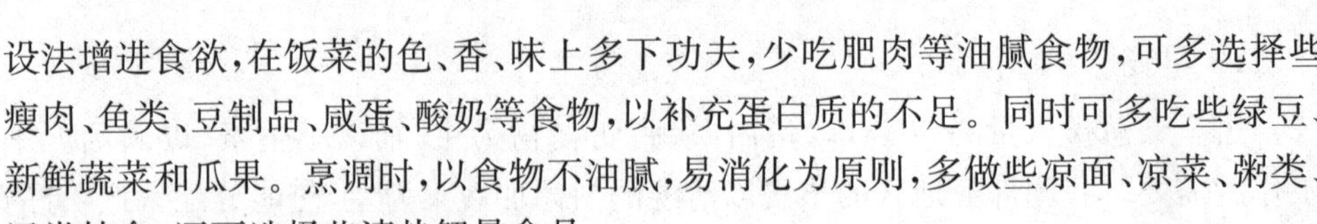

设法增进食欲,在饭菜的色、香、味上多下功夫,少吃肥肉等油腻食物,可多选择些瘦肉、鱼类、豆制品、咸蛋、酸奶等食物,以补充蛋白质的不足。同时可多吃些绿豆、新鲜蔬菜和瓜果。烹调时,以食物不油腻,易消化为原则,多做些凉面、凉菜、粥类、汤类饮食,还可选择些清热解暑食品。

(三) 秋季

天高气爽,环境由温转凉,宜食生津食品,膳食应有足够热能。此季节人的消化功能逐渐提高,食欲增强。各种动物肉肥味美,蔬菜瓜果齐全。膳食调配上,只要注意品种的多样化,使各种食物的比例适当,就可以了。在调味品上,可适当选些辛辣品,如辣椒、胡椒等。但是,要注意秋季天气由热转凉,在饮食上不要过多食用生冷食物,注意饮食卫生。

(四) 冬季

气候寒冷,膳食应注意充足的热量,以抵御严寒。冬季是进补的佳季,可多吃些热性的食物,如牛肉、羊肉、枣、桂圆、板栗等。还可增加些厚味食品,如炖肉、火锅、油炸食品等,但不能过量。否则,会使血脂偏高和使血液偏于酸性,对身体不利。另外,冬季蔬菜品种单调,北方多为储存菜,应特别注意吃些绿色蔬菜、豆芽、心里美萝卜等,以补充维生素的不足。调味品可多选用些辛辣食物,如辣椒、胡椒、姜、葱、蒜等。

五、大学生合理摄取营养的建议

各式各样的推荐食谱早已使人眼花缭乱,不知所措,如减肥食谱、美容食谱、高血压食谱、糖尿病食谱、老年人食谱等。但无论何种食谱,其基本的营养食物是以下 10 种,只要掌握这些营养食物的特点,再根据自身情况适当调整,那么在保健强身方面将会受益匪浅。

(一) 全麦类食品

全麦类食品不仅是极好的碳水化合物来源,而且还富含麸皮及维生素、纤维素等。

（二）鸡肉与鸡蛋

鸡肉与鸡蛋是最好的蛋白质来源。在动物性食品中，它们含有的脂肪量也最少。

（三）鱼与水产品

鱼与水产品虽属动物性食品，但却富含能使血液胆固醇降低的多种不饱和脂肪酸。

（四）奶与奶制品

喝牛奶能维持正常的生命活动。牛奶还含有钙与磷，钙在保证人体骨骼系统发育方面，磷在一些新陈代谢中，都是必需物质。

（五）蘑菇

蘑菇中的香菇，富有一定量的钾、磷矿物质，是保健类食物之一。

（六）柑橘

柑橘是常见的营养价值颇高的水果。它含有维生素C、大量的钙、磷及维生素A、纤维素等，是恢复人体体力的最好水果。

（七）香蕉

香蕉在供给低热量、低脂肪方面是非常有益的水果，它还含有丰富的钾元素。

（八）胡萝卜

胡萝卜富含维生素A，维生素A对视力、骨骼的发育以及免疫系统功能等方面均有不可低估的作用。

（九）马铃薯

马铃薯俗称“土豆”，它的营养价值曾被人们误解。它除含有丰富的淀粉外，还含有维生素C及镁、铁、磷、钾等物质。

（十）矿泉水

优质矿泉水能补充水和矿物质，特别是运动中的补水，矿泉水是较为理想的运动饮料。

第三节　体育锻炼的营养常识

一、不同运动项目的营养特点

在大学生经常进行的体育锻炼活动中，因各个项目代谢特点不同而对合理营养有着不同的需求特点。

（一）跑步类项目的营养特点

1. 短跑

短跑是体育竞赛活动中经常设立的一个项目。它是以力量素质为基础的无氧代谢供能为特点，时间短、强度大，要求有较好的爆发力。在膳食中要有丰富的动物蛋白质，以增大肌肉体积，提高肌肉质量，蛋白质的摄入量每日每千克体重 3.0 克左右。另外，要求在膳食中增加磷和糖的含量，为脑组织提供营养，改善神经控制和增强神经传递，动员更多的运动单位参加收缩。还要求在膳食中增加矿物质如钙、镁、铁及维生素 B1 的含量，以改善肌肉收缩质量。

2. 长跑

长跑是以有氧耐力素质为基础，以有氧代谢供能为特点，要求有较高的心肺功能及全身的抗疲劳工作能力。长跑虽强度较小但时间较长，体力消耗较大，要求膳食中有全面的营养成分，增加机体能源物质的贮备，在丰富的维生素、矿物质成分中，突出铁、钙、磷、钠，维生素 C、B1 和 E 的含量，有利于提高有氧耐力。

（二）体操类项目的营养特点

大学生喜爱的健美操以及在一些学校体育活动中开展的竞技体操、艺术体操，技巧动作复杂而多样，要求有较强的力量与速度以及良好的灵巧性与协调性，对神经系统有较高的要求。其营养特点是：高蛋白质、高热量、低脂肪，应突出铁、钙、磷

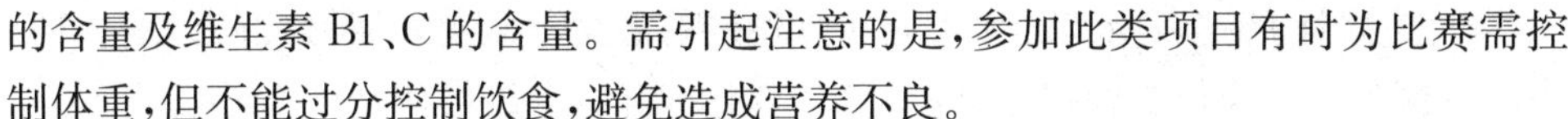

的含量及维生素 B1、C 的含量。需引起注意的是，参加此类项目有时为比赛需控制体重，但不能过分控制饮食，避免造成营养不良。

（三）球类项目的营养特点

球类项目对力量、速度、耐力、灵敏、柔韧等素质有较高的要求。食物中要含丰富的蛋白质、糖以及维生素 B1、C、E、A。球的体积越小，所摄入食物中维生素 A 的含量应越高。足球活动时间较长且在室外活动，矿物质、水分丢失较多，应及时补充。

（四）冰雪项目的营养特点

由于长时间在冰雪上活动，加之周围环境温度较低，机体产热过程增强以维持体温，蛋白质和脂肪消耗较多。所以膳食中必须增加糖类以提供能源，以 B 族维生素为主并增加维生素 A 的摄入，保护眼睛，适应冰雪场地的白色环境。

（五）游泳项目营养特点

游泳项目在水中进行，肌体散热较多、较快，冬泳更是如此。游泳锻炼要求一定的力量与耐力素质，要求在膳食中含有丰富的蛋白质、糖和适量脂肪。在水温较低时出于抗寒冷需要，可再增多脂肪摄入，维生素以 B1、C、E 为主，增加碘的含量，以适应低温环境甲状腺激素分泌增多的需要。

二、体育锻炼时营养摄取的要求

饮食对于运动表现非常重要，足够而均衡的饮食可使表现更趋完美。经常参加健身运动的人，如果缺乏合理营养保证，消耗得不到补充，机体处于“亏损”状态，则运动后疲劳不能及时消除，所以在运动以后可通过合理的营养膳食来补充消耗的能量和营养物质。饮食应注意以下几方面：

1. 对大多数喜爱运动的人来说，适当的饮食应包括：60％～70％的糖类，12％左右的蛋白质，以及 18％～28％的脂肪。一般来说，健身运动者和其他人一样应该严格控制脂肪，尤其是饱和脂肪酸，每千克体重需要蛋白质 1.0 克，这个数字高出正常人 0.8 克每千克体重，健康的饮食容易达到此要求，不用再补充蛋白质补剂。爱好运动的人消耗的热量常高于正常人，所以饮食中需要补充额外的热量，糖类是最佳的能量来源。

2. 应多补充蔬菜、水果。1天至少食用新鲜蔬菜500克,品种最好有2～3种,以新鲜深色蔬菜为佳。根据菜肴的情况使用烹调油,全天可用20～30克。

3. 当进行健身运动,特别是剧烈运动时,人体依靠大量出汗使机体散热,但同时导致大量的水分和电解质经由汗水流失,所以运动后及时补充水分和电解质非常重要。一般来说,健身运动后补充的饮料都为糖、盐水,也可饮用菜汁、果汁、咸菜汤等。补充水分的方式是少量、多次为宜,不宜一次饮用大量水。

4. 运动后饮食安排的要求:①忌立即进食,至少休息1小时左右。②食物要细软,易于消化,忌暴饮暴食或过饥过饱。③要有规律,每餐基本做到定时定量,一日三餐为宜。如有必要可加餐一次。

体育文化与欣赏

第八章 体育文化简论

第一节 体育文化概述

一、体育文化的含义

文化是指人类所创造的物质财富与精神财富的总和及其创造过程。体育文化则是关于人类体育运动的物质、制度、精神文化的总和,大体包括体育认识、体育情感、体育价值、体育理想、体育道德、体育制度和体育的物质条件等。体育的技术方法属于体育认识的范畴,它是人类认识过程的一种特殊形式。各种运动形式(如奥林匹克运动项目)、各种竞赛规则、运动服装、运动场地、运动器材以及奥林匹克仪式、奥林匹克精神等,都属于体育文化。

一般情况下,文化包括心理、行为、物质三个方面(不同层面)的要素。体育文化也不外乎三个层面:体育文化的心理要素,也就是文化的精神、观念层面,有时称之为精神文化;体育文化的行为要素,也就是文化的行为方式、制度规范层面,有时称之为行为制度文化;体育文化的物质要素,也就是文化的物质实体层面,有时称之为物质文化,包括凝结体育文化特质的各种物质产品。一般而言,物质文化是最外表的层面,行为制度文化次之,精神文化是内核。

二、体育文化的表现形式

从体育的不同活动主体、不同活动方式、不同活动目标来分析,体育文化表现为:学校体育文化、竞技体育文化和社会体育文化。学校体育文化是以培养学生的体育意识、体育精神和体育技能为主要形式,以增进学生身心健康和提高学生的体育素养为主要目标的文化过程,它主要是作为文化教育的一部分而存在的;竞技体育文化是人类追求生命价值过程中不断验证自身极限的一种文化过程;社会体育文化是以大众参与为主要特征，以健身健美为主要目的的社会文化生活过程，它是社区文化最重要的内容之一。

从体育发展演进的历史过程来看，体育文化表现为古代体育文化、近代体育文化和现代体育文化三大类。古代体育文化的宗教性、民族性、地域性、自发性和工具性较强，而其商业性和自觉性较弱。近代体育文化以学校体育文化的崛起为主要特征，其宗教性基本消失，民族性、地域性弱化，商业性、工具性和自觉性都明显增强。现代体育文化具有鲜明的国际性、产业化和人性化特点，内容更加全面，形式日益丰富，影响不断扩大，它已是现代人生活方式的重要组成部分。

从体育的空间分布来看，体育文化既可以从最大的方面表现为东方体育文化和西方体育文化两大类，也可以从中观的层次将中国体育文化表现为中东部体育文化和西部体育文化，还可以从较小的方面表现为企业体育文化、社区体育文化、军营体育文化、校园体育文化和村镇体育文化等。区域性文化的交融与发展已成为现代人体育文化和生活的主旋律。

体育文化从内在品质上表现为体育观念、体育思想、体育理论、体育科学、体育精神、体育艺术、体育道德、体育法规和体育风尚等若干方面。体育观念是在三大体育实践活动中形成的一般的体育意识，它对人们的体育活动有一定的影响和制约；体育思想是体育观念的进一步升华，是指导人们从事体育活动的高级的体育意识，比体育观念更加全面、系统；体育理论是体育实践经验的科学总结，是理论化、系统化的体育观念和揭示体育本质与规律的体育思想，在这个意义上也有人把体育理论称为体育哲学；体育科学是侧重于技术上研究体育现象之间内在的、本质的、必然的联系的科学，它与体育理论的区别在于它是技术科学，而体育理论是理论科学；体育精神是人们在长期的体育实践活动过程中形成的一种内涵厚重、指向明确、易于体验、认同率高的人类精神，是一种顽强拼搏、公平竞争、团队协作、超越自我的精神，现代奥林匹克之父顾拜旦曾明确提出“奥林匹克精神首先是一个文化概念”，这是关于体育精神的文化性质的权威论断；体育艺术是体育、艺术高度完美的结合，是在体育活动过程中展现出来的人有意无意之中创造的独特的美；体育道德是体育活动过程中规范人与人之间关系的行为准则和主体意识；体育法规则是保证体育活动有序进行的强制手段，正是由于这种内在自觉和外在约束的统一才使体育活动能够按照一定的程序和习惯顺利开展；体育风尚是由于学校体育的有意识教育和竞技体育的有效引导，而在大众体育中表现出来的人们从事体育活动的阶段性、区域性重点倾向和特别嗜好。

从体育活动的文化载体上看，体育文化表现为体育场馆文化、体育用品文化和体育影视文化等若干方面。体育场馆文化是由体育建筑艺术、体育竞赛的氛围和现场媒体宣传（包括广告艺术）等内容构成的综合文化。体育场馆文化建设是体育文化硬件建设与软件开发的最佳结合点。体育用品文化主要包括体育器材文化、体育服饰文化、体育证照文化和体育纪念品文化，这是现代体育文化繁荣的一个十分重要的方面，也是体育文化产业化的最具前景的增长点。体育影视文化是现代影视文化非常重要的内容之一，它不仅是指那些以反映体育题材为主要内容的影视作品，而且也包括体育现场直播、现场采访和现场评论。体育影视文化的崛起为体育文化提供了最有效的手段。

第二节　校园体育文化

一、校园体育文化的含义

校园文化是学校文化的具体表现形式，它是一个多层次、立体化的有机整体，作为这个整体的重要组成部分的校园体育文化是推动校园文化发展的最有力的催化剂，同时它是具有深刻内涵和丰富外延的一种独特的文化现象，对于加强学校的精神文明建设，提高校园文化质量，全面推进素质教育和全民健身计划的落实，以及师生终身体育意识的培养都具有十分重要的意义。

校园体育文化是指在学校这一特定的范围里，人们在历史实践过程中所创造的体育精神财富和物质财富的总和。它有广义和狭义之分，广义的校园体育文化指所有的学校师生员工在体育教学、健身运动、运动竞赛、体育设施建设等活动中形成和拥有的所有的物质和精神财富。狭义的校园体育文化指学校师生员工们的体育观念和体育意识。校园体育文化和校园德育、智育、美育文化等一起构成了校园文化群，它又与竞技运动文化、群众体育文化一起组成了广义的体育文化群。根据校园体育文化要素的不同，可将其分为三大类，即意识文化、行为文化和物质文化。这三类文化均能有助于人们的心理调节，满足师生员工对精神文明生活的需要。

校园体育文化包括体育教学、健身锻炼、运动竞赛、体育表演、道德行为、制度、规范等。通过多种多样的体育手段和方法，可以锻炼学生意志品质，催人奋发进取，培养集体观念，加强组织纪律，协调人际关系，消除精神烦恼，给人愉悦，使人身

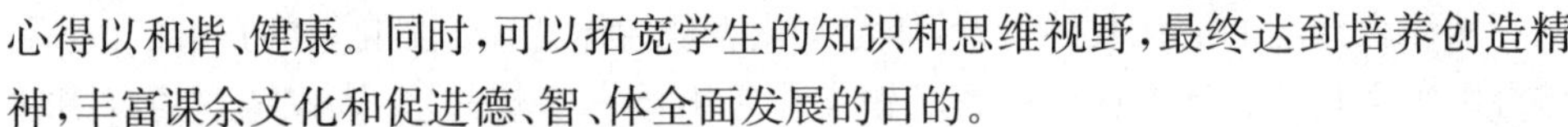

心得以和谐、健康。同时,可以拓宽学生的知识和思维视野,最终达到培养创造精神,丰富课余文化和促进德、智、体全面发展的目的。

二、校园体育文化的表现形式

校园体育文化是通过身体运动的方式进行的,它要求人体直接参与活动,这是校园体育活动最本质的特点之一,它决定了校园体育具有促进学生身心健康的功能。校园体育文化有以下几种表现形式:

(一)校园体育文化的创新性表现

体育运动有一个重要特征,就是鼓励和要求不断创新,正是这种“鼓励创新”的精神,体现出体育运动的文化特质。开展校园体育活动是实现学校体育目标的重要途径,是培养学生“终身体育”和“健康第一”思想的重要环节。《全国普通高等学校体育课程教学指导纲要》指出:“为实现体育课程目标,应使课堂教学与课外、校外的体育活动有机结合,学校与社会紧密联系。要把有目的、有计划、有组织的课外体育锻炼、校外活动、运动训练等纳入体育课程,形成课内外、校内外有机联系的课程结构。”通过课外体育活动与课堂教学互补,从而实现课内外一体化。

目前,各学校开展体育俱乐部和体育协会,是课余锻炼的有效组织形式,向学生提供活动时间、场地、器材及辅导教师。学生在体育俱乐部和体育协会活动中,选择自己的锻炼项目,不仅能充分调动学生的积极性和兴趣,促进技术、技能的掌握,养成自觉锻炼的习惯,而且能提高学生的组织活动能力与社会实践能力,逐步实现学校体育向“终身体育”的过渡。

学校体育俱乐部不仅是大众体育的组织形式,它还在高水平竞技的层面上,其功能与作用已超过了体育教学的本身,使校园体育文化更富有创新意识,加速了学校体育文化的整体发展。

(二)校园体育文化的开放性表现

在校园体育文化中,学生已经从以往的封闭式校园走向社会,参加各种体育活动,观看和参加世界大学生体育比赛和国内高水平比赛,如中国大学生篮球联赛(CUBA)、飞利浦全国大学生足球联赛、全国大学生田径锦标赛,以及省内高校校际的各项体育比赛。

通过学校之间与社会之间频繁而广泛的以体育为内容的交流和接触,增进学生对社会的了解，开阔眼界。同时，学校体育文化还应该根据素质教育的要求，组织学生开展户外活动，如滑冰、滑雪、旅游、远足、野外生存等，培养学生学会自我生存本领，磨炼自己的意志品质，提高自己在不同环境中的适应能力和社会交往能力，吸取社会文化中的有益成分，弥补校园文化的不足。这种开放性特征本身就蕴含着一种教育功能，并且起到完善学生身体健康的新形象的作用。

（三）校园体育文化的层次性表现

一方面，校园体育文化既具有表面丰实的内容，又具有深层的结构和丰富的底蕴，这种深层的东西在一定程度上难于言说，但往往能使生活在这个体育文化氛围中的不同人都能受到影响。另一方面，校园体育文化本身具有不同的层次，雅俗共赏，能够适应不同层次大学生的要求。

高等学校具有体育场地、器材设施相对齐全，师资力量雄厚，图书资料丰富的优势。这对完成高校体育教学任务，开展好校园体育文化，推动全民健身运动和校园精神文明建设提供了物质保证，加之广大师生的知识水平，这就决定了高校校园体育文化的高层次特征。

体育竞赛作为校园文化的重要内容，是在全面发展身体，最大限度地在挖掘和发挥人的体力、心理、智力等方面潜力的基础上提高运动技能。通常以课外体育竞赛为龙头，多种体育锻炼形式并存，每年各学校要举行含有 8～10 个项目的全校性比赛，如球类、田径、健美操、武术等，同时开展小型多样活动，以院、系、专业、小班为单位的趣味运动会及各种友谊对抗赛，进行多方位的体育交流，使学生在热烈的校园体育文化中，增强团队精神，提高竞争的意识。另外，还鼓励学生积极参加课外体育锻炼，如课间操、各种球类、健美、田径运动等。在不同的季节里可选择适合自己的活动方式，如春天郊游，夏天游泳，秋天登高，冬天滑冰、滑雪等。

近些年来，大学校园内蓬勃兴起的体育文化节、体育科技知识讲座、球迷协会、体育摄影、邮展、书法、美术、体育知识竞赛、体育征文等，这些都为体育活动锦上添花，增添了无穷的魅力。

（四）校园体育文化的聚散性表现

体育文化对一个学校的发展具有“内聚和外散”的互动功能，丰富多彩的校园体育文化，对广大师生员工有着巨大的吸引力，各种体育活动的开展和参与，不仅使人们彼此之间的感情和心灵得到交流，而且是学生素质教育中最理想的课程。

通过体育竞赛以及各种方式的活动，培养学生公开竞争、尊重裁判、尊重对方、遵守规则的良好体育道德风尚。在比赛中，场上运动员顾全大局，积极配合，场下的观众呐喊助威，群情激昂，场上场下升腾着强烈的集体荣誉感，就会形成一种无形而又巨大的内聚力，对加强校园的精神文明建设起到了积极的作用。参加一些全国、全省性的高校和地方组织的体育比赛和交流，运动员的竞技水平和道德风貌等都会向社会传播，对于树立学校的形象，反映学校的精神风貌，扩大学校在社会的影响，都会产生积极而深远的影响。

第三节　竞技体育文化

竞技体育已经经历了两千多年的发展，竞技体育文化的典型范例就是奥林匹克文化。鉴于由奥林匹克精神开创的竞技体育，在其发展过程中无论是它的生存背景和表现形式，还是在广泛传播体育、发展产业、规范社会行为和协调社会关系中所起的作用，都具有任何活动无法与之相媲美的文化价值，所以了解奥林匹克文化，将有助于我们对竞技体育文化乃至体育文化有最本质的认识。

一、奥林匹克运动文化概述

奥林匹克文化，包括奥林匹克运动的全部思想体系和活动内容，是奥林匹克运动在实践过程中所创造的物质财富与精神财富的总和。物质财富即物质文化，主要指奥林匹克运动对人体技能的改造、发展，以及所采用的各类场馆、器材等设施和由此产生的文化形态。精神财富即精神文化，主要指奥林匹克运动对人的内心世界、社会行为的影响以及与之相关的各项文化艺术活动。古代及现代奥林匹克运动都蕴藏着丰富的物质文化与精神文化。

现代奥林匹克运动历经100多年的风风雨雨已发展成为迄今为止人类历史上最盛大的社会文化现象。回顾奥林匹克运动产生与发展的历程，我们不能不追溯它的源头——古代奥林匹克运动会，它那追求和平、友谊和神圣休战，坚持公平竞争的体育原则，组织比赛的竞技模式，对世界体育及现代奥林匹克运动的发展都产生了深刻的影响。

古希腊被称为欧洲文明的发源地，也是古代奥林匹克运动会的发祥地，这个古代奥运会的竞技场遗址就是我们奥运火炬熊熊燃起的地方。

古希腊是一个城邦割据的国家，各城邦之间争夺和吞并，在长期的斗争中，人们不满意这种互相厮杀的局面，希望能有一个至高无上的君主来造就一个和平统一的希腊，并寄托于神的力量，于是产生了全希腊崇奉的万神之首——宙斯神。在祭奉宙斯神时，体育竞技成为祭奉的活动之一。古代奥运会是希腊人献给万神之首的祭礼赛会，他们认为只有同维持天地间秩序的神建立起和善的关系才有利于生存，神灵降福于人类的方式就是在神面前展示人的力量、速度、协调、健美，从而形成了祭礼竞技。

公元前 776 年宗教和体育竞技合为一体，组织了大规模的体育祭礼活动，并决定在奥林匹克每四年举行一次。这样，公元前 776 年举行的奥林匹克运动会被正式载入史册，到公元 394 年历时 1 170 年，由于奥林匹克运动会期间实行神圣休战，使奥林匹克运动会没有间断地举行了 293 届，创造了人类文明史上的奇迹。古代奥林匹克运动会体现的公平竞争的原则，“永远争第一”“在生活的一切领域追求最高成绩”的拼搏意识，竞技优胜者高强的技艺、高尚的道德、丰富的知识、充实的内心、健美的体魄、举止优雅的身心、和谐发展的思想都对现代奥林匹克运动产生了积极的影响。

现代奥林匹克运动的产生是在一个广阔的时代背景下长期孕育的结果。14～18 世纪，欧洲大陆出现了三次大的思想文化运动，为奥林匹克运动的兴起奠定了思想基础。资本主义工业化生产和资产阶级教育方式为奥林匹克运动的兴起提供了土壤。资产阶级教育家把体育作为培养人才的重要手段加以大力提倡，不仅恢复了古希腊的体育制度，还进一步制定了锻炼身体的各种措施，使体育成为培养全面发展人才不可缺少的教育活动。随着对古代奥运会遗址的发掘，人们进一步认识了古希腊的体育精神和价值。

法国教育家顾拜旦是公认的奥林匹克运动的创始人，他为奥林匹克运动的诞生和发展作出了卓越的贡献。在他的不懈努力下，1894 年 6 月 16 日～24 日，“国际体育运动代表大会”在巴黎索邦神学院举行。这次大会唤起了与会者对古代奥运会的神往，与会代表一致同意顾拜旦的主张，决定复兴奥林匹克运动会，并通过了复兴奥运会的决议。

1896 年 4 月 6 日～15 日，第一届现代奥林匹克运动会如期在雅典举行。至 2008 年北京奥运会，实际举办了 26 届，加入国际奥委会的国家和地区达到 200 多个。现代奥林匹克运动其影响力远远超出了体育范畴，在当代世界的政治、经济、哲学、文化、艺术和新闻媒介等诸多方面，产生了一系列不容忽视的影响，奥林匹克运动不仅构成了现代社会所特有的体育文化景观，还以其特有的文化魅力愉悦人

们的身心,更以其强烈的人文精神催人奋进,它已成为人类社会友谊、团结的象征,为维护世界和平和人类社会的进步作出了巨大贡献。

二、奥林匹克运动文化的表现形式

奥林匹克运动是在奥林匹克主义指导下,以体育运动和四年一度的奥林匹克庆典为主要活动内容,促进人的生理、心理和社会公德全面发展,促进各国人民之间的相互了解,在全世界普及奥林匹克主义,维护世界和平的国际社会活动。奥林匹克运动包括以奥林匹克主义为核心的思想体系,以国际奥委会、国际单项体育联合会、各国奥委会为骨干的组织体系和以奥运会为周期的活动体系。它是以体育为载体的社会文化现象,其文化表现形式有以下几方面:

(一) 以奥林匹克主义为核心的思想文化内涵

奥林匹克运动之所以长盛不衰,其主要原因就是它在发展过程中逐渐形成了以奥林匹克主义为核心的思想体系,它为奥林匹克运动注入了灵魂,使奥林匹克运动有了坚实的思想基础和明确的指导方针。奥林匹克文化和文化内涵集中表现为以奥林匹克主义为核心的思想体系,这一体系主要由奥林匹克主义、奥林匹克宗旨、奥林匹克精神、奥林匹克格言、奥林匹克名言所组成。

奥林匹克主义是将身心和精神方面的品质均衡地结合起来,并使之得到提高的一种人生哲学。它将体育运动与文化和教育融为一体。奥林匹克主义的中心思想是人的和谐发展,它将体育运动作为人和谐发展的途径,并与教育和文化紧密结合,赋予它极强的教育价值和文化价值。

奥林匹克宗旨是通过没有任何歧视,具有奥林匹克精神——以友谊、团结和公平精神相互了解的体育运动来教育青年,从而为建立一个和平和更美好的世界作出贡献。奥林匹克运动力图通过体育运动增进各国人民之间的相互了解,达到减少战争,促进和平的目的。

奥林匹克精神是相互了解、友谊、团结和公平竞争的精神。对文化差异的容忍和理解是奥林匹克精神所着重强调的,四年一度的奥运会将世界上所有的体育文化集中在一个窄小的空间和时间范围内,建立和谐的文化氛围,使人们摆脱各自文化带来的种种偏见。在不同的文化的展现中,看到的不是各种文化的差异和排斥,而是人类文化百花齐放、千姿百态的壮丽图景,从而使奥林匹克运动所提倡的国际交流真正得以实现。竞技运动的公平与公正同样是奥林匹克精神的主旨之一,只有在公平的基础上竞争才有意义。

“更快，更高，更强”是奥林匹克运动的格言，具有丰富的文化内涵，它充分表达了奥林匹克运动不断进取、永不满足的奋斗精神和不畏艰险、勇攀高峰的拼搏精神。在比赛场上，面对强手发扬勇往直前的大无畏精神，敢于斗争，敢于胜利。对自己则是永不满足，不断战胜自己，超越自己，实现新的目标。对自然要敢于征服，挣脱自然的束缚，从而取得更大的自由。

“参与比取胜更重要”是奥林匹克运动广为流传的名言。参与的可贵之处在于参与者有着高尚的品质、真诚的态度、奉献的精神和对理想的追求，其意义远远超出了名次和奖牌。在参与中，运动员们才能不断地超越自己和超越他人，才能在“更快，更高，更强”之中寻找自我，实现自我。参与意识是各国大多数运动员奥林匹克运动的精神支柱，正是由于参与的精神，奥林匹克运动才能发展到今天这样的规模，其意义才能大大超出体育的范围。

（二）独特与鲜明的象征性标志

奥林匹克运动是表示人类社会团结、进步、友谊的“一个伟大的象征”，具有崇高目标和丰富内涵的奥林匹克运动的思想体系，皆物化成一系列独特而鲜明的象征性标志，如“奥林匹克标志”“奥林匹克会旗”“奥林匹克圣火”“奥林匹克会歌”“奥林匹克奖牌”“奥林匹克吉祥物”等，这些标志有着丰富的文化含义，形象化地体现了奥林匹克思想的价值和文化内涵，用一些简明洗练的艺术形象、符号表达了奥林匹克思想的基本点，将抽象的概念变为可见的、可听的、可触的物质文化，反映了人们对奥林匹克运动认识的深化。例如，奥林匹克标志五环，其颜色为蓝、黄、黑、绿、红，五种颜色象征五大洲，其中蓝色代表欧洲，黄色标志亚洲，黑色意指非洲，绿色喻作澳洲，红色象征美洲。奥林匹克的会旗和五个环的含义，代表着全世界的运动员在奥林匹克运动会上欢聚一堂，而且强调所有参赛运动员应以公正、坦诚的运动员精神在比赛场上相见，充分体现了奥林匹克主义的内容——“所有国家、所有民族”的“奥林匹克大家庭”主题。奥林匹克圣火象征着光明、团结和友谊，象征着和平和正义。吉祥物表示奥运会吉祥如意，表达主办国祝愿奥运会圆满成功，祝福选手们取得好成绩的良好愿望。

（三）奥林匹克仪式

奥林匹克仪式是奥林匹克文化中最具特色和魅力的组成部分，吸引着全世界几十亿人的目光，体现了人类渴望和平，追求创造美好和平世界的崇高理想。如第27届悉尼奥运会开幕式，澳大利亚女子400米世界冠军弗雷曼站在水中，点燃奥运主火炬的刹那，第27届奥运会开幕式的和平主题也随着熊熊的火焰喷射出来。当火炬台沿着奥林匹克体育场水逆流而上，这个和平的主题得到了升华。自古水火不能相容，而从希腊奥林匹亚山传来的圣火，却与水交融在一起。水火都能交融在一起，还有什么不能通过和平的方式解决？当韩国和朝鲜运动员在半岛旗下共同走进体育场时，全场震动了，突然间，在悉尼主体育场的11万观众爆发出震耳欲聋的掌声。国际奥委会主席萨马兰奇在主席台上站起来，给这个相互隔绝了半个世纪、如今走到一起的代表团鼓掌，在场的无数人激动地流下了热泪，有人感动不已地说："这是和平的力量。"当运动员全部进入会场之后，一条巨幅白绢从主席台正对的看台上飘然而下，渐渐覆盖到数万运动员，一束灯光洒落在白绢之上，映出一个清晰的口衔橄榄枝的和平鸽的图案，这些运动员来自全球200多个国家和地区，几乎遍布了全球每个角落，和平鸽"飞"在他们头上，降落在他们的头顶。在奥运圣火中，一切战争将失去理由，在悉尼的奥运圣火里写满了和平的祝福。

顾拜旦为实现把现代奥运会办成一个神圣的体育祭坛，一个与多种形式合为一体的盛大文化节日的目标，他强调现代奥运会要体现出美和尊严。在这种思想指导下，奥运会逐渐形成了一整套特有的恢宏、庄严、华彩而凝重的传统仪式，如作为奥运会前奏的圣火传递，放飞和平鸽，运动员和裁判员的庄严宣誓，严肃而热烈的授奖仪式，欢快而充满激情的闭幕式，这些仪式的作用在于为这一盛会创造一种崇高而神圣的意境，以此来净化人们的心灵，体现人类美好的向往。

（四）奥运会展示的人体美与拼搏精神

奥运会是奥林匹克运动的主旋律，它是世界各国体育竞技的一次最高检阅，是世界各国人民和平、团结、进步和奋发向上精神的象征，同时也是盛大的文化庆典。顾拜旦认为："体育运动必须创造美，并为美提供机会，它创造美是因为它创造了活生生的雕塑——运动员，通过建筑、场景和庆典带来美。"奥运会向世人展示第一流的人体美，我们可以看到篮球运动员高大修长的身材，游泳运动员丰满匀称的体态，田径运动员健壮发达的身体，举重运动员隆起的充满力量的肌肉，体操运动员小巧玲珑的身影……加之各国运动员精心设计的运动服的颜色搭配，更显示出无穷的魅力。

奥运比赛展示的竞技美，如美国篮球"梦之队"出神入化的战术配合、巴西精巧细腻令人叹为观止的艺术足球、田径场上百米决赛刮起的“黑色旋风”、艺术体操如诗如画的韵律美、举重运动员“力拔山兮气盖世”的力量美等，同样显示着奥运竞技文化的内涵。

运动员精湛的技术、拼搏进取的精神、最大限度地挖掘自身潜力、向自身体能生命的极限挑战，创造一种在努力中求得欢乐幸福、身心愉悦的形象，体现出更快、更高、更强、奋发向上的精神。人们在观赏奥运会竞技比赛，参与奥林匹克运动的过程中受到美的熏陶。

（五）内涵丰富的艺术节

奥林匹克运动力图从不同的角度和不同的层次，去挖掘、展示人类社会中一切美好的东西，以促进人的健美的身体与健全的精神和谐发展。奥林匹克宪章规定奥委会必须制定文化活动计划，并至少须贯穿在奥运村开放期间，这种文化展示活动就是奥林匹克艺术节。它向人们展示一个五彩缤纷的艺术天地，这包括气势磅礴的奥林匹克建筑，形象生动的绘画、雕塑等视觉艺术，优美的声乐、器乐等听觉艺术，文学、诗歌等想象艺术，戏剧歌舞等综合艺术，充分展示举办国和世界各种文化特色的文化活动，使音乐、舞蹈、文学、绘画、雕刻、摄影、戏剧、建筑艺术、体育、集邮等各种文化形式争奇斗艳，各类艺术珍品交相辉映。奥林匹克运动综合地反映了人类文明，并推动着人类文明的进步。

第四节　社会体育文化

一、社会体育文化概述

社会体育文化(大众体育文化或称群众体育文化)，是通过民间传统体育和现代体育，集娱乐和健身为一体的、多种多样的现代体育文化生活。

社会体育文化作为社会文明的有机整体，成为调节社会文化生活、善度闲暇时间的重要组成部分。由于社会体育文化反映的是生活在不同区域人民的劳动生活，因而具有强烈的民族传统体育特点，又融入了现代体育的竞技性。社会体育文化，不仅是广大民众强身健体的有效手段，而且是喜庆节日的文化娱乐内容。

社会体育文化以其本身的特点和社会的需要传播着体育文化，主要体现在：

(1) 社会体育文化是促进健康、增强体质的重要途径。

(2) 社会体育文化极大地丰富了社会文化生活，是全面建设小康社会的重要组成部分。

(3) 社会体育文化是促进民族传统体育和国际交流的需要。由于其目的的多样性、对象的广泛性、时间的业余性、形式的灵活性、项目的随意性、效益的社会性、组织管理的复杂性和活动的娱乐性，因而它是一项容量大、吸引力强、涉及范围极广的社会文化活动。

二、社会体育文化的表现形式

(一) 社会体育文化的民族性表现

一般情况下，大众体育能够植根于民众之中的往往是民族体育，而社会体育文化也正是一部民族兴衰与发展的文化史。因为，不论哪个民族的文化都是人类发展史中的一部分，都展现着不同地域和民族的不同辉煌，所以民族传统体育文化都以不同的方式走向世界，也以不同的方式推动历史的文明和社会的发展。事实上，被称为文化的东西，常常就是一个国家和民族在漫长的历史发展过程中逐步创造、沿袭、进化而形成的传统和习惯，其表现形式多种多样。它们往往具有强烈的民族性、地域性、历史积淀性和继承性以及丰富的文化个性。

社会体育文化的民族性，恰恰带有浓厚的民族文化色彩。比如，武术、赛马、中国式摔跤、秋千、蹴鞠、马球、捶丸、龙舟、舞狮……其民族体育文化主要表现在：

(1) 适合本区域民族的身心特点、环境气候和资源的利用；

(2) 在喜庆节日中，为丰富文化生活，大多开展以娱乐为主的竞赛活动；

(3) 振奋民族精神，促进对外交流，弘扬民族精神和传统文化。中国民间传统的体育活动，在新疆、内蒙古、西藏、云南、贵州等各少数民族集中地区尤为盛行。

(二) 社会体育文化的传统性表现

传统一般是指世代相传，既有古代的传统体育文化，也包括现代人的体育文化生活。我国传统的武术和养生术，一直以中国“功夫”传承着中华民族的传统文化。在古代经典小说《西游记》中的孙悟空、《水浒传》和《三国演义》中的众多英雄豪杰，以及为他们修建的庙宇和墓碑等，通过各种不同的形式，塑造着栩栩如生的人物性格、情操和高强的武功，弘扬着传统文化。在现代影视中，以反映中国古代社会进程的传奇英雄和武林高手为题材的作品受到各年龄段、各阶级层面，乃至全世界的欢迎；以古代英雄建造的寺庙，成为各旅游线路路中驻足观光的重要景点。

在现代人的体育文化生活中，我们把长期开展体育活动的单位、院校，称为体育传统单位和学校，并据此制定了系列法规进行评比和确认。如长期以来，我国开展的《社会体育评比制度》《群众体育工作评定制度》《争创体育先进制度》和《田径之乡评比制度》等，为推动我国社会体育文化的开展起到了保障作用。

（三）社会体育文化的时尚性表现

时尚是指当时被一部分人认可的最新的风尚。社会体育文化的时尚性不仅仅是某一运动项目的传入和兴起，而且往往伴随着一种意识、思想和文化的传播。近几十年先后流行于全国的气功、呼啦圈、迪斯科、台球、保龄球、网球、冰雪运动和健身操等，既是对民间传统文化的挖掘和对它们功能的重新认识，又是社会的变迁与新文化的导入。

社会体育文化的时尚性主要表现在：

(1) 好奇心促使着人们去体验和感受新兴体育；

(2) 在紧张的学习、工作和生活之余，可以让人们的身心得到调整和放松；

(3) 通过娱乐的形式，掌握一项技能，使自己的生活更充实而有意义；

(4) 社会体育文化的时尚性，尤其是它的文化性，被一部分人所接受。虽然只有少部分人直接参与到运动中来，对大多数人而言，开始只能是街头巷尾谈论的话题，但是，随着时间的推移，人们对新兴体育的认识会与日俱增。

（四）社会体育文化的实效性表现

大众体育之所以能形成文化，是人们在生产、生活实践中通过身体的活动，向大家传递一种思想、一种意识，在娱乐中达到锻炼身体的文化活动。社会体育文化的实效性主要表现在：

1. 鲜明的特点

社会体育文化，以鲜明的特点，反映出民族性、地域性、娱乐性和健身性。

2. 传播快

当某一新颖的社会体育文化现象出现时，即使不借助媒介，也会在短时间内家喻户晓。例如，20 世纪 80 年代在中国先后兴起的甩手疗法和呼啦圈现象。

3. 适宜性强

适宜不同的群体，不同年龄段的人群，可以说有很多大众体育项目是老少皆宜的，如迪斯科、网球和游泳等。

（五）社会体育文化的冒险性表现

近几十年发展起来的极限体育运动为社会体育文化注入了新的元素。从起源上看，极限运动的许多项目与人类早期的生产劳动和娱乐活动有关，像滑雪、冲浪、攀岩等，因此，对于这些项目的历史甚至可追溯到几千年前。但作为严格意义上的体育运动项目，极限运动既源于古老的传统文化，又是一项朝阳运动，因为大部分项目的历史都较短，是近几十年才发展起来的。所以，虽然极限运动中有的单项组织出现较早，但直到 1995 年 ESPN 组织第一届极限运动会，才标志着综合性的极限运动组织正式诞生。极限运动除了追求竞技体育，超越生理极限的“更高、更快、更强”外，更强调参与和勇敢精神，在跨越心理障碍时所获得的愉悦感、成就感。它充分体现了人类勇于冒险，勇于征服大自然的品格。这种冒险同时又可以说成“刺激”，正是由于充满了危险，运动本身才充满了刺激。如果没有亲身经历，很难想象得出从事极限运动的人会面临怎样的危险。除了我们从事其他运动经常遇到的一般性损伤外，很多伤害往往是致命的。比如在登山运动中，登山者同时会遇到严寒、缺氧、雪崩等多重威胁，稍有不慎就会危及生命。仅攀登珠穆朗玛峰，遇难者的人数已接近 200 人。

第九章 基层体育竞赛的组织

第一节 基层体育竞赛的种类

体育竞赛是各项体育运动项目比赛的总称，是以争取胜利为直接目的，以体育项目或某些身体活动为主要内容，按照一定规则进行个人或集体的体力、技艺、心理、智力等多方面的综合较量。

学校体育竞赛是开展体育活动，促进体育运动水平的提高，推动群众性体育活动普及的重要手段；是检查教学训练效果，丰富课余文化生活，加强团结、增进友谊的良好形式。同时，体育竞赛也是培养优秀品质和集体主义精神，发掘和培养体育人才，宣传体育运动的重要途径。

竞赛的种类多种多样，根据不同的分类标准可以划分为许多种类。按竞赛的任务不同可分为综合性竞赛和单项竞赛两类；按举行竞赛的空间不同可分为校内竞赛和校外竞赛。

一、综合性竞赛

一般称为运动会或综合性运动会。它包含若干个运动项目的比赛，其任务是全面检查各项运动普及与提高的情况，广泛总结交流经验，推动体育运动的发展。如全校运动会、春季或秋季运动会等。

二、单项竞赛

以单独进行某一项目的比赛为内容，一般分为以下几种：

（一）选拔赛

为了组织某一项目的运动队（或代表队）而进行选拔队员的比赛。如学校组织

的新生篮球选拔赛等。

（二）邀请赛

由一个单位主办，邀请其他单位参加的比赛。这类比赛的目的是互相学习、切磋技艺、促进团结，比赛简单易行。

（三）友谊赛

为增进团结、加强友谊而组织的非正式比赛。允许自由结合，形式灵活，不受技术水平的限制，有时还以访问比赛的方式进行。

（四）对抗赛

由两个以上实力相近的班级或学校联合组织的比赛。目的在于互相促进，交流经验，其特点是规模小，便于业余进行。

（五）测验赛

为了达到一定的标准，或为了解运动员成绩的情况而组织的比赛。如体育锻炼标准的测验比赛，身体素质、基本技术的测验比赛等。这种比赛按比赛规则或测验要求进行，不计名次，但记录测验成绩。

（六）等级赛

等级赛有两种：一种是按不同技术水平分别举办的比赛，如田径、游泳、体操等项目；一种是按运动等级组织的比赛，如球类项目的等级联赛等。

（七）通讯赛

在不同学校之间用通讯的方式进行的比赛。凡是可计量（时间、距离、重量、环数等）的项目方可采用。如全国高校游泳通讯赛等。

（八）表演赛

为了宣传体育运动的意义，扩大影响而举办的比赛。如广播体操、武术、体操表演，是一种带有示范性、娱乐性的比赛。

第二节　基层体育竞赛的基本方法

体育比赛经常采用的竞赛制度有三种:循环制、淘汰制和混合制。竞赛制度的选择应根据比赛的目的、任务、参队的多少、竞赛时间的限定、场地器材情况以及经费的多少而决定。

一、循环制

循环制是参加竞赛的各队,在整个竞赛或在同一个小组中彼此都有相遇的机会。循环制又分为单循环、双循环和分组循环三种。

(一) 单循环

单循环是参加竞赛的各队都有相遇比赛的机会,是一种比较公平合理的比赛制度,能比较客观合理地确定名次。但一般只在参加比赛的队数不多,又有足够的竞赛时间时采用。

1. 比赛轮数

在循环制的比赛中,各队都参加完一场比赛即为一轮参加比赛的队数为单数时,比赛轮数等于队数。如 5 个队参加比赛,即比赛轮数为五轮。参加比赛的队数为双数时,比赛轮数等于队数减一。如 6 个队参加比赛,则比赛轮数为五轮。

2. 比赛场数

单循环比赛的场数,可用下面的公式计算:

比赛场数＝队数×(队数－1)/2

如 6 个队或 7 个队参加比赛,则比赛场数为:

6×(6－1)/2＝15(场)　或　7×(7－1)/2＝21(场)

(二) 双循环

双循环是各队相遇两次的比赛方法,多在参赛队较少,为了增加各队相互交流和锻炼机会时采用。它比单循环比赛总场数增加 1 倍。

(三) 分组循环

参加比赛队较多而竞赛时间较短时,为了比较合理地确定名次,可采用分组循

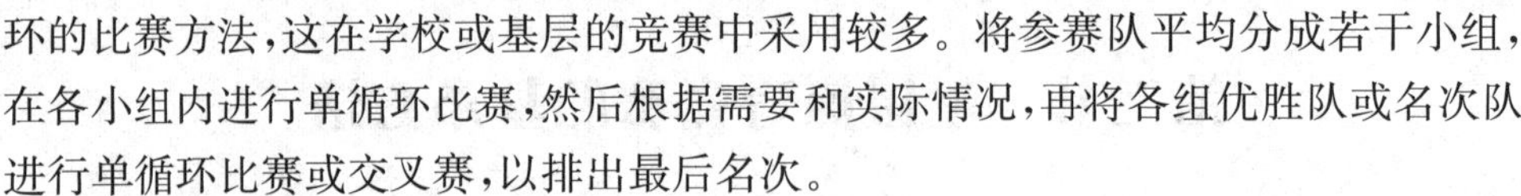

环的比赛方法，这在学校或基层的竞赛中采用较多。将参赛队平均分成若干小组，在各小组内进行单循环比赛，然后根据需要和实际情况，再将各组优胜队或名次队进行单循环比赛或交叉赛，以排出最后名次。

二、淘汰制

淘汰制就是在比赛中逐步淘汰成绩差者(失败者)，直到最后决出冠军为止。淘汰制一般是在参加队数较多，而举行比赛期限较短时采用。淘汰制可分为单淘汰和双淘汰。

(一) 单淘汰

(1) 比赛轮数：如果参加的队数是 2 的乘方数时，则比赛轮数正好是以 2 为底的幂的指数。例如 8 个队参加，比赛为 3 轮，因为 $8=2^3$；16 个队参加，比赛为 4 轮，因为 $16=2^4$。

如果参加的队数不是 2 的乘方数，也就是说参加比赛的队数介于 2 的乘方数之间，则轮数是较大的一个以 2 为底的幂的指数。例如 14 个队参加比赛，则按 16 个队的轮数来计算，为 4 轮。

(2) 比赛场数：单淘汰比赛总场数等于参加队数减 1。例如 8 个队参加比赛，共 7 场。

单淘汰制名次评定就是在全部比赛中没有失败过一场的队即是冠军队；决赛中失败的队为亚军队。

如果在竞赛规程中规定参赛队均须确定名次时，就应进行附加赛。常用的方法是：

复赛中失败的两队补赛一次，胜者为第三名，负者为第四名，复赛中失败的 4 个队进行补赛，争夺 5～8 名。如图 9-1 所示。

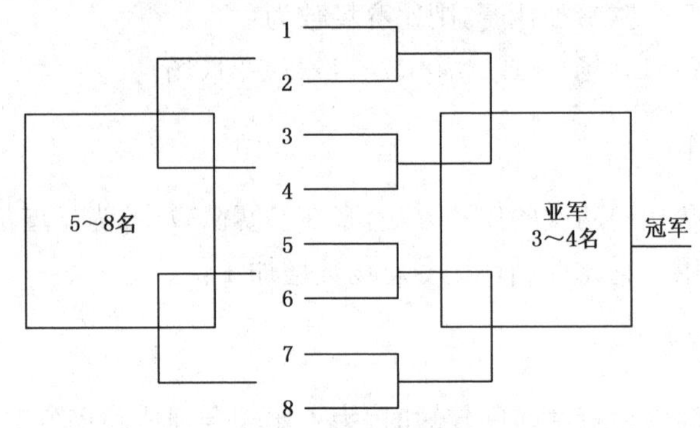

图 9-1　单淘汰常用方法

（二）双淘汰

参赛的队（人）在一次失败后，还有机会进行比赛，当第二次失败后才被淘汰。

(1) 比赛轮数：双淘汰的轮数是单淘汰赛轮数的 2 倍加 1。例如 8 个队采用双淘汰比赛，其轮数为：3×2＋1＝7（轮）。

(2) 比赛场数：双淘汰的比场数于参赛的队（人）数的 2 倍减去 3。例如 8 个队采用双淘汰比赛，其总场数为：8×2－3＝13（场）。

三、混合制

一次竞赛中同时采用循环制和淘汰制，叫混合制。一般采用混合制，把竞赛分为两个阶段进行。前一阶段采用分组单循环，后一阶段采用淘汰制进行决赛；或者相反。

采用先分组循环后淘汰制的混合制比赛，最好分成 2 组、4 组、8 组、16 组进行分组循环，以便以后编排淘汰制的比赛秩序表。

第三节　基层体育竞赛的组织与编排

一、体育竞赛的基本组织程序

（一）竞赛前的准备工作

1. 成立组织机构

成立领导组织机构的规模要与竞赛规模相适应，其机构范围要根据竞赛规模大小而定。市、县级单位或学校竞赛组织机构的规模，可结合具体情况简化领导组织机构，主要从保证完成比赛任务来安排。较大规模的竞赛会设立组织委员会（竞赛委员会），一般还设仲裁委员会。组织委员会设主任、副主任、委员等。组织委员会下设竞赛处和秘书处。竞赛处下设竞赛组、裁判组、场地组和调研组等。秘书处下设宣传组、会务组、保卫组、医务组、后勤组等。

各级组织主要职责范围：

(1) 组织委员会：组织委员会是竞赛的领导机构，主要负责制定和执行竞赛计划，审查协调各组工作计划及检查执行情况；处理和决定竞赛中出现的问题和竞赛总结工作。

(2) 仲裁委员会:它是竞赛仲裁机构。在组织委员会的领导下,负责监督竞赛规则和竞赛规程执行,并对执行中所发生的问题纠纷予以复审和裁决。

(3) 秘书处:负责秘书、会议、联络、接待、食宿、交通、医务和财务等行政事务工作。

(4) 竞赛处(组):负责竞赛的组织编排、成绩的登记与公布,组织裁判长、领队及教练员联席会,负责开幕式、闭幕式的组织及奖品的颁发等。

(5) 宣传组:负责宣传报道、思想教育和体育道德风尚奖的评选等。

(6) 保卫组:负责赛会住地和比赛场地的安全保卫工作等。

(7) 裁判委员会(组):负责检查比赛场地和器材,组织裁判员赛前的学习和实习,安排比赛中的裁判工作,宣布比赛最终结果和名次等。

2. 制定竞赛规程

竞赛规程是竞赛组织者和参加者的指导性文件。在竞赛前由主办单位根据竞赛的目的、任务制订,并提前发给有关单位,以便各单位做好准备。竞赛规程是竞赛工作的依据。竞赛规程应包括:竞赛名称、竞赛目的与任务、竞赛日期和地点、竞赛项目、参加单位及资格、竞赛办法、录取名次和奖励办法、报名和报到日期地点、裁判员和仲裁委员会选派方法和注意事项等。

3. 制订工作计划

各处根据职责范围,分头制订工作计划,经组织委员会审定后,按期落实,并定期检查工作进展情况。各处(组)间既要分工明确,又要协调配合。

(1) 组委会的工作包括:按照各职能部门的工作计划检查落实情况,协调解决一些疑难问题和工作。召集裁判长、领队及教练员联席会,由组委会通报竞赛工作的准备情况和解决与比赛有关的各种问题。

(2) 竞赛组的工作包括:竞赛规程编排、编印秩序册、运动员资格及健康审查、检查场地器材、印制竞赛用的各种表格、安排好各参赛队赛前对比赛场地的适应性练习、组织好调研人员和辅助工作人员的培训等工作。

(3) 秘书组的筹备工作包括:拟定大会文件、大会会议、文娱活动、发奖等的安排以及接待、交通、食宿、宣传、票务、医务等行政事务工作。

(4) 裁判组的工作包括:组织裁判员和辅助裁判员的业务学习和实习、裁判长检查场地和器材落实情况、进行裁判分组并确定负责人等工作。

(5) 宣传组的工作包括:协助组委会召开新闻发布会的筹备工作,让更多的宣传媒体介入赛会进行宣传报道。

(6) 保卫组的工作包括:根据赛会的需要安排一定的警力,确保赛会安全顺利地进行。

(7) 仲裁委员会的工作包括:与组委会共同审查报名队和队员的参赛资格,组织仲裁成员学习《仲裁委员会条例》。

4. 编制秩序册

秩序册是运动会竞赛组织和竞赛秩序的文字依据,它由运动会的竞赛部门负责编制,报组委会审定后付印,综合性运动会需要在各单项竞赛秩序册编制基础上及时汇编总秩序册,提前下发。

秩序册一般包括:竞赛规程及补充规定;组织委员会名单;办事机构名单;技术代表、仲裁委员会名单;裁判员名单;各参赛队领队、教练员、运动员名单;竞赛日程;竞赛分组;运动员姓名号码对照表;比赛场地和练习场地示意图;运动会最高纪录大会及注意事项等。

(二) 竞赛期间的工作

(1) 竞赛组:要及时登记和公布当天的比赛成绩。经常检查并管理好场地器材与设备、遇到特殊情况需要更改比赛场地、日期和时间时,要及时通知各队。

(2) 办公室:应深入各运动队听取意见,改进工作,保证运动员、裁判员和工作人员的伙食、洗浴及休息,赛场应有医生做好处理伤病事故的准备工作,并做好食品卫生监督工作。

(3) 裁判组:要及时组织裁判员小结,改进工作,保证比赛顺利进行。

(4) 保卫组:应随时注意与会人员住地及赛场的治安工作,特别是在大会临近结束时更要加强保卫工作。

(5) 宣传组:组织好宣传报道和道德风尚奖的评选工作。

(6) 仲裁委员会:负责复审比赛期间执行规则及竞赛规程中发生的纠纷、受理申诉和控告等。对上述问题仲裁要及时处理,不影响比赛正常进行。

(三) 竞赛结束工作

竞赛组及时对比赛成绩排出名次,交由裁判长宣布。召开组委会会议,听取工作汇报及意见,决定体育道德风尚奖的评选结果,组织闭幕式和发奖仪式,汇编、寄发成绩册,安排和办理各队及裁判员离会有关事宜,完成赛会总结并向领导部门汇报。

二、常见体育竞赛的编排

（一）单循环赛制编排方法

1. 逆时针轮转法

该轮转方法是先将1号位置固定不动，第一轮次序是将比赛队数的前一半号码依次写出，排在左侧，再将后一半号码，从下向上依次写出排在右侧，并用横线连起来即可。第二轮次序的轮转方法是1号固定下动，其他号码按逆时针方向轮转一个位置，即可排出。第三轮次序按第二轮次序的位置，逆时针轮转一次，依此类推可排出其他各轮比赛的秩序。

例如有6个队（人）参加比赛，比赛顺序如下所示。

第一轮	第二轮	第三轮	第四轮	第五轮
1——6	1——5	1——4	1——3	1——2
2——5	6——4	5——3	4——2	3——6
3——4	2——3	6——2	5——6	4——5

如果是5个队参加赛，还用上表，只需将6换成0作为轮空。

2. “贝格尔”编排法

从1985年起，世界性排球比赛多采用“贝格尔”编排法。其优点是单数队参加时可避免第二轮的轮空队从第四轮起每场都与前一轮的轮空队比赛的不合理现象。

采用“贝格尔”编排法，如果参赛队为双数时，把参赛队数分一半（参赛队为单数时，最后以“0”表示形成双数），前一半由1号开始，自上而下写在左边；后一半的数自下而上写在右边，然后用横线把相对的号数连接起来，这即是第一轮的比赛。第二轮将第一轮右上角的编号（“0”或最大的一个代号数）移到左角上，第三轮又移到右角上，以此类推。即单数轮次时“0”或最大的一个代号在右上角，双数轮次时则在左上角。如表9-1所示：

表 9-1　7 个队比赛的编排方法

第一轮	第二轮	第三轮	第四轮	第五轮	第六轮	第七轮
1—0	0—5	2—0	0—6	3—0	0—7	4—0
2—7	6—4	3—1	7—5	4—2	1—6	5—3
3—6	7—3	4—7	1—4	5—1	2—5	6—2
4—5	1—2	5—6	2—3	6—7	3—4	7—1

无论比赛队是单数还是双数，最后一轮时，必定是“0”或最大的一个代号在右上角，“1”在右下角。根据参赛队的队数不同，“1”朝逆时针方向移动一个位置时，应按规定的间隔数移动(如表 9-2 所示)，“0”或最大代号数应先于“1”移动位置。

“1”进行间隔移动时，凡遇到“0”或最大代号数时应先越过，不做间隔计算。

表 9-2　间隔移动

参赛队数	间隔数
4 队以下	0
5～6 队	1
7～8 队	2
9～10 队	3
11～12 队	4

一般国内比赛，各队以上届比赛所取得的名次数作为代号，如第 1 名为“1”，第 2 名为“2”，依此类推。世界性比赛大都采用东道主代号为“1”，上届第 1 名为“2”，依此类推。有的比赛也采用抽签方法确定代号。

(二) 分组循环赛制编排方法

1. 分组办法

(1) 根据上届比赛成绩或实际水平，采用蛇形编排法分组。如表 9-3 所示。

表 9-3　蛇形编排法分组

组别	代号			
一	1	8	9	16
二	2	7	10	15
三	3	6	11	14
四	4	5	12	13

(2) 16 个队分成 4 组;8 个队分成 2 组。

(3) 根据过去成绩和现在发展情况,经协商确定种子队。先用抽签的方法将种子队安排在各组内,然后再用抽签的方法确定各队所在组的位置。

2. 决赛阶段的比赛方法

以 16 个队参加比赛为例:

(1)将预赛各小组同名次的队编为一组,进行决赛。预赛各小组的第一名决 1～4 名;预赛各小组的第 2 名决 5～8 名;预赛各小组的第 3 名决 9～12 名。

(2) 将预赛各小组 1、2 名划为一组,决定 1～8 名;将预赛各小组 3、4 名划为一组,决定 9～16 名。

(3) 将预赛前一名或前两名划为一组参加决赛,决定前四名或前八名,其他各队不再比赛。

(4) 在预赛中已经相遇的队,决赛中不再比赛,按两队在预赛阶段的成绩来排列名次。

(三) 单淘汰赛的编排方法

(1) 如果参加的队数是 2 的乘方数,开始比赛的第一天所在的队都进行比,没有轮空队。只要按照参加比赛的队数,每两队编排一组逐步进行淘汰即可。例如 8 个队参加比赛,即赛 4 轮共 7 场。抽签后,将队名填在秩序表中,如图 9-2 所示。

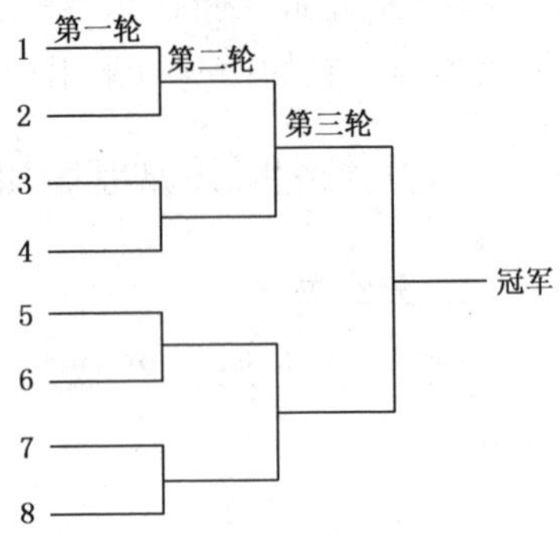

图 9-2　2 个队参赛的秩序表

(2) 如果参加比赛的队数不是 2 的乘方数时,要根据参加队数,选择最接近数中较大的以 2 为底的幂的指数作为号码位置数,号码位置数减去参加队数即为轮空数,例如13个队参加比赛,应选2、10、15码位置数。有3个队轮空,可以2、10、15号为轮空位置号码。第一轮比赛凡与2、10、15比赛的队即为轮空队。轮空队只能在第一轮中出现,不能在其他比赛轮次中出现。如有轮空队,应首先让强队轮空。

为了避免技术较好的两队首先相遇而被淘汰,可采用设种子队的方法。编排比赛秩序时,把第一轮实力较强、技术较好的"种子队"合理地分别排入各个不同的区内,使他们最后相遇,这样在比赛中才显得较为合理。确定种子队的主要依据是它的技术水平和最近参加的主要比赛的成绩。确定"种子队"多少,主要依据参加比赛队的多少,一般以4个队设一名"种子"为宜。单淘汰的"种子"应平均分布在各个区内。例如16个队参加比赛,设4个"种子队",把最强的2个"种子队"排在两头1、16号位置上,把3、4号"种子队"排在中间8、9号上。

为了保证种子队合理地分布到各区,最简单的办法是查种子队位置表。如表9-4所示。

表9-4　种子队位置表

1	64	33	32
17	48	49	16
9	52	41	24
25	40	57	8

种子队位置表的使用方法是:根据应设的种子数目,依次逐行由左向右选取小于或等于比赛号码位置数(即两队参加比赛,设8个种子队,用查种子队位置表选出1、32、17、16、9、24、25和8共8个号码位置)。

第四节　基层趣味体育竞赛的组织

一、同心协力

(一)场地器材

(1)场地:在田径场上进行,距离50～60米。

(2)器材:4米长竹竿,两根。

（二）比赛方法

(1) 可设男子组、女子组、男女混合组，每队由 6～8 人组成，每队占用两条跑道。

(2) 裁判员发出“各就位”口令后，运动员左右手分别握住两根竹竿于体侧，前后两名队员必须握住双竿的前后两端处，一队纵队站于起跑线后，做好出发预备姿势。

(3) 发令员鸣枪后，裁判员开表，各队在统一口令指挥下步调一致，全队同时跑出，并保持这种握持竹竿的状态通过终点。

(4) 裁判员在最后一名运动员的躯干抵达终点线后沿垂直面的瞬间停表，用时少者，名次列前。

（三）比赛规则

(1) 每个队员必须双手握持竹竿跑完全程。

(2) 每队占用两条跑道，必须保持纵队行进，不得串道。否则判为犯规，成绩无效。

(3) 比赛中，如有运动员摔绊倒地或离开跑道判为自动退出比赛，成绩无效。

二、打靶

（一）场地器材

(1) 场地：在墙上分别以 25 厘米、50 厘米、75 厘米、100 厘米为半径画四个同心圆，圆内分别写 8、6、4、2 四个数字，距离墙 5 米处画一直线。

(2) 器材：绳球(绳子系住网球)若干。

（二）比赛方法

(1) 运动员站在投掷线后，手持绳球轮转，对准墙上的圆圈投出，球落在线上从圆心向外分别得 7、5、3、1 分，落在两线之间从圆心向外分别得 8、6、4、2 分。

(2) 每名运动员有三次投掷机会，以积分多少判定名次，积分多者，名次列前，如果成绩相等，则以第一次得分多者，名次列前，依此类推。

（三）比赛规则

(1) 在正式比赛前运动员可有一次试掷的机会，成绩无效。

(2) 运动员必须得到裁判员的许可，方可投掷，否则成绩无效。

(3) 运动员投掷球时身体任何部位不得触及投掷线或线前地面，违者此次成绩无效。

三、运球过障碍后，在指定区域射门

（一）场地器材

(1) 场地：足球场，大禁区前设置 5～10 个障碍。

(2) 器材：足球 3～5 个，标志物若干。

(1) 每个障碍间隔 2～2.5 米，最后一个障碍距离大禁区 3～5 米。

(2) 裁判员发出“开始”口令时，裁判员开表，运动员运球，以“s”形绕过所有障碍后，在大禁区前射门。每人一次机会。

(3) 裁判员以运动员从起点线运球开始计时，到球整体进入球门停表。

(4) 用时少者名次列前，如时间相等则再各赛一次，决出名次。

（二）比赛规则

(1) 足球进入大禁区后，运动员射门判为失败，成绩无效。

(2) 运动员未能将足球射人球门，判为失败，成绩无效。

(3) 运动员未按规定路线运球射门，判为犯规，成绩无效。

(4) 如运动员运球过程中碰到障碍或错过障碍后，运动员返回并按原规定路线进行的，可以继续比赛，成绩有效。

四、云梯

（一）场地器材

(1) 场地：田径场地或平整地面上进行，距离 20 米。

(2) 器材：坚实的木棒(要确保木棒表面光滑，以避免划伤或扎伤爬梯者。确保每个人都能牢牢抓住木棒，千万不能在队友经过的时候失手)，每队五根。

（二）比赛方法

(1) 可设男子组。每队 11 人，也可多人。每队占用两条跑道。

(2) 让每两个队员组成一对搭档。让余下的一个人第一个爬云梯。

(3) 让每对搭档面对面站好，所有搭档肩并肩排成两行。

(4) 每对搭档握住木棒，木棒与地面平行，其高度介于肩膀和腰部之间，这样整个形成了一个类似水平摆放的木梯的形状。每根梯线的高度可以略有不同，以形成一定的起伏。

(5) 裁判发出"开始"口令后，裁判员开表，爬梯者迅速从起点开始爬到云梯的另一端。当前端的搭档等爬梯者通过后，迅速跑到末端站好，以此方法延长云梯直至通过终点。裁判员以全队最后一名队员躯干抵达终点线后沿垂直面瞬间停表，用时少者，名次列前。

（三）比赛规则

(1) 开始时，所有队员必须在起点后站好开始。

(2) 爬梯者如手着地，比赛结束，成绩无效。

第十章 体育欣赏

第一节 体育欣赏的意义和基本内容

随着经济和社会的发展，欣赏体育比赛已成为人们余暇生活的重要内容。通过轻松愉快的观赏，不仅得到了享受，还可以提高参与体育运动的兴趣和能力，培养高尚的道德情操。由体育表现的美，使复杂多变的直观形象作用于观赏者的视听器官，进而引起各种平日难以体验的奇特感觉，使心灵产生震撼、精神得到慰藉、生命有所感悟，最终在美的感受中起到潜移默化的教育作用。具备一定的体育知识和欣赏能力，可以最大限度地获得享受和乐趣。

一、体育欣赏的意义

体育欣赏具有的人文教育价值，很早就反映在古希腊的宗教习俗和教育体系中。自19世纪英国教育革命以来，由于把极富竞争性、娱乐性和艺术表现力的体育竞赛引入学校，许多主动参与者和被动欣赏者的情感极容易与运动场上的一切产生共鸣，并在增强竞争意识、发扬进取精神、培养团结协作、规范行为准则、改善人际关系与促进个体社会化等方面，为青少年健康成长以及完善人格、陶冶人性提供了良好的人文教育机会。

（一）提高审美能力

从美学角度来看，体育过程实际上是一种提升“美”的运动。体育锻炼是一种追求健康美，不断发展健、力、美的形体和体魄的运动形式。人们在运动中创造美、欣赏美。这一运动本身就是美的活动。一切美的事物，都能使人产生美的感受。美的感受是人在对审美对象进行审定后的心理感觉。体育文化是表现形体美、健康美、动作美、心灵美等的载体，所以通过欣赏体育文化能不断提高人们的审美能力。

(二)体验体育文化

体育比赛作为人类智慧的结晶,集中反映了不同国家、不同民族的风俗民情和意识观念。例如,极富内向、务实和封闭性色彩的东方体育比赛,与表现外向、竞争和开放性特征的西方体育比赛,就属于两种风格迥异的体育文化形式。体育文化反映在围绕体育比赛而进行的文化艺术活动中,它包括比赛期间的文艺演出、绘画展览、火炬接力、新闻报道、电视转播、发行邮票及纪念币等。由于这些活动的开展,色彩各异的体育文化形式得以在世界各地传播,因此通过欣赏体育比赛,人们除了可以了解各种人文景观外,还能欣赏到独具风采的文化艺术形式。

(三)激发体育意识

体育意识是人们对体育这一社会现象及其功能、作用的认识和反映。体育比赛能启迪和激发人们的体育意识。

1. 健康意识

发展体育运动的主要目的是启发群众对体育意义的认识,激发群众积极参加体育活动,以提高全民族的体质和健康水平。

2. 拼搏意识

运动员在场上表现出的高超的技艺、灵活多变的战术和充沛的体力,都是多年高负荷运动训练、战胜身体上和精神上的疲劳及努力拼搏的结果。没有拼搏意识和拼搏精神,就不可能取得成功。这种拼搏意识,是激发人们在各项事业中取得优异成绩的精神力量。

3. 创新意识

一个运动员或一个运动队要在比赛场上战胜对手,除了要靠自己真实的硬功夫外,还要根据自身的特点,不断改进和创新技术、战术。具有创新意识,才能争夺和保持冠军的称号,这种创新意识可以促进各项事业不断向前发展。

4. 规则意识

在任何运动项目的比赛中,运动员都要严格遵守比赛规则和法规,服从裁判的裁决,否则就要受到惩罚。如果运动员服用了兴奋剂,就要受到严厉的制裁。这种遵规意识能使比赛有序进行,同时也会对社会产生积极的影响。

5. 竞争意识

体育比赛具有强烈的竞争性。双方对垒,当仁不让,优胜劣汰。这种竞争意识对于当今社会中的每一个人来说都是一种不可缺少的素质。

(四) 陶冶道德情操

在欣赏体育竞赛时,良好道德情操的形成受内在和外在两方面的影响。作为外部影响因素,它所创造的文化环境以其特有的价值观念、道德意识和审美情趣,在健康、进取、意志、信念等方面,对人的行为施加影响,并为协调人际关系和化解社会矛盾创造有利条件。因此,人们通过观赏体育竞赛,不仅可以体验奥林匹克原则,包括懂得持何种态度与方式去为比赛优胜者喝彩,给比赛落后者加油,通过遵守比赛场区的要求与规定,使自己的行为与社会保持一致性;而且还能从运动员遵循竞赛法则、恪守运动道德、服从裁判、公平竞争等行为表现中,接受道德情操的教育,为树立良好的社会风尚奠定思想基础。

(五) 振奋民族精神

在重大国际比赛中,都规定以国家为参赛单位,为了表达对优胜者的崇敬,在每项比赛结束后有升国旗、奏国歌、颁奖杯、授奖牌的仪式。即使以个人名义参加的大型比赛,运动员也总是代表自己的国家。这表明,尽管世界各国的政治观点和生活方式不同,凡属世界性的体育竞赛,由于直接关系国家与民族的尊严和荣誉,就必然会对观众的思想、情感、精神和意志产生巨大的影响,并从本国运动员的胜利中,使民族自尊心得到满足,自信心不断增强,爱国主义情感更加浓厚。但体育竞赛场上的胜负,毕竟不能与国家的强盛等同起来,如果过于宣传狭隘的民族主义精神,观众和运动员面对失败就容易产生逆反心理,结果反而会导致行为上的越轨。因此,我们对振奋民族精神的认识,要基于从体育竞赛的精神内涵中寻求动力,而绝不单纯以胜负论英雄。

(六) 领悟人生真谛

按照自然法则,人类生存与发展都是竞争的结果。体育竞赛中的竞争,实质是体力、智力和意志力的较量,它对现实生活的启迪,在于为人们提供实现人生价值应具有的信念、勇气和力量。由于这些极具内涵的精神品质,通常容易在竞技场上得到最形象化的体现,因而在观赏体育竞赛和享受运动美感的同时,如果能进一步

深刻体验运动员为争取比赛胜利，在激烈竞争中表现的坚定不移、临危不惧和顽强拼搏等优秀品质，内心情感就自然会发生某种变化。而由此产生的激励作用，往往可以使人从逆境中奋起，使人在困难面前永不退缩，进而领悟实现自身价值的人生真谛。

二、体育欣赏的基本内容

（一）竞技技术欣赏

在球类比赛中，篮球、排球、乒乓球、足球、网球、羽毛球等运动发展的速度非常快，新技术不断出现。如篮球比赛中的跳起空中换手投篮、勾手投篮、补篮以及单手、双手正（反）扣篮、投三分篮等。我们还可以欣赏运动员传接球、运球、突破、抢篮板球等技术和防守技术。

欣赏足球比赛时，我们似乎特别偏爱精彩的射门。足球射门是进攻的归宿，但能不能达到射门的目的，还要看运动员的传接球、控制球、带球过人等基本技术掌握得怎样，其质量越高，射门的次数就越多，获胜的可能性就越大。

排球比赛中除了常见的基本技术（移动、传球、发球、扣球、拦网等）之外，快球技术发展也很快。比较常见的有近体快球、短平快球、远网快球等。我国排球健儿还创造和发展了“时间差”“位置差”等快球技术，起到了自身掩护、甩掉拦网的作用。

网球比赛曾经陶醉了千千万万的网球爱好者，优秀的网球选手在比赛中击球速度快，底线抽球落点准、角度大，来回球数量多；同时还具有好的发球及网前技术。网球的击球技术包括正拍和反拍的击球、挑高球、放短球和击反弹球。截击空中球技术有正拍和反拍还击落地前的球以及高压球，发球包括平击发球和旋转发球。

我们在欣赏跳板跳水比赛时，应该了解跳板跳水的关键技术。合理利用跳板的反弹力，可以获得好的起跳角度和高度，因此，走板和起跳是跳板跳水的技术基础；整个身体的压板动作要与跳板振动节奏相吻合。“压水花”技术自 20 世纪 70 年代以来已为世界各国的优秀运动员所掌握。运动员在入水时，两臂用力舒展伸直，在将要入水的一瞬间手掌上翻、掌心朝下，身体与水面成 90°或接近 90°的入水角度，溅起水花越小越好。

竞技体操比赛要求运动员的技术动作既要难度高，又要稳健，准确优美，节奏好，幅度大。我们可以从下面几个方面来欣赏它的基本技术：静止姿势，有悬垂和支撑，例如吊环中的直角支撑、倒十字支撑等；用力动作，有悬垂和支撑的转换，由支撑到支撑，由悬垂到悬垂；摆动动作，有转体、空翻、回环、换握、腾越、摆动、全旋。我们在欣赏体操比赛时，看到运动员在每套动作结束时往往都采用较难的惊险动作，给观众留下最后的优美画面。

各项体育运动均是由一系列的技术动作组成的。每个项目都有它各自的技术特点，我们在欣赏体育比赛时不仅要注意运动员完成技术动作的情况，更应当欣赏运动员是如何利用自身的有利条件形成独特技术特点的。

（二）竞技战术欣赏

体育比赛中的战术是指比赛双方根据赛场情况变化，正确分配体力和采取合理行动，充分发挥自己优势，限制对方特长，以期达到取得比赛胜利的目的。它是由战术思想、战术意识和战术行动构成的，不同的体育比赛具有不同的战术特点。

在田径比赛中，战术是根据自己的特点和对手的情况而定的，如中长跑的体力分配、速度安排、跟跑、最后冲刺等。跳高中为节省体力和给对手以心理压力所使用的免跳和选择起跳高度等。

在对抗性强的球类运动中，战术更是灵活多变、复杂多样，足球比赛中战术的动用首先是选择适合本队特点及运动员体力和技术水平发挥的比赛阵形，同时要考虑双方力量对比及其他客观条件（场地、气候等）。一般阵形有“3-2-2-3”式即“W”和“M”式，“3-3-4”式等。个人战术是运动员为与全队战术配合而采取的个人行动和方法。足球比赛中常用的全队战术有：全队进攻战术、全队防守战术和定位球战术。全队进攻战术可分为边线进攻、中路进攻、转移进攻和反越位战术。全队防守战术一般有区域防守、紧逼盯人防守、紧逼盯人结合区域防守和造越位战术等。定位球战术主要有开球战术、罚点球战术、角球战术、掷界外球战术、任意球战术和球门球战术等。先进的“全攻全守”总体型打法把足球比赛带进了一个新的境界，这种战术最大限度地发挥了集体力量，调动了全队的积极性。攻势足球进一步强调和提倡进攻，鼓励多射门，争取多进球。

现代篮球除了具有快速、灵活、全面、准确的特点外，正向高空、高速度、高强度发展。篮球的主要战术有快攻战术，即以最快的速度发动进攻，使对方来不及回防，创造了以多打少的投篮机会。我们在欣赏篮球比赛时经常看到的阵形有“1—3—1”“1—2—2”“1—4”等；进攻战术有无球掩护配合、斜插中路策应配合和防守反击、运球突破等;防守战术有半场人盯人、全场区域紧逼盯人、区域联防、混合防守等。

现代排球战术在不断变化、发展,过去的高快结合逐渐变成高快活(灵活多变)相结合。高快不仅指高打强攻及快攻结合,而且指发展高度和高点快攻的结合。因此,现代排球比赛的空中控制权是非常重要的。排球比赛的主要战术有"中一二":一传给3号位队员作二传,2、4号位进攻;"边一二":一传给2号位队员作二传,3、4号位进攻,这是最基本的战术形式。"两次球"是指当一传垫到网边扣球点的位置时,前排队员随即扣球。"两次球"用传转扣、扣转传,真真假假,虚虚实实,使对方拦网防不胜防,能起到突然袭击的作用。"后排插上"是指在对方发球后,后排一个二传队员迅速插上到前排作二传,使2、3、4号位的队员不担负二传的任务,这样可以确保有点进攻。

(三)体育道德风尚的欣赏

我国体育比赛的目的是增进团结和友谊,推动运动技术水平的不断提高,丰富人民群众的文化生活。欣赏体育比赛要做到言谈举止文明。言谈举止体现出一个人的思想修养和道德水准。文明礼貌体现了一种美的气质,在社会交往中使人感到和谐和亲近。反之,粗鲁、野蛮的举止使人感到厌恶,造成人与人之间的不愉快,污染社会风气。因此,我们在欣赏体育比赛时,既要对运动员的精彩表演和高超技艺报以热烈的掌声,又要对运动员的偶尔失误表示理解和鼓励。我们在欣赏体育比赛时,应增强法制观念,遵纪守法,维护赛场纪律,用文明的举止和高尚的体育道德去推动社会主义精神文明建设和体育运动的健康发展。

(四)人体运动美的欣赏

体育比赛为我们展现了绚丽多姿的艺术美世界,它能激发人们种种联想,得到精神上的愉悦和美的享受,这就是体育美学的作用。

法国著名雕塑艺术大师罗丹曾经说过:自然界中没有任何东西比人体更美。马雅可夫斯基进一步指出:世界上没有任何一件衣衫能比健康的皮肤和发达的肌肉更美丽。古希腊雕像"维纳斯",匀称、协调、优美、庄重、安详,美得高尚,美得令人崇敬。古希腊的另一雕像"掷铁饼者",则刻画出运动员全神贯注、铁饼即将出手时的瞬间姿态,协调的动作、强劲的肌肉,把人体运动时的美表现得十分充分。

运动使人体美得到淋漓尽致的展现。我们在欣赏健美比赛时,在舞台灯光的照射下，随着悠扬明快的乐曲，那隆起的肌肉群、雕塑般的身躯、明快的线条、优美的造型展现在你面前的时候，不能不使你陶醉在美的享受之中。就人体美的本质而言，美的人体必须充分体现人类蓬勃向上的生命活力，通过运动员的表情和体态变化，表现丰富多样、纯正高尚的内心世界，人体美必须是这两个方面的和谐统一。

不同体育运动项目表现出的美是多种多样的：跳高运动员飞身越过横杆，帆板运动员在惊涛骇浪中搏击，击剑运动员快速多变的剑法，跳伞健儿的空中绝技，花样滑冰运动员在冰面上翩翩起舞，棋类运动员凝神静思、统率千军万马的气概等，这些诗情画意的美，使人们萌动着对体育更深层次的热爱。

美在不同的运动项目中有着不同的体现。如网球运动的许多动作与舞技是相通的。网球名将博格，在双手握拍反手抽打底线球时，就表现出东欧民间舞的韵味；网坛女杰辛吉斯快速网前击球和奔跑接球的身姿，仿佛再现了“天鹅湖”中的白天鹅兴高采烈地扑向王子的舞姿；网坛巨星桑普拉斯，击高球的动作，不但具有非洲土风舞的艺术特色，而且当他调整好位置、举拍争取高点压球时，动作造型犹如一座古希腊精美雕像。

音乐在体育中的应用越来越广泛，一些名曲经过改造，已形成独特的体育音乐作品，像自由体操、花样滑冰、花样游泳、武术和健美比赛等运动项目中都有不同特色的音乐伴奏，使人们在欣赏体育运动美的同时，也欣赏到音乐美。

第二节 体育欣赏的背景知识

一、一般性背景知识

（一）了解体育特点

1. 竞争性

体育比赛之所以吸引人，是因为它与其他表演最大的区别在于它的竞争性，最终要以输赢定胜负。攻防转换，胜负交替，使气氛格外激烈。

2. 技艺性

任何体育项目都由一定的技术和艺术构成，并有统一的规范。运动员高超的技艺，是观赏的核心所在。

3. 规范性

体育比赛采用统一的规则、严格的制度，可以客观地反映参赛水平，并给运动员提供公平竞争的机会，体现了体育的精神。

4. 多样性

体育比赛项目丰富多彩，或静、或激烈、或典雅，可谓雅俗共赏。

5. 变化性

体育运动虽有规范的技术和统一的规则，但在比赛中，运动员可在规定的范围内进行创造与编排（如体操自选动作），充分发挥自身水平，还需根据场上变化灵活运用（如球类），使比赛千变万化，异彩纷呈，扣人心弦。

此外，各个项目都有各自不同的特点和风格，例如，足球的狂放激烈；体操的严谨优美；短跑的奔放，如水银泻地；跳水的舒展，似花朵绽放……风格迥异，各具魅力。我们在观赏时，应尽可能了解该项目的基本特点，方能更好地欣赏到它的精妙之处。

（二）了解体育竞赛规则

竞赛规则是规范比赛的准则。观赏任何比赛，了解规则是起码的要求，否则就会不知其所以然，更无法公正评价比赛，而导致兴趣索然。

（三）了解技术、战术

体育运动由一定的技术动作组成，比赛的精彩与否，很大程度上取决于运动员对技术的掌握情况。而战术则是采取合理的行动，充分发挥己方优势，限制对方特长，以求取胜的竞争艺术。尤其是球类运动等集体项目，高超的技术，灵活的战术，默契的配合，给人以天衣无缝、出神入化的感觉。所以，了解了基本战术，我们就可以不仅“看热闹”，还“看门道”了。

（四）了解相关项目的体育明星

任何一项体育比赛都会因明星运动员的参赛而受到众多观众的关注。这种明星运动员或者是一战成名，或者是比赛场上的常青树，而最吸引观众的是明星运动员的高超技艺和比赛中所展现出来的表现力、意志力、想象力、创造力和艺术感染力等。当迈克尔·乔丹从罚球线后起跳把篮球扣进篮筐的时候，人们不禁慨叹：他到底能飞多高，能飞多远？当“球王”马拉多纳在足球场上连续带球突破七名防守队员的堵截把球射进球门后，人们不禁惊呼：谁还能拦住他？明星运动员带给观众的不仅是运动场上的激情和创意，他们对体育运动的理解、态度和对胜利的追求也使人振奋。明星运动员的运动水平代表了某一体育项目的最高竞技水平，欣赏最高水平的体育比赛是一种享受，并能身临其境地感受到体育运动的魅力。

二、大型体育竞赛介绍

（一）国际综合性运动会

1. 奥运会

奥林匹克运动会简称“奥运会”，是国际奥委会主办的历史最悠久、规模最大、水平最高的世界性综合运动会。1888 年，法国人顾拜旦提出恢复古代奥运会的建议；1894 年，巴黎国际体育会议决定：1896 年，在希腊举行第一届现代奥运会，奥运会每四年举行一届，若因故不能举行，届数仍按顺序计算。自 1896～2012 年已累计举行了 30 届，其中因两次世界大战中断了 3 届，实际只举行了 27 届。奥运会由一个国家的城市而不是由这个国家承办。如无特殊情况，国际奥委会最迟须在 7 年前选定地点。2009 年国际奥委会已确定 2016 年奥运会在巴西的里约热内卢举行。

奥运会会期，包括开幕式在内不得超过 16 天。遇星期天或节假日不进行比赛，期限可相应顺延。比赛项目包括田径、足球、游泳、篮球、排球等近 30 个大项。列入奥运会的男子项目须至少在 40 个国家和三大洲广泛开展；女子项目须至少在 25 个国家和两大洲广泛开展。奥委会强调，比赛只是运动员或队之间的竞技，不是国与国之间的较量，因此不正式公布团体名次。除正式比赛项目外，奥委会还授权东道国可以列入非奥运会正式项目 1～3 个，作为表演项目。

1924 年，国际奥委会开始举办冬季奥林匹克运动会，同奥运会一样，也是每四年举行一届，不同的是其届数按实际举行次数计算。冬奥会会期 12 天，项目包括滑雪（高山滑雪、越野滑雪、跳台滑雪）、滑冰（速度滑冰、花样滑冰）、冰球、雪橇（有舵雪橇、无舵雪橇）和现代冬季两项（滑雪和射击）等。残疾人奥林匹克运动会是由国际奥委会主办的专为残疾人举行的世界大型综合性运动会。1960 年，在罗马举行首届残疾人奥运会，每四年于夏季奥运会后举办一届，至 2008 年已举办过 14 届，中国于 1984 年首次参加残奥会。

2. 世界大学生运动会

素有“小奥运会”之称，由国际大学生体育联合会主办，只限在校大学生和毕业不超过两年的大学生（年龄限制为17～28岁）参加的世界大型综合性运动会。始办于1959年，其前身为国际大学生运动会。1960年，在法国夏蒙尼举办了世界大学生冬季运动会。起初，夏季运动会和冬季运动会分别在单数和双数年举行，从1981年起改为在同一年举行。

1975年，中国被接纳为国际大学生体育联合会正式会员。从1977年第九届起，中国派团参加了以后的历届世界大学生运动会。第二十一届世界大学生运动会于2001年8月在中国北京举行，这是一次全球性的大规模运动盛会，也是中国历史上首次承办的大型世界性综合性运动会。有160多个国家7 000多名运动员参赛。

3. 亚洲运动会

亚洲运动会是由亚洲奥林匹克理事会主办的综合性运动会，前身为远东运动会和西亚运动会，每四年举行一届，与奥运会相间举行，会期16天，至今已举行了17届。第十八届亚运会将于2018年8月在印度尼西亚的雅加达举行。

二战结束后，亚洲体育世界拟建立一个地区性体育组织，来统筹和指导亚洲的体育运动。1947年3月，一些亚洲国家的代表在新德里举行亚洲问题研讨会时，印度代表提出了举办亚运会的建议，得到与会者的赞同。1948年7月在第十四届奥运会期间，亚洲参加奥运会的13国代表成立了亚洲地区性体育组织，并就举办亚运会问题进行了磋商，起草了“亚洲运动会联合会”章程，决定1949年2月举行首届亚洲运动会。中国于1973年9月恢复在亚洲运动联合会中的席位，并成功地举办了第十一届北京亚运会。中国自恢复在亚洲运动联合会中的席位之后参加了第七届至第十七届亚洲运动会，并夺得第九届至第十七届金牌总数第一。

（二）世界单项体育竞赛

1. 世界锦标赛

世界锦标赛是只进行一个项目的比赛，又称世界单项锦标赛。它是由各单项运动国际体育联合会（联盟）主办的，如国际田联主办的世界杯田径锦标赛，国际体操联合会主办的世界体操锦标赛，国际篮联主办的世界篮球锦标赛，国际乒联主办的世界乒乓球锦标赛，国际排联主办的世界排球锦标赛，以及羽毛球、网球、游泳、举重等项目世界锦标赛等。

2. 世界杯赛

世界杯赛是各单项运动国际体育联合会主办的国际性杯赛的总称。如国际足联的世界杯足球赛，国际排球联合会主办的世界杯排球赛，国际乒联主办的世界杯乒乓球赛和国际技巧联合会主办的世界杯技巧赛等。其中规模和影响最大的是世界杯足球赛。

世界杯足球赛全称为“国际足球联合会国际杯比赛”，是当今世界上规模仅次于奥运会的最重大的体育赛事。1928 年第九届奥运会后，国际足联于 1930 年在乌拉圭举行第一届世界杯足球赛，每四年举行一届，由各协会派出最强队参加。1942 年和 1946 年停办两届，至 2014 年共举行了 20 届世界杯足球赛。第十六届以前规定为 24 个队伍参加，从第十六届开始，参赛队伍增至 32 个。国际足联为世界杯足球赛特制的冠军奖杯——“雷米特杯”。此杯是流动杯，若三次夺得冠军，可永久归其所有。

（三）国内大型体育竞赛

1. 全国运动会

全国运动会简称“全运会”，是中国规模最大、水平最高的全国性综合运动会。它是以省、直辖市、自治区和中国人民解放军为单位参加，是对全国体育运动水平的大检阅。

中华人民共和国成立后，于 1959 年 9 月在北京举行了第一届全运会，至 2013 年共举办了 12 届。全运会极大地调动了各省、自治区、直辖市的体育竞赛的开展和水平的提高，对鼓舞全国人民奋发向上的士气和振奋民族精神起到了极大的促进作用。

2. 全国大学生运动会

全国大学生运动会简称“大运会”，由原国家教委、原国家体委、共青团中央、全国学联和大学生体协联合举办，第一届大运会于 1982 年在北京举行，至 2012 年已举办了 9 届。全国大学生运动会以省、市、自治区和行政区为单位参加，比赛分甲、乙、丙三个组分别进行。全国大学生运动会不是一个单纯的体育竞技大会，在大会期间要进行高校体育学术交流活动，召开体育科研报告会，展览体育科研成果，表彰体育工作先进学校等。它是对全国高等学校落实党的德、智、体全面发展教育方针的一次大检阅。

3. 少数民族传统体育运动会

由国家体育总局和国家民委联合主办，每四年举行一次，参加对象为各行政区域除汉族以外的各民族运动员。1982 年 9 月在内蒙古呼和浩特市举行了第一届，来自全国 29 个省、自治区、直辖市 55 个少数民族的 600 多名运动员参加了表演或比赛。

第二节　不同体育项目的欣赏

随着竞技体育的广泛发展，用于体育竞赛的运动项目也日益增多，它们以其不同的竞赛规则、独有的竞技方式和表现风格，吸引着世界数以亿计的观众，为我们提供了丰富的文化、艺术内容。显而易见，要对如此众多的运动项目做全面介绍实在是件很困难的事情，况且运动竞赛的规则也经常在变化中。但为了有助于大家观赏，这里仅按不同性质和形式，把运动项目分为 5 个类别，并就其中的主要项目进行大致的描述，有关规则仅供参考。

一、欣赏测量类项目

测量类项目是以高度、远度、重量和通过一定距离所需时间确定比赛成绩的项目，包括测速、测距和计量 3 个分类。它们均以“更高、更快、更强”为目标，具有最大限度克服生理障碍、挖掘人体潜能的特点。

（一）测速类项目

测速类项目由运动员或运动员操纵运动器械，按通过一定距离所需时间决定比赛名次，速度和耐力是提高运动成绩的关键。

1. 田径运动中的径赛项目

径赛是指在跑道或公路上进行的比赛，包括竞走、短跑、中长跑、跨栏跑、接力跑、障碍跑和超长距离跑。由于上述项目均以走、跑为基本表现形式因而它作为人类生存的基本活动能力，又是各项运动的基础。按国际田联规定，比赛可在室外或室内进行，室外比赛场地应设周长为 400 米的标准椭圆形跑道，运动员可以赤脚、单脚或双脚穿鞋参加比赛。400 米及 400 米以下项目只允许全自动电子计时，其他项目可采取全自动电子计时或手计时。

根据各种距离跑的能量供应特点，短跑（400 米和 400 米以下项目）属极限强度或次极限强度项目；中跑（800 米、1 500 米）属次极限强度项目；长跑（3 000 米、5 000米、10 000 米）属大强度项目；超长距离跑（20 000 米以上）属中等强度项目。上述项目比赛均为个人参加或几人合作，决定名次须经预、复、决赛几轮淘汰。无论是瞬间即逝的短跑，或征途漫漫的长距离跑，运动员在克服极度生理疲劳的同时，都必须接受体力、意志和心理的巨大考验。尤其是实力水平相近的比赛，胜负往往在 1/100 秒的瞬间决定，竞争激烈程度为其他运动项目所不及。因此，观众通常在屏息以待中，体验运动员向生理极限挑战的非凡勇气，并由此认识各项目在全面发展身体素质、提高人体机能水平方面的重要意义。

2. 速度滑冰

速度滑冰简称速滑，比赛按分组和不同距离在 400 米冰道上进行，每组有两名选手参加。每条冰道宽 5 米，外道周长 415.5 米，内道周长 384.12 米，运动员各占一条冰道，身着尼龙紧身“五连服”，脚蹬冰鞋滑完一圈相互换道。换道时只能在 70 米滑区中进行，原内道运动员应主动给原外道运动员让道，若这时发生冲撞，将取消原内道选手的比赛资格。凡不属于自身原因而影响滑行或摔倒，经裁判允许可休息 30 分钟后重新参加比赛。速滑国际比赛较多，规则和要求都不尽相同，其中以世界速滑锦标赛历史最为悠久，1972 年增设世界短距离速滑锦标赛，均计全能冠军。1981 年又设世界短跑道速滑锦标赛，冰道周长仅为 111.12 米，增加了接力比赛。冬季奥运会速滑比赛设男子 500 米、1 000 米、1 500 米、3 000 米和 5 000 米，计每一个单项的冠军。速滑是典型的高速度、高技巧的比赛，要求运动员具有娴熟的弯道技术、灵活的反应能力，特别是短跑道比赛，更给人以惊险和有趣之感。

3. 越野滑雪

越野滑雪是冬季奥运会所设项目，包括男子 15 千米、30 千米、50 千米和 4×10 千米接力，女子 5 千米、10 千米和 3×5 千米接力。在越野滑雪中，由于雪道崎岖不平且滑行距离较长，运动员脚踩滑雪板、手持雪杖穿梭滑行于山丘雪原，通常要以不同的滑行技术合理分配体力，因而可以使观众从中体验高超技术和充沛体力的完美结合，并尽情享受大自然景色赋予的美感。

4. 游泳

游泳在奥运会比赛中，金牌数仅次于田径运动项目，包括各种不同距离的蛙泳、蝶泳、仰泳、自由泳、混合泳和接力比赛，共 30 个单项。通常把 50 米、100 米、

200 米称为短距离，400 米、800 米、1 500 米称为中长距离。标准游泳池长 50 米，宽至少 21 米，内设八条泳道，每条宽 2.5 米，由九条分道线构成。分道线两端设 5 米不同颜色的浮标，便于运动中估计到达终点的距离；泳池两端 5 米处的旗绳，专为提醒仰泳运动员所设；离出发台 15 米处架设的绳索，则为拦截犯规运动员所用。近几年又设短池赛，即比赛在 25 米长的游泳池中进行。目前运动员为不断提高运动成绩，在改进技术和增进体力的同时，还选择模仿海豚皮肤的游泳衣裤，甚至采取剃光头发、除尽体毛等措施。因此观赏游泳比赛，不仅可以了解不同泳姿的特殊要求，包括出发、转身、途中游和抵达终点等技术细节，还可以仔细观察运动员为减少水的阻力，在微细方面所做的努力。

5. 自行车

自行车比赛可以在赛车场和公路上进行，常见的场地赛项目有个人和团体追逐赛(男子 4 千米、女子 3 千米)。公路自行车赛有男子 100 千米、女子 50 千米团体计时赛。标准赛车场有露天和室内两种，跑道呈椭圆形斜坡，周长为 333.33 米，也有 250 米或 500 米的。追逐赛先进行单个或单队预赛，依成绩排出比赛顺序再一对一进行淘汰。双方从两个直道各自的起点出发(正好差半圈)，被追上者即遭淘汰，若各自均通过自己的终点，则成绩差者遭淘汰，直至进入冠亚军决赛。争先赛要进行及格赛，先根据每位选手单独骑行至最后 200 米的冲刺速度排出前 12 名，然后按成绩首尾配对，比赛采取三战二胜制，以首先通过终点者为胜(不计时间)，直至冠亚军决赛。淘汰赛选取多名选手同时出发，每两周冲刺一次，处在最后者即被淘汰，依此类推直至决出冠军。计分赛分大组出发，运动员在抵达预先规定距离即冲刺一次，然后按前四名记分，最后终点冲刺的得分加倍。观赏赛场自行车比赛十分有趣，由于各种比赛方法都有特点，两人争先似游龙戏水，群雄追逐如狂飙卷地。因此竞争场面颇为壮观。

6. 赛艇

赛艇是奥运会项目，分单人、双人、四人、八人、单桨、有舵手和无舵手多种比赛形式。规定男舵手体重不得低于 50 千克，女舵手体重不得低于 45 千克，不够则用附加物补足。近几年还增设了男女轻量级比赛，对运动员体重也有明确规定。用于比赛的艇身狭长，最宽处不过 52 厘米，最长可达 10 米多。比赛应在水深 4 米以上、风平浪静的湖泊上进行。比赛开始前按各自水道将艇头对齐，然后听信号出发，抢航两次则取消比赛资格，途中也不得进入他人航道。赛艇没有记录，每次比赛均以先抵达终点为胜。观赏赛艇比赛别有情趣，当运动员随活动座板前俯后仰，

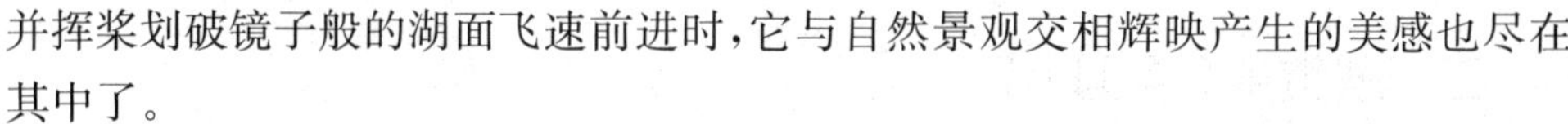

并挥桨划破镜子般的湖面飞速前进时，它与自然景观交相辉映产生的美感也尽在其中了。

（二）测距类项目

测距类项目由运动员或运动员操纵运动器械，以高度和远度决定比赛名次，力量、速度和技巧是提高运动成绩的关键。

田径运动中的田赛是指在田径跑道以外进行的比赛，包括跳高、跳远、三级跳、撑竿跳高、铅球、铁饼、标枪、链球等项目。上述项目是以跳、投为基本表现形式的，它作为人类生存的基本活动能力，也是各项运动的基础。按国际田联规定，比赛可在室外或室内进行。无论跳跃还是投掷项目，为了达到最大高度和远度，都必须通过助跑、滑步或旋转，使身体和器械预先获得初速度，它与技术、力量的完美结合则是决定成绩的关键。跳跃中的高度比赛，必须用单脚起跳。运动员在每个高度连续三次试跳失败，即被取消比赛资格，并以最后跳过的最高高度决定名次。远度比赛每人可试跳、试投三次，前八名可增加三次，以其中最好的成绩决定名次。如参加比赛人数过多，可在正式比赛前举行及格赛。观赏田赛项目的比赛，虽不及径赛项目那么紧张激烈，但无论运动员的腾空而起，还是使器械飞越长空，其情景都无不把健、力、美呈现给了观众。

（三）计量类项目

计量类项目由运动员操纵运动器械，以计算所克服的重量决定比赛名次，力量、速度和技巧是提高运动成绩的关键。

举重是历史最悠久的运动项目，1891 年就举行了世界第一次举重锦标赛，1896 年第一届奥运会举重比赛计三项成绩，即挺举、抓举成绩和两项相加的总成绩。奥运会举重比赛仅设总成绩冠军，世界举重锦标赛则有抓举、挺举和总成绩三块金牌。比赛按体重分男子十个级别，女子九个级别，均在四平方米的木制比赛台上进行。运动员可按自己和对手的实力，利用六次试举（抓举三次、挺举三次）机会，对所要试举的重量作战术性安排。试举动作应符合规则要求，由三名裁判员用指示灯判定试举是否成功，以举起重量多者为胜，成绩相等时以体重较轻者列前，若体重亦相等则以先举起该重量者名次列前。

举重是最典型的体现力量的比赛项目，运动员在举起重量瞬间，往往把“力拔山兮气盖世”的雄姿展现给观众。

二、欣赏评分类项目

评分类项目是按一定标准，对完成动作质量进行评分确定比赛成绩的项目，包括竞技体操、艺术体操、竞技健美操、技巧、健美、跳水、花样滑冰、花样游泳等。它们以一连串的动作组合为基本表现形式，具有空间运动、动静变幻、神形兼备等特点。观赏这类运动项目的比赛，应把动作准确、娴熟、协调、完美放在首位，注意编排结构、艺术造型和完整套路的变化，并从中领悟刚柔相济以及蕴含于风姿绰约中的内在魅力。

（一）竞技体操

竞技体操包括男子自由体操、鞍马、吊环、跳马、双杠、单杠六个单项，女子跳马、高低杠、平衡木、自由体操四个单项。在重大国际比赛中，竞技体操又分团体、个人全能和个人单项三大类。团体比赛分规定和自选动作，个人全能、个人单项主要进行自选动作比赛，它们均按动作难度、编排和完成情况综合评分，以后又发展了加分，得分多者名次列前。由于技术和动作难度不断发展，评分规则也随之经常变化。在观赏竞技体操比赛时，我们应着重欣赏运动员利用各种平衡、跳跃、空翻、摆动、屈伸、转体、回环、腾越、支撑、倒立等基本动作，按规定和自选编排原则进行的组合，并在不同器械上完成动作的技巧，以及充分体现力量、柔韧与技巧的完美结合，来体验人体在空间的优美姿态和造型所展现的艺术魅力。

（二）跳水

跳水是奥运会项目，此外还有在世界游泳锦标赛中所设的跳水比赛和世界杯跳水比赛。奥运会跳水比赛有男、女单、双人跳台和跳板共 8 个项目，跳台高度为 10 米，跳板高度为 3 米。男子跳台预赛跳六个自选动作，进入半决赛再跳五个规定动作，决赛跳五个自选动作，然后把半决赛和决赛成绩相加；跳板要完成五个规定动作和六个自选动作。

女子跳台预赛跳五个自选动作，进入半决赛再跳四个规定动作，决赛跳五个自选动作，然后把半决赛和决赛成绩相加；跳板要完成五个规定动作和五个自选动作。规定动作有难度系数限制，自选动作则可随意安排。比赛设 7 名裁判，双人比赛中，裁判增加到 9 位，其中 4 人打技术分，另外 5 人打同步分。计分时去掉一个最高分、一个最低分，余下按总分除以 5 再乘以 3，然后乘以难度系数即为这个动作

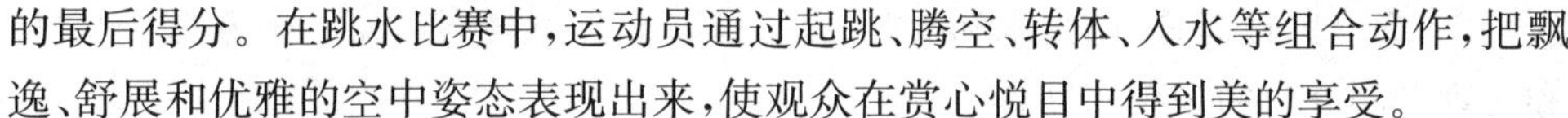

的最后得分。在跳水比赛中，运动员通过起跳、腾空、转体、入水等组合动作，把飘逸、舒展和优雅的空中姿态表现出来，使观众在赏心悦目中得到美的享受。

（三）花样游泳

花样游泳是通过运动员在水上或水下完成漂浮、翻腾、转体、旋转、倒立等动作，表演个人造型和集体编队的项目。重大国际比赛有奥运会、世界杯和世界锦标赛。比赛泳池水深不得小于3米。池水应清澈见底。规定动作配有音乐伴奏，自选动作分单人、双人和成队三种形式，配有音乐伴奏。设5～7名裁判，按去掉一个最高分、一个最低分，余下平均分乘以难度系数即为最后得分。观众主要观赏动作的难度、协调、流畅与编排，以及运动员在音乐和谐配合中表现的优美造型和体态。

（四）花样滑冰

花样滑冰有单人滑、双人滑和冰上舞蹈三个比赛项目。单人滑包括规定自由滑和自由滑，规定自由滑要求在规定时间内完成规范动作，一是按动作质量评出规定动作分，二是根据内容编排、音乐伴奏、速度、姿态、场地利用等因素评出表演分；自由滑要求自选音乐，在规定时间完成自选动作，一是按动作难度、数量、质量评出技术水平分，二是根据内容编排、音乐伴奏、姿态、独创性、场地利用等因素评出艺术影响分。双人滑由男女两名选手组成，分创编和自由滑。创编根据规定动作和表演两部分评分；自由滑由技术水平分和艺术影响分两部分组成。冰上舞蹈由男女选手配对组成，主要以舞蹈动作表现步法和姿态，分为规定舞、定型舞和自由舞。重大国际比赛有冬奥会花样滑冰比赛和世界花样滑冰锦标赛。比赛场地长60米、宽30米，冰的厚度不少于5厘米，冰刀短而矮，中间有沟，刀尖有齿，适合各种曲线滑行、旋转、平衡、跳跃、急转等动作。观赏单人滑比赛要注意动作的难、新、稳。双人滑比赛应观赏双人动作的默契、配合、协调和统一。冰上舞蹈则欣赏它的舒展、洒脱、飘逸和俊美。

三、欣赏得分类项目

得分类项目是根据规则按每局得分达到规定数目确定比赛胜负的项目，包括乒乓球、羽毛球、网球、排球等。比赛双方各占场地一方，隔网相对。得分类项目据有得失分转换速度较快、运动员可在重新发球或接发球间歇中有较充裕时间思考

的特点，观众可针对攻、防技术和战术的灵活应用，注意观察运动员想象力、创造性和心理自制能力的表现水平。

（一）乒乓球

乒乓球最重要的国际性比赛是世界乒乓球锦标赛（世乒赛），共设男女团体、男女单打、男女双打和混合双打七个项目，每两年举行一届，前46届的比赛以21分为一局。当20平以后，先多得两分的一方胜此局，通常采取三局两胜制，或五局三胜制。运动员可直握或横握球拍，采用推挡、抽杀、削球、搓球、拉球、弧圈球等基本技术，将球击过15.25厘米高的球网，落在长2.74米、宽1.52米、高76厘米的木制球台上。凡发球或接球不过网或出界、违例均判失分。但根据国际乒联的改革措施，在继2000年10月将球的直径由38毫米改为40毫米、球重改为2.7克之后，又于第46届世乒赛期间举行的会议上通过以下决议：即从2003年开始，世乒赛将年年举行——单数年打单项赛，双数年打团体赛。每局比赛将采取11分赛制，规定发球不允许用身体遮挡，须使对方及主、副裁判均能看见乒乓球抛起。这样既有利于把乒乓球推向市场，也能通过多打来回达到吸引观众的目的。乒乓球比赛的对抗性极强，对技战术要求很高，观众通过运动员的判断反应、移步选位和挥拍击球等动态表现，可以欣赏他们在击球时对准确性、速度、旋转、力量和落点的完美追求。

（二）羽毛球

羽毛球分单打、双打和团体赛三种比赛方式，团体赛包括男女团体与混合团体，单打包括男女单打，双打包括男女双打与混合双打。团体赛可采用三场制和五场制。三场制可采用三场两胜制，亦可赛完三场后以获胜场数多者为胜队；五场制可采用五场三胜制，亦可赛完五场后以获胜场数多者为胜队。单打和双打以三局两胜定胜负。比赛在长13.40米、宽5.18米（双打场地宽6.10米）的长方形场地进行。羽毛球比赛对发球有严格的规定，当发球一方得分为零或双数时，应站在右发球区发球，得分为单数时，须站在左发球区发球。发球时双方都必须站在各自发球区内，不得踩线，任何一脚都不得离地或移动，球与拍的接触点必须低于腰部，整个拍框要明显低于握拍的手，否则判违例由对方发球。

如发球擦网未落在对方接发球区内应判失误，落入对方接发球区内对方不接则判得分。羽毛球比赛以21分为一局，在决胜局中有一方先得11分时，双方需交

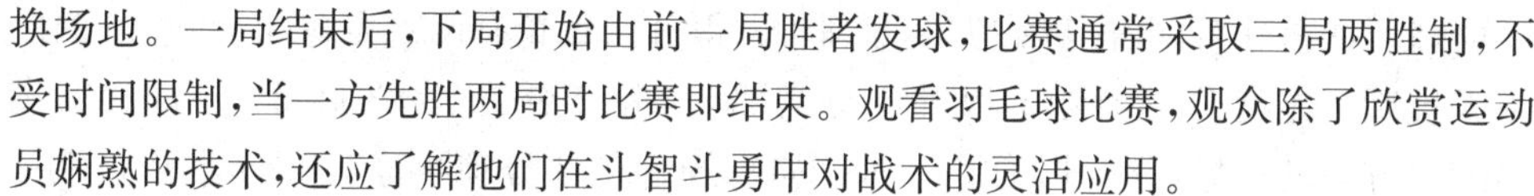

换场地。一局结束后，下局开始由前一局胜者发球，比赛通常采取三局两胜制，不受时间限制，当一方先胜两局时比赛即结束。观看羽毛球比赛，观众除了欣赏运动员娴熟的技术，还应了解他们在斗智斗勇中对战术的灵活应用。

（三）排球

排球比赛最早由球类游戏演变而成。比赛在长 1.8 米、宽 9 米的长方形场地进行，男子比赛网高 2.43 米，女子比赛网高 2.24 米，场地的所有界线均宽 5 厘米，场地的长和宽度包括界线。压线球为界内球。距中线 3 米处有一条进攻线，以限制后排队员在前排进行进攻性击球，中线和进攻线被视为无限延长。每队上场 6 人站成两排。自左向右前排为 4、3、2 号位，后排为 5、6、1 号位。发球后每队可接触球 3 次（拦网触球除外），正式比赛采取五局三胜制和每球得分制，即攻防任何一方失误均由对方得分并发球。前四局比赛某队满 25 分并比对方多出 2 分为胜一局。当双方比分 25 平时，应继续比赛至某队比对方多出 2 分为止，某队先胜三局即取得该场比赛胜利。如双方前四局出现 2∶2 平局时，第五局为决胜局。在该局比赛中，只要一方先得 8 分应交换场地，位置不变继续比赛。

当某队先获得 15 分并且比对方多出 2 分即取得这一局的胜利。每获得一次发球权，队员须按顺时针方向轮换位置，由 2 号位队员轮转到 1 号位发球，球未发出前，双方队员均不得出现位置错误，否则将被判由对方得分，若是发球方，还将丢失发球权。当每局比赛到 8、16 分时为技术暂停，比赛成死球时教练或队长每局可请求暂停两次，每次 30 秒。

每局比赛最多只能换 6 人次。每局开始上场阵容的队员在同一局比赛中可以退出比赛和再次上场各一次，而且只能回到原阵容的位置上。替补队员每局只能上场比赛一次，替补开始上场阵容的队员，而且只能由被他替换下场的队员来替换。由于排球比赛有 3 次击球机会，因此在防守基础上有效阻止进攻是制胜的关键。观众可通过发球、传球、垫球、扣球、拦网等基本技术，欣赏运动员在千变万化的战术中表现出来的精湛技艺、巧妙配合、战术意识、机智勇敢和顽强拼搏精神。

（四）网球

比赛分单打、双打和团体赛 3 种方式，网球比赛在长 23.77 米、宽 8.23 米（双打场地宽 10.97 米）的草地、硬地、泥沙地或沥青涂塑场地进行。先发球者从右半场端线后将球发至对方右发球区内，然后双方隔网对击，允许凌空击球或接落地一次的球。如击球落网、出界或失误即判对方得分。每轮有两次发球机会，连续两次失误也判对方得分。国际上以胜1分为“15”，胜2分为“30”，胜3分为“40”，满“40”一方为胜一局，胜6局为胜一盘。如每局各得3分须再净胜2分才算获胜一局，双方各胜5局要由一方再净胜两局才算获胜一盘。正式比赛中，女子单、双打和混双采取三盘两胜制；男单和男双则采取五盘三胜或三盘两胜制。双方局数出现6平或8平时，应采用12分7胜的决胜制，双方各得6分则以再净胜2分者为胜，这种决胜制不适合于三盘两胜的第三盘和五盘三胜的第五盘。网球双打比赛的规则是：双方应按次序发球，如甲队可由任一人先发球，第二局由乙队换发球。第三、四局则分别由甲、乙队未发过球的队员发球，依次轮换直至该盘结束。

网球被认为是高雅的运动，观众可通过抽击球、削球、截击球、高压球、挑高球、反弹球、放短球等基本技术，欣赏运动员在快速移动中，对发球战术、接发球战术、上网战术和底线战术的灵活应用。为了提高欣赏品位，还应了解有关规则和要求，并切记在运动员发球和比赛进行中，绝对不要随意走动和发出声响，或打闪光灯照相。

四、欣赏命中类项目

命中类项目是以命中目标数确定比赛成绩的项目分类。

（一）设防型项目

在设防型项目中，运动员通常按技术规范和事先布置的战术，在规则的严格控制下参与比赛，设防型项目具有直接对抗、攻防变换、竞争激烈等特点。为了取得比赛胜利，运动员的个人技术和体力固然重要，但更强调勇敢顽强、集体配合和战术意识，其中要求运动员具有极强的观察、判断和预测能力。

1. 足球

足球比赛在长100～110米、宽64～75米的场地进行，每方上场11人，其中必须有1名守门员，每场每队可替换3名队员，全场90分钟，分上下两个半场，中间休息15分钟。

若规定比赛必须分出胜负，在出现平局后应进行30分钟加时赛，加时赛仍是平局，则互罚点球决出胜负。足球比赛虽允许合理冲撞，但对故意犯规、危险动作、冲撞无球队员（包括守门员）、不服从裁判、越位等行为判罚严格。根据情节轻重，可判罚间接任意球、直接任意球、点球、口头警告、“黄牌”警告，直至“红牌”罚出场外。但足球经过一百多年的发展，与其说是体育运动，不如说是一种超级的体育文化。因为由它反映的球场建设、球迷现象与球市经营等，现已浸透到社会的每个角落。其影响面之大与人们对它的痴迷程度，都无愧为世界第一运动。由于比赛场面精彩纷呈，观众往往带着悬念了解各种战术风格、流派、阵型和技术特点，通过欣赏运动员快速奔跑、长传急攻、短传配合、飞身铲断、鱼跃冲顶、临门一脚、凌空扑救等高超技艺，足可达到令人心醉的境地。

2. 篮球

篮球比赛是在长 28 米、宽 15 米的场地进行，业余比赛分上下半时，每半时 20 分钟，中间休息 10 分钟后互换场地。每队每半时可允许两次暂停，队员犯规 5 次必须自动退出比赛，在一节中一个队的队员犯规达到 4 次，若以后队员再犯规应处以两次罚球。比赛结束出现平局应延长 5 分钟再赛，若仍战平则再延长 5 分钟，直至决出胜负。每队上场队员五人，分为前锋、中锋、后卫。投球中篮得 2 分，3 分投篮区投中得 3 分，罚球中篮得 1 分。篮球比赛对抗性强，攻防转换都在瞬间完成，身体接触频繁，拼抢非常激烈，但同时又有极强的艺术欣赏价值。观众通过运动员的移动、传球、接球、运球、抢球、断球、投篮、扣篮等基本技术，可以欣赏全队的默契配合程度及灵活多变的攻防战术。

3. 手球

手球比赛分 7 人制和 11 人制两种，目前世界各国开展的是 7 人制室内手球比赛，重要的国际比赛有世界手球锦标赛和奥运会手球比赛。比赛在长 40 米、宽 20 米的长方形场地进行，球门高 2 米、宽 3 米，设在端线的中央。比赛时间为 60 分钟，分上下两个半场，中间休息 10 分钟，比赛结束如得分相等，休息 5 分钟后应进行 10 分钟决胜期比赛，如仍为平局则再延长 10 分钟，直至决出胜负。手球包括持球、移动、射门、传接球、运球、突破、防守和守门等基本技术，观众通过运动员之间的传切配合、交叉换位、互相掩护、交换防守、关门封堵、补位防守和穿过配合等，可以欣赏他们在集体防守和阵地进攻中表现的应变能力，以及对技、战术的灵活应用能力。

4. 水球

水球比赛是在长 30 米、宽 20 米、水深在 1.80 米以上的人工游泳池中进行的（女子场地长 25 米、宽 17 米）。球门距水面 0.9 米，两球门柱内沿之间的宽度为 3 米，比赛用球周长 68～71 厘米，重量为 400～450 克。水球比赛每队上场 7 人，其

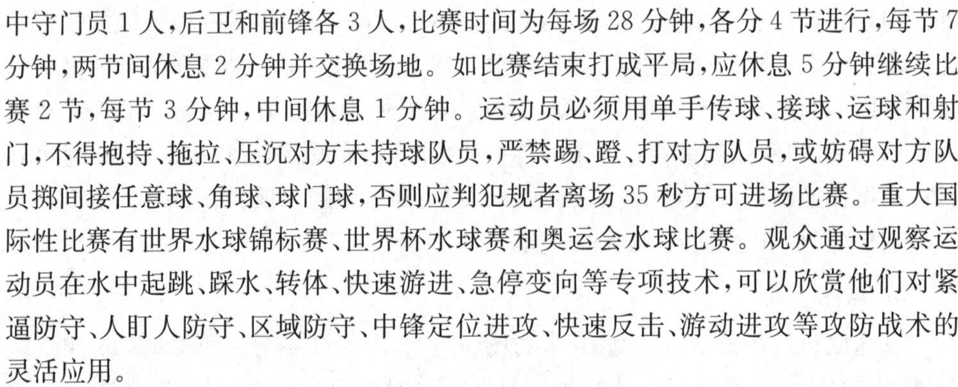

中守门员1人，后卫和前锋各3人，比赛时间为每场28分钟，各分4节进行，每节7分钟，两节间休息2分钟并交换场地。如比赛结束打成平局，应休息5分钟继续比赛2节，每节3分钟，中间休息1分钟。运动员必须用单手传球、接球、运球和射门，不得抱持、拖拉、压沉对方未持球队员，严禁踢、蹬、打对方队员，或妨碍对方队员掷间接任意球、角球、球门球，否则应判犯规者离场35秒方可进场比赛。重大国际性比赛有世界水球锦标赛、世界杯水球赛和奥运会水球比赛。观众通过观察运动员在水中起跳、踩水、转体、快速游进、急停变向等专项技术，可以欣赏他们对紧逼防守、人盯人防守、区域防守、中锋定位进攻、快速反击、游动进攻等攻防战术的灵活应用。

5. 冰球

冰球是在长61米、宽30米的冰球场内进行，四周设有“界墙”。用两条蓝线将全场分为三等分，场地中央为红线，球门宽1.83米、高1.22米，设在端线中央。冰球呈扁圆形，用硬橡胶制成。冰球杆长11.35米，守门员球杆的柄刃较宽，均为木质材料制成。冰球比赛每队上场6人，其中包括1名守门员、3名前锋和2名后卫，分三局进行，每局净时20分钟，局间休息15分钟。重大国际比赛有世界冰球锦标赛(分A、B、C三组)和冬奥会冰球比赛。冰球比赛允许以肩、胸、臂部对控球队员合理冲撞，但不准用球杆打人、拍刃戳人、杆柄杵人、横杆推人、踢人、绊人、抱人、膝肘顶人、勾人或投扔球杆，否则将根据情节轻重给予处罚。替换队员不必等待比赛停止和经裁判允许，即可随意上下，但必须等下场队员完全脱离比赛。观众主要欣赏运动员细腻娴熟的个人技术、快速传递和灵活多变的战术配合。

6. 曲棍球

曲棍球比赛在长91.44米、宽55米的草地球场进行。球门高2.14米、宽3.66米，置于端线中央的外沿，球棍的一侧为平面，另一侧为凸面，棍长不超过1米。只允许用平面部位传接球、运球和射门。球的外壳由白皮革制成。上场比赛人数各11人，分上、下两个半时，共70分钟。中间休息5～10分钟。守门员可在球门区用身体挡球、踢球、铲球，却不准抓、抛、压、踩球。其他运动员挥摆球棍不得超过肩高，不允许对近距离他方队员重击、挑、铲击球，或用转身、半转身护球，或将球棍插入对手和球之间进行干扰，击空中球和砍击球，或勾扣、打击球和撞、踢、推、绊、拉、打对方队员。重大的国际比赛有世界曲棍球锦标赛、世界青年曲棍球锦标赛和奥运会曲棍球比赛。观众通过运动员的传球、停球、运球、抢截球、射门等技术，主要欣赏他们快速、灵巧、准确用棍控制球的能力，以及局部和整体战术的运用。由于

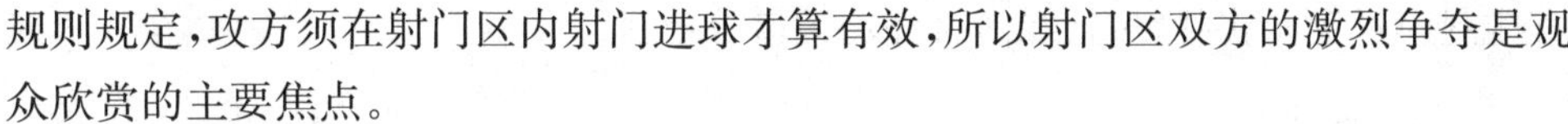

规则规定，攻方须在射门区内射门进球才算有效，所以射门区双方的激烈争夺是观众欣赏的主要焦点。

（二）无防型项目

无防型项目是运动员在无人防守、干扰的情况下，凭借个人技术和体力优势，以命中目标多少计算成绩的项目。无防型项目具有单兵作战、内紧外松的特点。沉着冷静、耐心细致、意念集中是取胜的关键。

1. 射击

射击运动按枪支方法可分为步枪、手枪、飞碟和移动靶射击 4 类。按枪支规格、射击姿势、射击方法、距离远近又分成许多小项。比如步枪分大口径、小口径、气步枪、卧射、跪射、立射、40 发、3×20 发等；手枪分为慢射、速射、标准手枪 25 米、气手枪立射(40 发)等；飞碟有双向和多向。射击分个人赛和团体赛两种，人数都有具体规定。

射击比赛虽比较单调，但从运动员镇定自若的神态中，可以欣赏他们举枪射击、准确命中的大将风度和稳定的心理素养。特别是观赏飞碟比赛，当见到枪响碟碎时，观众更可以从枪手的潇洒神态以及弹无虚发的高超技术中得到美的享受。

2. 射箭

射箭有男子 90 米、70 米、50 术、30 米 4 项，女子 70 米、60 米、50 米、30 米 4 项，重要国际比赛有世界射箭锦标赛和奥运会射箭比赛。参加奥运会的所有选手要先参加 4 个射程 144 支箭的预赛，然后根据预赛成绩，个人赛取前 32 名选手，团体赛取前 16 支队进入淘汰赛。在淘汰赛中，参加个人比赛的 32 名选手进行一对一的比赛，每人距 70 米远射完 12 支箭，成绩高者进入下一轮。团体赛则是各队之间一对一比赛，每队上场 3 人，距 70 米远各射 9 支箭，每队共 27 支箭，胜者进入下一轮。射箭运动员要有足够的开弓力量和正确的姿势，观众应注意观察运动员准确的瞄准、沉稳的射出，并欣赏他们良好的素质和娴熟的射箭技巧。由于射箭比赛对每组箭的时间(每组射 3 支箭)都有限制，现场有灯、声音等进行显示，因此观众不要呐喊、喧哗，以免干扰运动员比赛。

五、欣赏制胜类项目

制胜类项目决定成绩的方法比较特殊，它既含命中对方而得分的因素，又可以直接制服对手而获胜，包括拳击、摔跤、柔道等项目。

（一）拳击

拳击分职业和业余两种，职业拳赛不戴头盔、裸露上身，拳套轻而薄。按体重分重量级、次重量级、中量级、次中量级、轻量级，一般打10个回合以上。业余拳赛则要戴头盔，身穿背心，拳套较厚，根据体重分12个级别，须打3个回合，一个回合3分钟，回合之间休息1分钟。拳击比赛在长度为4.9米或6.1米见方、高约1米，四角各设立柱，并用四条绳索围绕的拳台上进行。合法有效击打部位是腰带以上身体正面、头部正面、侧面，凡击打后脑、裆部，用张开的拳套、拳套内侧、手腕部位、拳套侧面击打摔扭对方，或旋转身体抡挥、用双臂抱紧自己身体完全消极防守、过于低头等都属于犯规，轻者警告，重者扣分。

比赛如果不是以击倒对方结束，则以计点数判胜负。业余拳击最高级别的世界比赛是奥运会和世界锦标赛，职业比赛则为世界拳击理事会举办的各个级别的拳王争霸战。拳击比赛需要很强的体力、全面的技术和敏锐的反应，观众在注意观察运动员脚下移动、灵活躲闪、试探性进攻的同时，应重点欣赏他们如何利用直拳、刺拳、勾拳、摆拳或组合拳突然向对方发起进攻，并给予致命一击的精彩场面。

（二）摔跤

世界性摔跤比赛有古典式和自由式两种，均在12米、直径为9米的圆形场地内进行，四周设不少于1.5米宽的保护区。在正式比赛中，古典式摔跤只允许握抱对方头颈、躯干和上肢，不准握下肢或用腿绊。自由式摔跤则可手足并用，允许抱下肢，并采用抱摔和使腿绊等方式。两种摔跤方式都分不同等级，不许使用反关节或击打对方，不许用手、肘、膝撞击或蹬踹对方，不许抓头发或采用使对方窒息的动作。记分方法根据摔的程度、质量分别记1分、2分，比赛结果以得分多少判定胜负。如能将对方双肩同时触及垫子并稍有停顿，则不管原先得失分多少或比赛时间是否已到，即可宣布获胜。观众主要欣赏运动员在攻防中采取的过胸摔、过背摔、跪撑、搭桥等技巧，以及运动员的个人“绝技”和顽强的意志品质。

（三）柔道

柔道比赛在长度为14～16米见方的“塌塌米”上进行，评分按技术质量、效果等因素分为“一本”“有技”“有效”“效果”四种。运动员得“一本”为绝对胜利，该场

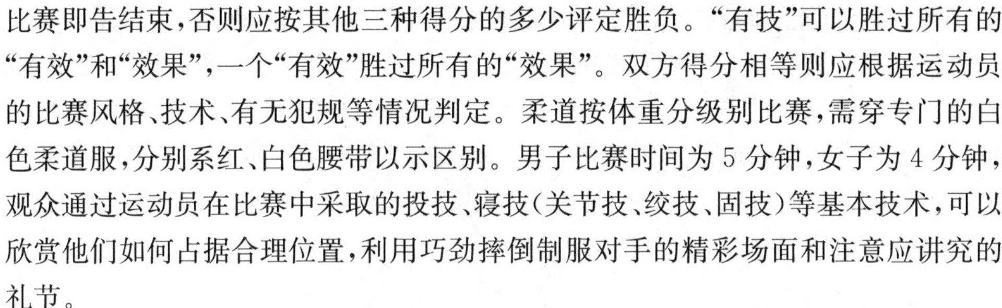
比赛即告结束,否则应按其他三种得分的多少评定胜负。“有技”可以胜过所有的“有效”和“效果”,一个“有效”胜过所有的“效果”。双方得分相等则应根据运动员的比赛风格、技术、有无犯规等情况判定。柔道按体重分级别比赛,需穿专门的白色柔道服,分别系红、白色腰带以示区别。男子比赛时间为 5 分钟,女子为 4 分钟,观众通过运动员在比赛中采取的投技、寝技(关节技、绞技、固技)等基本技术,可以欣赏他们如何占据合理位置,利用巧劲摔倒制服对手的精彩场面和注意应讲究的礼节。

第四节　现场观赛常识

一、观赛前的准备

(一)着装整齐大方

观看比赛时着装要整齐大方,不能衣冠不整或邋遢随便。如果是室内比赛,观看比赛时不要戴帽子。如果观众是戴帽子进场的,要注意进场后把帽子摘下来。同时,观众进场后不要把衣物垫在座位上。一些特殊的“绅士”项目还要根据项目的特点进行穿着。

(二)准时到达赛场

守时是一种美德,看体育比赛也不例外。提前到场找到座位等待运动员和裁判员是对他们的一种尊重,也是体现自己素质的重要标志。同时,要想准时进入赛场,还需提前做好准备工作。首先应该在出发前认真研究一下路线,看看走什么样的交通路线最合适。现在的体育场馆大都是在城市中比较繁华的地段,比赛开始前观众从城市的各个方向涌入一个地点,交通秩序自然不会像平时一样有序,这时就要求每个观众应该自律谦让,乘坐公共汽车和地铁不要拥挤,不要抢夺座位,对老人、小孩和妇女等要有礼貌。

(三)驾车观看比赛要停放整齐

如果骑自行车前往赛场,在路上不要飙车,以免给其他骑车人造成麻烦,到了赛场后更要把车子主动停放在规定位置,摆放整齐,千万不要找个地方一放了事。

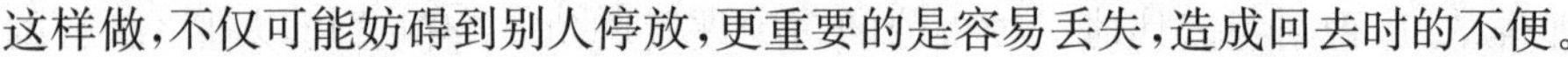

这样做，不仅可能妨碍到别人停放，更重要的是容易丢失，造成回去时的不便。

开私家车前往的人应该了解如果没有专用的停车证体育场周围肯定是“一位难求”，所以要想按时观看比赛应该提前到达，仔细安排开车的路线，想好可能相对空闲的停车位在什么地方。如果有专用车位，进停车场后一定要按照停车管理员的指示停放，不能只顾自己方便，横七竖八地乱停，这样既不方便其他的观众，也有可能被别人堵住，最后大家都不方便进出。

(四) 文明进场

按时到达比赛场馆后，在观看体育比赛前要尽量提前或准时入场。在进入场馆的大门口和各通道的检票口，按照顺序排队进场是基本的礼仪。另外，检票入场时，应该主动把票证拿在手里，方便工作人员的检查。不要塞在包里、衣服的兜里，到了检票口再往外掏，这样不仅耽误了其他观众的时间，也不方便检验票证的工作人员完成他们的工作。

进场时，要主动配合工作人员对所携带物品进行安全检查。在我国，很多的大型比赛在观众入场时，工作人员要对观众的背包进行安全检查，或要求观众把背包存入指定的存包处。观众应该在赛前预先阅读观众须知，了解自己应该怎么做，提前把包存好。如果遇到在入口需要安检的比赛，那么在这种情况下要主动配合有关工作人员，尽量提前或准时入场，在入口处主动出示票证，听从工作人员的要求，接受工作人员的安检。

观看比赛前，还应了解观看比赛时不准携带的违禁物品。我国对观看一些运动项目的正式比赛，有相对严格的要求。比如国外的足球比赛允许球迷点燃烟花进行庆祝，但在我国这种庆祝方式属于不被允许的。而且，在像足球比赛这样容易让球迷热血沸腾的赛事中，警方为保护绝大多数人的利益，会提醒广大观众严禁携带易燃易爆物品和剧毒危险物品进场。另外，像一些大型的充满对抗性的比赛，为了防止双方观众的“冲突”，最好不要携带易拉罐、玻璃瓶进入赛场。有的比赛还禁止携带锣鼓、横幅标语、望远镜、挎包、背包和软硬包装饮料入场。观看比赛前最好能多了解一下要观赏的这场比赛组织者有什么特殊的要求，或是尽量少带东西，防止在观看比赛前因为带的东西不合规定闹得很不愉快，影响到看比赛的心情。进场过程中，还应该注意禁止吸烟，不要食用东西，免得食物残渣弄到旁边观众的身上。

二、文明观赛

体育运动有很高的艺术性，欣赏体育比赛时如果能够抱着欣赏艺术的心情会得到更好的享受。在欣赏体育比赛艺术性的同时，我们应时刻注意自己作为一名文明观众而需要遵守的礼仪与规范。

（一）防止噪音，手机静音

观众在进入比赛场地后，就应当先关闭随身携带的手机或调整到振动状态，以防止在比赛过程中这些通信设备发出噪音，影响运动员的比赛发挥及观众正常看比赛。如果来了电话，应该用手盖住手机听筒和自己的嘴，放低音量，告知打电话的人自己正在看比赛，请过一段时间再打来。不要接到电话就“落荒”出场，这样会影响到其他观众。

如果是与朋友相约一起看比赛，进场过程中不要大呼小叫，发出噪音，应该保持良好的进场环境氛围，等到比赛进行到精彩处，需要加油呐喊的时候再用力气。

（二）观看比赛也要有始有终

观看比赛的观众要等待比赛完全结束后再退场。有些场次的比赛，会出现一边倒的局面，导致比赛没结束时结果已经确定。这种情况下，会有一些观众觉得比赛缺少悬念，早早离席而去。这样做，其实是对比赛双方运动员的一种不尊重。既然来看比赛，如果没有特殊情况，最好自始至终把比赛看完。另外，如果自己有急事要离场，要选择比赛中间休息时离场，不要在比赛正进行中起身就走，随便中途退场。

（三）维护环境卫生

在我国许多比赛结束后放眼观众席，总能发现不少遗弃的废报纸、纸杯、塑料包装袋，场地内也有观众扔的纸屑、纸带，风一吹更是漫天飞舞，十分不雅。1998年法国世界杯期间，大概有200多名韩国球迷观看比赛，比赛结束之后，大家发现他们每个人都拎着一个装垃圾的袋子离开，而他们坐的那一片场地非常干净，与周围其他国家球迷坐过的地方相比十分显眼。这样的景象同样出现在2002年韩日世界杯期间，这给了我们很深的印象。我们不仅要在走出国门时注意自己的形象，在国内观看比赛时也要做到提高个人修养，维护场地清洁卫生。

（四）欣赏比赛也要注意礼仪

欣赏比赛过程中，作为观众，为本国或自己喜欢的运动员加油助威是无可厚非的，但呐喊助威同样要注意礼仪，特别是作为主场观众，更应该注意呐喊助威的方式方法。

1. 发自内心地投入观赏当中

在许多国际赛场上，我们可以看到很多观众从还没有进入赛场到最后比赛结束，他们的情绪一直是非常饱满的，那种发自内心的兴奋会感染许多周围的人。他们只需要一个眼神、一个手势就能明白彼此想表达什么情绪，整个人陶醉在比赛的过程当中。

2. 尊重客队运动员和外国观众

作为主场观众，我们不仅要为本土运动员加油，也要尊重客队运动员，为他们的完美表现叫好喝彩，同时要对观看比赛的外国观众以礼相待，展现出我们良好精神风范。

在国际比赛中，可能会举行升旗仪式。在这种时候，当奏响我们的国歌时，观众应当起立，面向国旗肃立致敬，可以跟着乐曲用正常音量唱国歌。不能在这个时候嬉笑打闹或者随意走动，也不能进行接电话之类的活动。另外，到升其他国家的国旗、奏国歌时，观众也应当本着相互平等、相互尊重的原则，给予应有的尊重和礼遇。不能喝倒彩、起哄、吹口哨，这些都是不文明的行为，无法体现一个国家整体的素质。

3. 观赏比赛如同欣赏艺术

欣赏体育比赛时，如果能够抱着欣赏艺术的心情会得到更好的享受。

首先，必须了解项目的规则和特点，否则就如同听不懂意大利文的人看歌剧一样，台上歌声嘹亮，你却只会觉得索然无味。

有良好的心态也能帮助你更好地从比赛中得到快乐。看体育比赛时没有倾向性便不能完全体会到其中的乐趣，但是倾向性太过强烈的话又会使你忽略体育本身的美感，如何掌握好其中的度，是欣赏比赛的一个关键。

最后需要注意的是，看淡结果重视过程。奥林匹克的精神是“重在参与”，能够领悟其中的精髓对文明观赛也是有好处的。只要是尽力拼搏的运动员我们都应该给予鼓励，而不是只把掌声献给胜利者，这样的态度跟体育的精神才是相匹配的，

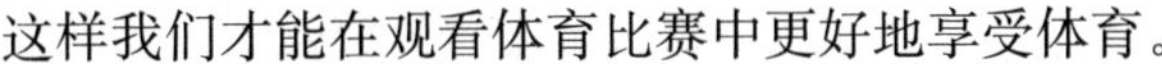

这样我们才能在观看体育比赛中更好地享受体育。

4. 比赛结束鼓掌致意

比赛结束时,观众应起立,向双方运动员鼓掌致意,这既是对运动员的尊重也是对运动员场上表现的一种肯定。无论自己支持的运动员是否正常发挥水平,比赛是否取胜,都要鼓励。只有观众更多的支持和鼓劲,运动员才有更多的训练和比赛激情,下次才会有更好的发挥。

附录 大学生体质健康的测试与评价

一、体质与健康

（一）体质

体质，即人体质量，是指在遗传性和获得性的基础上表现出来的人体形态结构、生理功能、身体素质、适应能力和心理因素的综合的、相对稳定的特征。影响体质的因素是多方面的，其中遗传、环境和体育锻炼这三个方面起了重要的作用。

体质在其形成和发展的过程中，具有明显的个体差异和阶段性。不同的人，其体质的差异主要表现在形态发育、生理功能、心理状态、身体素质、运动能力以及对环境的适应和对疾病的抵抗力等方面，包括从最佳功能状态到严重疾病和功能障碍等多种不同水平。同时，人的不同生长发育阶段，如儿童期、青少年期、中老年期，体质的状态是不断发展和变化的，既有共同特征，又有不同年龄阶段的特殊特征。人们可以通过改善物质生活条件、建立健康的生活方式和有目的、有计划、科学的身体锻炼等手段来保持良好的体质状况，不断增强体质。

体质的范畴包括人体形态结构、生理功能、身体素质、适应能力和心理因素等方面。体质的强弱，就是由这些方面综合反映出来的。一个人的体质好与不好，通常主要表现在以下五个方面：

（1）身体形态发育水平：包括体形、姿势、营养状况、体格及身体成分等。

（2）生理功能水平：即机体新陈代谢水平以及各器官、系统的工作能力。

（3）身体素质和运动能力发展水平：即耐力、柔韧性、力量、速度、平衡、灵敏、协调、反应等素质及走、跑、跳、投、攀爬等身体基本活动能力。

（4）心理发育（发展）水平：即本体感知能力、个性、意志等。

(5) 适应能力：即对内外环境条件的适应能力、应激能力和对疾病的抵抗力。

这五个方面的状况，决定着人们的不同体质水平。在进行体质测量和评价以及检查增强体质的实际效果时，必须看到体质的综合性特点以及测量评定的多指标性质。

（二）体质与健康

如前所述，体质和健康是不同侧面，不同范畴来看待人体状况的两个相互联系的概念，健康要大于体质的范畴。从体质的范畴来看，它更趋向于人体的形态发育、生理机能、心理发展、身体素质、运动能力以及对内外环境的适应和抵抗疾病的能力等。从健康的范畴看，它除了包括体质的范畴以外，还强调对环境(包括自然环境和社会环境)的适应、心理卫生、对疾病的预防、卫生保健以及生活方式对健康的影响等。

从大学生体质健康标准研制的角度来看，更多的是用促进大学生健康的思想选取那些最具有代表性、有效性、客观性的指标来评价大学生的体质健康水平，并反馈给每一个大学生与健康紧密相关的信息，帮助大学生自主地提高体质健康水平。至于健康大范畴中的适应环境、疾病预防、卫生保健和心理健康等，有些需要在全国大学生体质与健康调研中进行大规模的追踪调查研究，有些则需要学校、社会和家庭通力合作，对大学生进行健康教育，共同促进他们健康成长。

（三）体质健康评价的意义

大学生体质健康评价是高等学校体育工作中的重要环节，也是整个学校教育评价体系的重要组成部分。建立全面、科学的大学生体质健康的评价体系，可以使大学生及时了解自己的体质健康状况，调整学习和锻炼的目标。同时，过程评价的本身也是一次很好的体育宣传和教育的过程，是一次自身健康意识提高的过程。更为重要的是，通过评价可以使家长、学生、社会及时了解关于大学生的体质健康状况，引起家长和社会的重视和关心，使学校教育的决策部门及时了解大学生体质健康状况的大量真实有效的信息，为学校和教育管理部门制定和调整有关大学生体育教育方面的政策提供科学的依据，使大学生的体质和健康问题引起全社会的关注。所以说，正确地、合理地对大学生进行体质健康评价，对于促进学校体育和教育工作有着极为重要的意义。

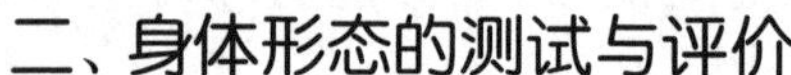

二、身体形态的测试与评价

反映身体形态发育的指标主要有身高、坐高、体重、胸围、肩宽、骨盆宽、四肢的围度和径长等。在《学生体质健康标准(2014 年修订)》(以下简称"标准"中),身高和体重是测试项目,而体重指数(BMI)也是身体形态的评价指标。

(一) 身高

身高是指人在地面上站立时,头顶正中线上最高点到地面的最大垂直距离,它是反映人体骨骼的发育状况和人体纵向发育水平的重要指标。

测量身高可以采用身高计。测量时,被测者要以赤足立正姿势站在身高计的地板上(上肢自然下垂,足跟并拢,足尖分开,成 600 角)。足跟、骶骨部及两肩胛区与立柱相接触,躯干自然挺直,头部正直,耳屏上缘与眼眶下缘成水平位。测试者的两眼应与水平压板成水平位进行读数,以厘米为单位,精确到小数点后一位,测试误差不得超过 0.5 厘米。测量身高最好在上午,因为身体受重力影响,身高存在 1.5～2.0 厘米的差异。

(二) 体重

体重是人体横向发育的指标,它反映人体骨骼、肌肉、脂肪及内脏重量的综合情况和身体的发育程度。体重受年龄、性别、身高、季节、生活条件、营养状况、工作环境等因素的影响。

测量体重应采用经过检验和核对的杠杆秤或电子体重计,计量以千克为单位,准确度要求误差不得超过 0.1 千克。测量体重时,被测者应赤足,男性身着短裤,女性身着短裤、短袖衫,站在秤台中央,不要晃动。

(三) 体重指数(BMI)

BMI 指数(body mass index)即身体质量指数也称为体重指数,体重指数(BMI)=体重(千克)/身高^2(米^2),是目前国际上常用的衡量人体胖瘦程度以及是否健康的一个标准,主要用于统计。当我们需要比较及分析一个人的体重对于不同高度的人所带来的健康影响时,BMI 值是一个中立而可靠的指标。大学男、女生体重指数评分标准如附表 1 所示。

附表 1　BMI 指数单项评分表(单位:千克/m^2)

等级	单项得分	大学男生	大学女生
正常	100	17.9～23.9	17.2～23.9
低体重	80	≤17.8	≤17.1
超重	80	24.0～27.9	24.0～27.9
肥胖	60	≥28.0	≥28.0

三、身体机能的测试与评价

身体机能是指机体新陈代谢的水平和各器官系统的工作能力，主要指标有脉搏、血压和肺活量。在《标准》中，要求肺活量是大学各年级学生的必测项目。

(一) 肺活量

肺活量是指一个人全力吸气后，呼出的最大量气体。肺活量是一种常用的反映呼吸机能的指标。测试肺活量时，可采用电子肺活量计测试。被测者应站立测试，头部略向后仰，尽力深呼吸，直至不能吸气为止，将嘴对准口嘴，缓慢地呼气，直到不能呼气为止，中途不得二次吸气。

(二) 评价标准

大学男、女生肺活量单项评分标准(单位:毫升)如附表 2、附表 3 所示。

附表 2　男生肺活量单项评分表(单位:毫升)

等级	单项得分	大一、大二	大三、大四
优秀	100	5 040	5 140
	95	4 920	5 020
	90	4 800	4 900
良好	85	4 550	4 650
	80	4 300	4 400

续表

等级	单项得分	大一、大二	大三、大四
及格	78	4 180	4 280
	76	4 060	4 160
	74	3 940	4 040
	72	3 820	3 920
	70	3 700	3 800
	68	3 580	3 680
	66	3 460	3 560
	64	3 340	3 440
	62	3 220	3 320
不及格	60	3 100	3 200
	50	2 940	3 030
	40	2 780	2 860
	30	2 620	2 690
	20	2 460	2 520
	10	2 300	2 350

附表 3　女生肺活量单项评分表(单位:毫升)

等级	单项得分	大一、大二	大三、大四
优秀	100	3 400	3 450
	95	3 350	3 400
	90	3 300	3 350
良好	85	3 150	3 200
	80	3 000	3 050

续表

等级	单项得分	大一、大二	大三、大四
及格	78	2 900	2 950
	76	2 800	2 850
	74	2 700	2 750
	72	2 600	2 650
	70	2 500	2 550
	68	2 400	2 450
	66	2 300	2 350
	64	2 200	2 250
	62	2 100	2 150
	60	2 000	2 050
不及格	50	1 960	2 010
	40	1 920	1 970
	30	1 880	1 930
	20	1 840	1 890
	10	1 800	1 850

四、身体素质的测试与评价

身体素质是指人体在运动、工作和生活中所表现出来的力量、速度、耐力、灵敏度、平衡性、柔韧性等素质和走、跑、跳、投、攀爬、爬越等身体基本活动能力的总称，是人的体能状态的反映。在《标准》中，50 米跑、1 000 米跑（男）、800 米跑（女）、引体向上（男）、仰卧起坐（女）、立定跳远、坐位体前屈是大学各年级学生的必测项目。

（一）50 米跑

50 米跑是国际上通行的测试项目，是通过较短距离的高强度跑测试速度素质。它可以反映人体中枢神经系统的机能状态和神经与肌肉的调节能力，也可以综合反映人体爆发力、灵敏、反应、柔韧等素质。同时 50 米跑还可以反映人体无氧代谢的能力和水平。

50 米跑测试成绩以秒为单位，保留 1 位小数，小数点后第二位数非“0”则进 1，例如，9.01 秒应为 9.1 秒。男、女大学生 50 米跑评分标准如附表 4、附表 5 所示。

附表 4　男生 50 米跑单项评分表(单位:秒)

等级	单项得分	大一、大二	大三、大四
优秀	100	6.7	6.6
	95	6.8	6.7
	90	6.9	6.8
良好	85	7.0	6.9
	80	7.1	7.0
及格	78	7.3	7.2
	76	7.5	7.4
	74	7.7	7.6
	72	7.9	7.8
	70	8.1	8.0
	68	8.3	8.2
	66	8.5	8.4
	64	8.7	8.6
	62	8.9	8.8
	60	9.0	9.0
不及格	50	9.3	9.2
	40	9.5	9.4
	30	9.7	9.6
	20	9.9	9.8
	10	10.1	10.0

附表 5　女生 50 米跑单项评分表(单位:秒)

等级	单项得分	大一、大二	大三、大四
优秀	100	7.5	7.4
	95	7.6	7.5
	90	7.7	7.6
良好	85	8.0	7.9
	80	8.3	8.2
及格	78	8.5	8.4
	76	8.7	8.6
	74	8.9	8.8
	72	9.1	9.0
	70	9.3	9.2
	68	9.5	9.4
	66	9.7	9.6
	64	9.9	9.8
	62	10.1	10.0
	60	10.3	10.2
不及格	50	10.5	10.4
	40	10.7	10.6
	30	10.9	10.8
	20	11.1	11.0
	10	11.3	11.2

(二) 1 000 米跑(男)、800 米跑(女)

1 000 米跑(男)和 800 米跑(女)是测试人体持续工作能力,即耐力水平的项目。由于耐力是衡量人的体质健康状况和劳动工作能力的基本因素之一,是从事各项运动必不可少的一项运动素质,因此,测试耐力水平对于评价大学生体质健康状况有非常重要的意义。

1 000 米跑(男)和 800 米跑(女)的测试和评价以分、秒为单位记录成绩,不计小数，然后进行查表评分。例如，5 分 30 秒 8，按 5 分 30 秒查表评分如附表 6、附表 7 所示。

附表 6　男生 1 000 米跑单项评分表(单位:分·秒)

等级	单项得分	大一、大二	大三、大四
优秀	100	3′17″	3′15″
	95	3′22″	3′20″
	90	3′27″	3′25″
良好	85	3′34″	3′32″
	80	3′42″	3′40″
及格	78	3′47″	3′45″
	76	3′52″	3′50″
	74	3′57″	3′55″
及格	72	4′02″	4′00″
	70	4′07″	4′05″
	68	4′12″	4′10″
	66	4′17″	4′15″
	64	4′22″	4′20″
	62	4′27″	4′25″
不及格	60	4′32″	4′30″
	50	4′52″	4′50″
	40	5′12″	5′10″
	30	5′32″	5′30″
	20	5′52″	5′50″
	10	6′12″	6′10″

附表 7　女生 800 米跑单项评分表(单位:分・秒)

等级	单项得分	大一、大二	大三、大四
优秀	100	3′18″	3′16″
	95	3′24″	3′22″
	90	3′30″	3′28″
良好	85	3′37″	3′35″
	80	3′44″	3′42″
及格	78	3′49″	3′47″
	76	3′54″	3′52″
	74	3′59″	3′57″
	72	4′04″	4′02″
	70	4′09″	4′07″
	68	4′14″	4′12″
	66	4′19″	4′17″
	64	4′24″	4′22″
	62	4′29″	4′27″
	60	4′34″	4′32″
不及格	50	4′44″	4′42″
	40	4′54″	4′52″
	30	5′04″	5′02″
	20	5′14″	5′12″
	10	5′24″	5′22″

(三) 引体向上(男)

引体向上,主要测试上肢肌肉力量的发展水平,为男生上肢力量的考查项目,是自身力量克服自身重力的悬垂力量练习。是最基本的锻炼背部的方法,也是衡

量男生体质的重要参考标准和项目之一。

引体向上要求被测者两手正握(掌心向前)单杠,略宽于肩,两脚离地,两臂自然下垂伸直。用背阔肌的收缩力量将身体往上拉起,当下颚超过单杠时,让身体徐徐下降,直到回复完全下垂,重复再做。引体时,身体不能有明显晃动。两次引体向上的间隔时间超过10秒即终止测试。

男生引体向上评分标准如附表8所示。

附表8 男生引体向上单项评分表(单位:次)

等级	单项得分	大一、大二	大三、大四
优秀	100	19	20
	95	18	19
	90	17	18
良好	85	16	17
	80	15	16
及格	78		
	76	14	15
	74		
	72	13	14
	70		
	68	12	13
	66		
	64	11	12
	62		
	60	10	11
不及格	50	9	10
	40	8	9
	30	7	8
	20	6	7
	10	5	6

（四）仰卧起坐（女）

仰卧起坐是反映被测者腰腹肌耐力的一个项目。腰腹肌力量素质的强弱对于女生将来生育等方面有着十分重要的作用。通过仰卧起坐的练习，可以促使她们在青少年时期积极发展腰腹力量。

仰卧起坐要求被测者全身仰卧于垫上，两腿稍分开，屈膝成90°角左右。两手指交叉于脑后，另一同伴压住其踝关节，以固定下肢。被测者起坐时，两肘必须触及或超过双膝才算完成一次。仰卧时，两肩胛必须触垫。测试人员记录1分钟内完成的次数，精确到个位。

女生仰卧起坐评分标准如附表9所示。

附表9　女生仰卧起坐评分标准

等级	单项得分	大一、大二	大三、大四
优秀	100	56	57
	95	54	55
	90	52	53
良好	85	49	50
	80	46	47
及格	78	44	45
	76	42	43
	74	40	41
	72	38	39
	70	36	37
	68	34	35
	66	32	33
	64	30	31
	62	28	29
	60	26	27

续表

等级	单项得分	大一、大二	大三、大四
不及格	50	24	25
	40	22	23
	30	20	21
	20	18	19
	10	16	17

（五）立定跳远

立定跳远是测试爆发力的项目。爆发力是指人体在最短的时间内发挥最大力量的能力。爆发力的大小不仅取决于力量，而且取决于力量和速度的结合。

测试立定跳远时，应两脚原地同时起跳，丈量起跳线后至最近着地点的垂直距离。立定跳远的测试和评价以厘米为单位，不计小数。例如，158.4 厘米；按 158 厘米查评分表（如附表 10、附表 11 所示）。

附表 10　男生立定跳远单项评分表（单位：厘米）

等级	单项得分	大一、大二	大三、大四
优秀	100	273	275
	95	268	270
	90	263	265
良好	85	256	258
	80	248	250
及格	78	244	246
	76	240	242
	74	236	238
	72	232	234
	70	228	230

续表

等级	单项得分	大一、大二	大三、大四
及格	68	224	226
	66	220	222
	64	216	218
	62	212	214
不及格	60	208	210
	50	203	205
	40	198	200
	30	193	195
	20	188	190
	10	183	185

附表 11　女生立定跳远单项评分表(单位:厘米)

等级	单项得分	大一、大二	大三、大四
优秀	100	207	208
	95	201	202
	90	195	196
良好	85	188	189
	80	181	182
及格	78	178	179
	76	175	176
	74	172	173
	72	169	170
	70	166	167
	68	163	164

续表

等级	单项得分	大一、大二	大三、大四
及格	66	160	161
	64	157	158
	62	154	155
	60	151	152
不及格	50	146	147
	40	141	142
	30	135	137
	20	131	132
	10	126	127

（六）坐位体前屈

坐位体前屈是测量人体在静止状态下的躯干、腰、髋等关节可能达到的活动幅度，主要反映这些关节、韧带和肌肉的伸展性和弹性，反映身体柔韧素质的发展水平。

测试采坐位体前屈用计进行。测试时，被测者两腿伸直，两脚平蹬测试板坐在平地上，两脚分开 10～15 厘米，上体前屈，两臂伸直向前，用两手中指尖逐渐向前推动游标，直到不能推动为止。记录以厘米为单位，保留 1 位小数。

男、女生坐位体前屈评分标准如附表 12、附表 13 所示。

附表 12　男生坐位体前屈单项评分表(单位:厘米)

等级	单项得分	大一、大二	大三、大四
优秀	100	24.9	25.1
	95	23.1	23.3
	90	21.3	21.5
良好	85	19.5	19.9
	80	17.7	18.2

续表

等级	单项得分	大一、大二	大三、大四
及格	78	16.3	16.8
	76	14.9	15.4
	74	13.5	14.0
	72	12.1	12.6
	70	10.7	11.2
	68	9.3	9.8
	66	7.9	8.4
	64	6.5	7.0
	62	5.1	5.6
不及格	60	3.7	4.2
	50	2.7	3.2
	40	1.7	2.2
	30	0.7	1.2
	20	−0.3	0.2
	10	−1.3	−0.8

附表13　女生坐位体前屈单项评分表(单位:厘米)

等级	单项得分	大一、大二	大三、大四
优秀	100	25.8	26.3
	95	24.0	24.4
	90	22.2	22.4
良好	85	20.6	21.0
	80	19.0	19.5

续表

等级	单项得分	大一、大二	大三、大四
及格	78	17.7	18.2
	76	16.4	16.9
	74	15.1	15.6
	72	13.8	14.3
	70	12.5	13.0
	68	11.2	11.7
	66	9.9	10.4
	64	8.6	9.1
	62	7.3	7.8
	60	6.0	6.5
不及格	50	5.2	5.7
	40	4.4	4.9
	30	3.6	4.1
	20	2.8	3.3
	10	2.0	2.5

五、大学生体质健康标准的综合评定

（一）综合评定的项目和权重

根据《标准》的规定，要求从身体形态、身体机能、身体素质等方面综合评定大学生的体质健康状况，促进学生体质健康发展、激励学生积极进行身体锻炼。大学生测试项目和权重如附表 14 所示。

附表 14　大学生测试项目和权重

类别	单项指标	权重(%)
1	体重指数(BMI)	15
2	肺活量	15

续表

类别	单项指标	权重(%)
3	坐位体前屈	15
4	立定跳远	10
5	引体向上(男)、一分钟仰卧起坐(女)	10
6	50 米跑	20
7	1000 米跑(男)、800 米跑(女)	20

(二)综合评定方法

学年总分由标准分与附加分之和构成,满分为 120 分。标准分由各单项指标得分与权重乘积之和组成,满分为 100 分。附加分根据实测成绩确定,即对成绩超过 100 分的加分指标进行加分,满分为 20 分;大学的加分指标为男生引体向上和 1 000米跑,女生 1 分钟仰卧起坐和 800 米跑,各指标加分幅度均为 10 分。

引体向上、1 分钟仰卧起坐均为高优指标,学生成绩超过单项评分 100 分后,以超过的次数所对应的分数进行加分;1 000 米跑、800 米跑,以减少的秒数所对应的分数进行加分。

学生附加分评分标准如附表 15 所示。

附表 15　大学生附加分评分标准

加分	引体向上	仰卧起坐	1 000 米跑	800 米跑
10	10	13	−35″	−50″
9	9	12	−32″	−45″
8	8	11	−29″	−40″
7	7	10	−26″	−35″
6	6	9	−23″	−30″
5	5	8	−20″	−25″
4	4	7	−16″	−20″
3	3	6	−12″	−15″
2	2	4	−8″	−10″
1	1	2	−4″	−5″

根据学生学年总分评定等级：90.0分及以上为优秀，80.0～89.9分为良好，60.0～79.9分为及格，59.9分及以下为不及格。每个学生每学年评定一次，记入《〈国家学生体质健康标准〉登记卡》（附表17）。特殊学制的学校，在填写登记卡时可以按规定和需求相应地增减栏目。学生毕业时的成绩和等级，按毕业当年学年总分的50%与其他学年总分平均得分的50%之和进行评定。

学生测试成绩评定达到良好及以上者，方可参加评优与评奖；成绩达到优秀者，方可获体育奖学分。测试成绩评定不及格者，在本学年度准予补测一次，补测仍不及格，则学年成绩评定为不及格。普通高等学校学生毕业时，《标准》测试的成绩达不到50分者按结业或肄业处理。

学生因病或残疾可向学校提交暂缓或免予执行《标准》的申请，经医疗单位证明，体育教学部门核准，可暂缓或免予执行《标准》，并填写《免予执行〈国家学生体质健康标准〉申请表》（附表16），存入学生档案。确实丧失运动能力、被免予执行《标准》的残疾学生，仍可参加评优与评奖，毕业时《标准》成绩需注明免测。

附表16　免予执行《国家学生体质健康标准》申请表（样表）

<table>
<tr><td>姓名</td><td></td><td>性别</td><td></td><td>学号</td><td></td></tr>
<tr><td>班级/院(系)</td><td></td><td>民族</td><td></td><td>出生日期</td><td></td></tr>
<tr><td>原因</td><td colspan="5">申请人：
年　月　日</td></tr>
<tr><td>体育教师签字</td><td colspan="2"></td><td>家长签字</td><td colspan="2"></td></tr>
<tr><td>学校体育部门意见</td><td colspan="5">学校盖章：
年　月　日</td></tr>
</table>

注：普通高等学校的学生，“家长签字”由学生本人签字。

附表 17 《国家学生体质健康标准》登记卡(大学样表)

学 校________

姓 名		性 别		学 号	
院(系)		民 族		出生日期	

单项指标	大一			大二			大三			大四			毕业成绩	
	成绩	得分	等级	成绩	得分	等级	成绩	得分	等级	成绩	得分	等级	得分	等级
体重指数(BMI)(千克/米^2)														
肺活量(毫升)														
50 米跑(秒)														
坐位体前屈(厘米)														
立定跳远(厘米)														
引体向上(男)/ 1 分钟仰卧起坐(女)(次)														
1 000 米跑(男)/ 800 米跑(女)(分・秒)														
标准分														
加分指标	成绩	附加分		成绩	附加分		成绩	附加分		成绩	附加分			
引体向上(男)/ 1 分钟仰卧起坐(女)(次)														
1 000 米跑(男)/ 800 米跑(女)(分・秒)														
学年总分														
等级评定														
体育教师签字														
辅导员签字														

注:高等职业学校、高等专科学校参照本样表执行。

学校签章: 年 月 日

《体育理论知识》试卷(一)

考生须知:本课程为开卷考试,考试时间为90分钟。

一、判断题(下列各题,你认为正确的,请在括号内画"√",不正确的画"×"。每小题2分,共20分)

1. 竞走比赛包括公路和田径场两种。公路项目以千米为距离标准,奥运项目有女子10千米、男子20千米和50千米。田径场项目也以千米为距离标准,设有5千米、10千米。 (   )

2. 国际篮球运动联合会规定正式比赛的篮球比赛场地的长为28米,宽15米。球场的丈量是从界限的内沿量起的。 (   )

3. 2015年9月6日,在教练陈忠和的指导下,中国女排获得女排世界冠军。 (   )

4. 足球运动员每队上场队员不得多于11名,其中必须有一名守门员。如果场上有一队的队员少于7人,则比赛不能开始。 (   )

5. 每场羽毛球比赛均采用三局两胜制。当任一方在比赛中得到11分后,比赛将间歇1分钟;两局比赛之间的间歇亦为1分钟。 (   )

6. 乒乓球的基本战术包括发球抢攻战术、接发球战术、对攻战术、推攻战术、搓球战术、削攻战术等。 (   )

7. 所有网球比赛,无论是团体赛还是单项比赛,无论是男子比赛还是女子比赛均采用五局三胜制。 (   )

8. 舞蹈啦啦操除花球外不允许使用其他道具,但是技巧啦啦操道具使用不受限制。 (   )

9. 竞技健美操比赛共设五个项目:男子单人、女子单人、混合双人、混合三人和混合六人健美操。 (   )

10. 轮滑运动的比赛主要有速度轮滑、花样轮滑和轮滑球等项目。 (   )

二、名词解释(每题 5 分,共 20 分)

1. 循环锻炼法

2. 社会健康

3. 第二次呼吸

4. 心理健康目标

三、简答题(每题 15 分,共 30 分)

1. 健康教育的目的和意义是什么?

2. 体育锻炼前卫生常识包括哪些内容?

四、论述题(30 分)

简述高等院校体育课程的地位与作用。

《体育理论知识》试卷(二)

考生须知:本课程为开卷考试,考试时间为90分钟。

一、判断题(下列各题,你认为正确的,请在括号内画"√",不正确的画"×"。每小题2分,共20分)

1. 2006年7月在瑞士洛桑田径大奖赛上,刘翔以12秒87的成绩打破了12秒91的110米栏世界纪录,为中国国径运动又竖立起一座新的丰碑。( )

2. 代表世界篮球运动最高水平的三大赛事分别为:奥林匹克运动会篮球比赛、世界篮球锦标赛、美国NBA职业联赛。( )

3. 排球运动的基本技能包括有球技术和无球技术,发球、垫球、传球、扣球、拦网属于有球技术。( )

4. 正式的国际足球比赛分为上、下两半场,每半场45分钟,中间休息不得超过15分钟。( )

5. 按国际比赛规定,整个羽毛球球场上空空间最低为9米,在这个高度以内,不得有任何横梁或其他障碍物;球场四周5米以内不得有任何障碍物。( )

6. 由于乒乓球在空中飞行速度比较快,正手攻球只需0.15秒就可以到达对方平台面,所以长期打乒乓可以调节和改善神经系统的灵敏性。( )

7. 澳大利亚网球公开赛、法国网球公开赛、加拿大网球公开赛和美国网球公赛是四大级别最高的网球赛事。( )

8. 所有啦啦操比赛的成员都是女子,并且所有参赛成员(除短发者)头发必须扎起,不可遮挡面部。( )

9. 世界健美操种类繁多,分类方法各有不相同。根据健美操的目的和任务,可以将其分为健身健美操、竞技健美操和表演健美操三大类。( )

10. 瑜伽是一种减肥项目,长期坚持可以起到一定效果,尤其适合女性,是一种女性化运动。( )

二、名词解释(每题 5 分,共 20 分)

1. 亚健康

2. 肌肉痉挛

3. 双淘汰

4. 表演赛

三、简答题(每题 15 分,共 30 分)

1. 体育锻炼对个体生理健康有什么影响?

2. 人体必需的营养素包括哪些?请分别说出各自的作用。

四、论述题(30 分)

简述体育文化的含义和表现形式。

参考文献

[1] 季浏. 体育与健康[M]. 上海:华东师范大学出版社,2006.
[2] 刘桂珍. 现代健康教育学[M]. 北京:高等教育出版社,2005.
[3] 杨文轩,陈琦. 体育原理[M]. 北京:高等教育出版社,2004.
[4] 周西宽. 体育基本理论教程[M]. 北京:人民教育出版社,2004.
[5] 杨忠伟. 体育运动与健康促进[M]. 北京:高等教育出版社,2004.
[6] 邹继豪,孙麒麟. 体育与健康教程[M]. 沈阳:辽宁大学出版社,2007.
[7] 范素萍. 体育与健康[M]. 北京:科学出版社,2004.
[8] 张梅,李刚. 体育与健康理论教程[M]. 天津:天津教育出版社,2002.
[9] 郑厚成,邹继豪. 体育教程[M]. 大连:大连理工大学出版社,2002.
[10] 杨乃彤. 体育运动与健康理论教程[M]. 北京:北京体育大学出版社,2002.
[11] 刘清黎,刘红梅,胡卫东. 体育与健康[M]. 北京:高等教育出版社,2007.
[12] 从群,赵毅华,邓家平. 大学体育[M]. 上海:上海交通大学出版社,2006.
[13] 王永盛. 大学体育教育教程[M]. 北京:中国书籍出版社,2009.
[14] 郑坚生. 高职公共体育通用教程[M]. 北京:北京出版社,2007.
[15] 困振生. 大学体育教程[M]. 保定:河北大学出版社,2003.
[16] 邹师. 大学体育健康教程[M]. 北京:北京体育大学出版社,2011.
[17] 周务农. 体育与健康实践教程[M]. 北京:北京交通大学出版社,2006.
[18] 林志超. 大学体育与健康实践教程[M]. 北京:北京体育大学出版社,2006.
[19] 田慧. 走近奥运厂[M]. 北京:北京体育大学出版社,2006.